国家社科基金重大项目"中日合作版《中日文化交流史》"
郑州大学双一流重大专项"亚洲文明互鉴与区域关系建构"

| 总编·葛继勇 | 亚洲文明交流互鉴研究丛书 |

『清朝探事』研究

RESEARCH ON SINTYOU TANJI

葛继勇　许　浩／著

上海社会科学院出版社
SHANGHAI ACADEMY OF SOCIAL SCIENCES PRESS

"亚洲文明交流互鉴研究丛书"学术委员会

顾问 武　寅（中国社会科学院原副院长、研究员）
主任 王　勇（浙江大学亚洲文明研究院副院长、教授）
委员 （排名不分先后）

松浦章（日本关西大学教授）　　　榎本淳一（日本大正大学教授）
刘建辉（国际日本研究中心教授）　陈　捷（日本东京大学教授）
余昊奎（韩国外国语大学教授）　　徐建新（中国社会科学院研究员）
胡令远（复旦大学教授）　　　　　郭连友（北京外国语大学教授）
刘晓峰（清华大学教授）　　　　　王志松（北京师范大学教授）
王向远（广东外语外贸大学教授）　晏绍祥（首都师范大学教授）
拜根兴（陕西师范大学教授）　　　李铭敬（中国人民大学教授）
孙卫国（南开大学教授）　　　　　刘岳兵（南开大学教授）
潘　钧（北京大学教授）　　　　　陈小法（湖南师范大学教授）
牛军凯（中山大学教授）　　　　　陈秀武（东北师范大学教授）
丁　莉（北京大学教授）　　　　　梁　志（华东师范大学教授）
韩志斌（西北大学教授）　　　　　于向东（郑州大学教授）
钱建成（郑州大学教授）　　　　　周　倩（郑州大学教授）
何华珍（郑州大学教授）　　　　　葛继勇（郑州大学教授）

"亚洲文明交流互鉴研究丛书"编辑委员会

主编 葛继勇

委员 黄修志（鲁东大学教授）

渡边诚（日本广岛大学副教授）

王连旺（郑州大学副研究员）

张晓明（北京第二外国语学院副教授）

成思佳（郑州大学副教授）

楼正豪（浙江海洋大学副教授）

总序

葛继勇*

一

"文明因交流而多彩,文明因互鉴而丰富"。2019年5月15日,习近平主席在亚洲文明对话大会开幕式上发表主旨演讲,明确提出要深化文明交流互鉴,共建亚洲命运共同体。2022年10月16日,党的二十大报告提出,深化文明交流互鉴,推动中华文化更好走向世界,增强中华文明传播力、影响力;并再次呼吁,尊重世界文明多样性,以文明交流超越文明隔阂、文明互鉴超越文明冲突、文明共存超越文明优越。

当今世界面临百年未有之大变局。世界各国尤其是亚洲地区共同应对危机、迈向美好未来,不仅需要经济科技力量,也需要文化文明力量。亚洲各国协同推进政策沟通、设施联通、贸易畅通、资金融通、民心相通,夯实共建亚洲命运共同体乃至人类命运共同体的人文基础,都离不开不同国家、不同民族、不同文明的交流互鉴。

亚洲地区拥有黄河、长江中下游地区,印度河流域,美索不达米亚平原(两河流域)等世界三大文明发祥地,古代中华文明、古代印度文明、古代巴比伦文明等三个古老文明都诞生在亚洲。这使得亚洲文明具有多样性、复杂性,以至于难以整体把握亚洲文明的共通性、普遍性。随着亚洲国家在全球的地位不断上升,作用日益凸显,认识研究亚洲文明、分析阐释亚洲区域关系愈显重要。

郑州大学先后获得"多卷本《犹太通史》"(首席专家:张倩红教授)、"中日合

---

* 葛继勇,郑州大学亚洲研究院执行院长、教授。

作版《中日文化交流史》"（首席专家：葛继勇教授）、"越南汉字资源整理及相关专题研究"（首席专家：何华珍教授）以及参与的"东亚笔谈文献的整理与研究"（首席专家：王勇教授）等多项有关亚洲文明交流互鉴研究的国家社科基金重大项目，从文明区域的交融与共生、文化思想的传承与创新、文献典籍的环流与再生、文物史迹的生成与流变、文学艺术的理解与对话、文字语言的认知与变异等六大维度，努力打造具有中国特色的"亚洲学"，构建融通中外的学科体系、学术体系、话语体系、叙事体系，增强中华文明的深远辐射力与国际影响力。

面向亚洲未来社会发展的重大挑战，聚焦国家战略需要和国际学术前沿，结合学校的学科与人才优势，郑州大学于2021年启动"亚洲文明互鉴与区域关系建构"双一流重大专项，聚焦亚洲文明研究的基础理论与应用实践协同创新体系，通过优势学科领域的交叉会聚、交互探索和融合创新，系统研究亚洲地区多元文明特质及其交流互鉴机制，探讨亚洲文明研究的重大理论构建和争端问题解决机制；努力培育重大原创成果、培养复合型拔尖人才、搭建新型研究平台，构建学科布局结构优化、学科集群优势凸显、知识创新水平升腾的创新发展模式，努力为提升我国的国际影响力和话语权做出更大贡献。

二

郑州大学"亚洲文明互鉴与区域关系建构"双一流重大专项旨在构建不同于旁观者欧美、立足于当事人中国的"新亚洲文明观"，以贯穿地理区域、政治社会、文化文明的整体视角和多学科方法，探讨亚洲文明研究的重大理论构建和争端问题解决机制，构建亚洲国家关系新格局研究的话语体系。具体聚焦以下四大学术前沿问题：

第一，克服思维定势惯性。亚洲文明研究难免受到各国意识形态、民族立场、历史认识等主观因素的影响，甚至以西方价值标准来衡量东方、叙述历史和阐释现实。要摒弃"西方中心论"的思维定式，重视各国文明发展过程中相互影响、相互激荡的作用，科学系统地分析亚洲各国民粹主义、国家记忆等的根源，探索解决国际争端问题的研究范式。

第二，驳斥文明冲突言论。近年来，个别西方国家秉持单边主义和霸凌主义,以高压手段威逼,粗暴干涉亚洲各国内政,须严厉批判;民粹主义、种族主义和殖民主义抬头,强调文明的等级、优劣与冲突,应坚决反对。今后要摒弃"西方—东方"二元对立的固有定式,从思想根源方面为亚洲文明交流互鉴提供理论支撑和智力支持。

第三,解决争议焦点问题。无论在历史上还是当下,中国崛起都是一个不可阻挡、也不必引起无谓惊慌的事实。但是,我们要摆史实、讲道理,梳理中华文明在东亚乃至整个亚洲地区局势稳定以及在国际秩序中发挥的重要作用,剖析中华文明秩序下的国际关系与欧洲威斯特伐利亚体系的本质异同,从根本上驳斥"中国威胁论"。

第四,探寻历史悬案真相。比如为什么在19世纪中叶以前,战乱在欧洲接连不断,而稳定却成为东亚国际关系中的常态?全面系统地研究亚洲国际体系以及不同历史背景下的国家间关系,既能引导我们发现与欧洲经验不同的新现象、新问题,又能为我们审视当代地缘政治格局与国际事务提供新视野、新思路。

亚洲人的观念、身份和期望主要脱胎于其独特的历史经验、世界观和知识体系,伴随着东西方人物的往来、物品的流通、知识的传播和思想的碰撞,亚洲文明对西方文明产生很大冲击,同时受到西方文明的强烈影响。中华文明也不例外。五千年绵延不断的中华文明,需要动态立体地展开研究,在发展创新的多轨道模式下,探索中华文明的源流与疆域、中心与边界;在融合共生的多样化视角下,探讨中华文明与东西方文明的交流与碰撞、影响与互动,进而构建中国对外话语体系新平台、"一带一路"争端解决新机制,努力促成一套行之有效的人文理念、行为规则、国际规范和制度体系。

三

"亚洲文明交流互鉴研究丛书"是郑州大学"亚洲文明互鉴与区域关系建构"双一流重大专项推出的系列学术成果之一,由"亚洲文明交流互鉴研究论丛"与"亚洲文明交流互鉴研究译丛"两种丛书组成。我们的亚洲文明研究,以中华文明为源头、以国家利益为核心、以国学研究为基础、以学科交叉为方法,梳理亚洲文明的发展脉络,弘扬多元共存的亚洲价值;同时,着眼互动环流的动态史观,力争在亚洲文明交流互鉴研究、区域与国别研究等领域取得重大突破。

其中,"亚洲文明交流互鉴研究论丛"主要出版以下类型的研究成果:(1)与亚洲文明的形成与发展、多样性与差异性相关的前沿研究成果;(2)亚洲文明相关文献典籍的整理、翻译与研究成果;(3)亚洲文明相关学术会议的研究报告论文集;(4)前辈学者的遗作及追思纪念论文集。"亚洲文明交流互鉴研究译丛"主要出版亚洲文明相关的国外前辈学者研究成果的译作,当然对其中的某些观点有不同看法时,我们会通过添加译注等方式,阐明国内学者的立场与观点。出版国内外前辈学者的遗作、译作,既向前辈学者表达敬意,亦对青年学人寄托期许。

今后,我们将在思路方法上,把亚洲整体作为方法,兼顾点与面、讲究全与精,既有宏观论述,又具微观考证。在时间序列上,不局限于某一时段,而是纵贯古今,勾勒亚洲文明形成与发展的历史轨迹。在空间区域上,既强调中华文明、日本文明、印度文明等国别文明研究,也重视东亚、南亚、中亚等区域文明的联动性;不仅梳理多元文明间的交流与影响,还探讨不同文明间的碰撞与冲突。

本丛书将对亚洲区域内多元文明的交流互鉴进行系统科学的分析、阐述和探讨,特别是关注 21 世纪以来学界取得的新成果、发现的新资料、关注的新问题;同时,进行有选择性、针对性的专题研究,摒弃知识偏见、学术偏见、思想偏见,努力开拓新的学术领域,促成新的学术增长点,推出新的前沿学术成果,搭建中外学术交流的平台。热忱欢迎文明区域、文化思想、文献典籍、文物史迹、文学艺术、文字语言以及区域关系等领域的研究学者出版学术著作、发表最新成果。希望借此平台,让我们首先在亚洲文明研究领域建成学术共同体!

丛书在筹划、编辑和出版过程中,得到国内外多位专家学者的关心和指导,以及学校学科与重点建设处、社会科学处以及外国语与国际关系学院等单位领导的支持和帮助,在此表示诚挚的谢意!

2023 年 2 月 15 日

序

松浦章*

江户时代日本虽然实行"锁国"政策,但开放长崎、萨摩(今鹿儿岛)、对马(今长崎县对马市)、虾夷(原松前藩,今北海道)四个窗口,关注国外动静,其中获取外国情报最多的窗口是长崎。荷兰商船、唐船即中国商船前往长崎贸易,前者将包括欧洲诸国的世界情报传至日本,这些情报被汇编为"荷兰风说书",后者将包括中国、东南亚等的东亚情报传至日本,被记录为"唐船风说书"。

唐船抵达长崎港后,江户幕府向其询问相关情报。《唐船入津ヨリ出帆迄行事帳》中载:

> 年番通事前往该船,详闻中华之风说。递交风说书草稿,一览之上,若无意见,誊写呈交。誊写三通呈交:上呈,有印,一通;在府奉行副本,无印,一通;此方副本,一通也。①

可知,当值唐通事登船询问"中华之风说"并记录下来,交由唐船主确认是否准确。此后依据草稿整理誊写三份,一份钤印提交江户幕府,另外两份不盖章,作为副本,由长崎奉行与唐通事保管。这些"中华之风说"对江户幕府而言,是十分重要的中国情报。

另外,江户幕府还向前往长崎贸易的荷兰商船船员询问风说情报。《阿蘭陀船入津より出帆迄行事帳》"异国风说和解之事"中载:

> 通词目附、大小通词前往加比丹部屋,风说之趣,自加比丹处承之、确

---

* 松浦章,关西大学名誉教授。
① 片桐一男校订:《鎖国時代対外応接関係史料》,近藤出版社1972年版,第8页。

认。年番通词持草稿至御役所,阅览后誊写。通词目附、通词联名盖章,呈交御役所。①

由此可知,荷兰船入港时,通词目附(监察通词者)与大小通词前往位于长崎出岛的加比丹(船长)住所,向其询问情报并记录成草稿,年番通词拿至长崎奉行所,与奉行一起阅览、誊抄。通词目附与大小通词联名盖章,呈交给长崎奉行。

此外,唐船、荷兰船舶载至日的书籍也是江户幕府获取海外情报的来源,但与上述风说书相比,这一渠道自古有之,并不新鲜。

江户时代初期的中国情报主要汇编于林春胜、林信笃编的《华夷变态》。其虽序于延宝二年(1674),但此后又收录有赴日唐船船主报告的"唐人共申口",全书所收风说书的日期,上起正保元年(1644),下迄享保九年(1724)、十年(1725)。具体而言,《华夷变态》卷一收录有正保元年(1644)—万治元年(1658)、卷二至卷五收录有延宝二年(1674)—延宝五年(1677)[卷五还收录有宽文四年(1664)、延宝三年(1675)],卷六至卷三十四收录有延宝六年(1678)—宝永七年(1710)、卷三十五收录有正德元年(1711)—享保二年(1717)的风说书。另外,《华夷变态》所收《崎港商说》卷一至卷三收录有享保二年(1717)—享保七年(1722)的风说书,松平家本《华夷变态》卷三十七收录有享保七年(1722)—享保九年(1724)的风说书,松平家本补遗《华夷变态》卷一收录有延宝三年(1675)、卷二收录有延宝八年(1680)、卷十四收录有元禄七年(1694)、卷十五收录有元禄八年(1695)的风说书等。

与此相对,本书选用的《清朝探事》是江户幕府第八代将军德川吉宗于享保年间(1716—1736,康熙五十五年至乾隆元年)所搜集的中国情报。

德川纪州藩主德川光贞四子吉宗,由其父、兄早亡,22岁便成为纪州第五代藩主。此后又因七代将军家继在位三年便早逝,德川吉宗于30岁就早早地继承了八代将军之位。德川吉宗年轻时便已精通世故,积攒经验,关心世情。其政治理念在"享保改革"中的文教政策改革、以整备法典为代表的司法改革,以及江户城范围内的行政改革中均有所体现。

---

① 片桐一男校订:《鎖国時代対外応接関係史料》,近藤出版社1972年版,第48页。

德川吉宗成为江户幕府的统治者后，对邻国清朝表现出了极大的关心，命令属下儒官研究其感兴趣的地方。而《清朝探事》正是儒官们搜集获得的中国情报，以写本的形式流传下来，书名众多，内容亦有不同。但是，基本上是德川吉宗对同时代的清朝中国寄予关心的内容集合。

对德川吉宗关心的众多事情能够给予回答的人物有限。偶尔赴长崎进行贸易的朱佩章具备回答德川吉宗诸多疑问的广博学识。事实证明，朱佩章是充分回答德川吉宗关于政治制度等提问的合适人选。

江户时代对中国情报的搜集，始于德川幕府对明末清初政变的关注，之后通过赴长崎的中国商船船主进行搜集。这些中国情报后被整理编纂为《华夷变态》。关于此前与此后传入日本的中国情报，松浦章《海外情报からみる東アジア——唐船風説書の世界》对此进行了研究。其中，《東アジア世界を巡る〈三藩の乱〉の情報》[①]《康熙年間武昌兵変の日本伝聞》[②]《康熙南巡と日本》[③]等论文，对德川吉宗就任幕府将军前的中国情报搜集进行了论述，请一并参考。

这些情报大部分是被动由中国传入日本的，且偶然传入的情报较多；但《清朝探事》是日本人主动提出问题请求清人回答后提交幕府的，两者显著不同。也就是说，《清朝探事》是德川吉宗主动对清朝中国寄予关心的问题内容，涉及政治、军事、法制、地理、民族、语言等多领域。值得一提的是，《清朝探事》的部分内容是德川吉宗为进行法律等国家重大改革事业而搜集的情报。

本书是葛继勇教授、许浩博士围绕《清朝探事》撰写的研究成果，主要分为以下6章：

第一章考察了与《清朝探事》密切相关的赴长崎贸易的商船主朱佩章的经历及其赴日活动，并探讨了《清朝探事》是如何被编撰的等问题。

第二章梳理了《清朝探事》诸写本，探讨了各种写本的条目内容、系统分类与抄写时间等。

第三章对《清朝探事》诸写本的所藏机构进行了调查，阐明了诸写本的现存

---

① 松浦章：《海外情报からみる東アジア——唐船風説書の世界》，清文堂出版2009年版，第122—131页。
② 同上书，第132—147页。
③ 同上书，第161—167页。

形态。

　　第四章对《清朝探事》的部分抄本进行了整理，考察了其内容。

　　第五章把宽政年间即18世纪末期担任长崎奉行的中川忠英主持编纂的《清俗纪闻》与《清朝探事》进行了比较，考察了两者搜集的中国情报的异同。两部著作的编纂存在近百年的时间差，在此期间，中日关系发生了怎样的变化？文中对此进行了深入探讨。

　　第六章探讨了与《清朝探事》密切相关的《仕置方问答书》的编纂及其内容。

　　除上述章节之外，两位作者还翻译并校注了《清朝探事》《仕置方问答书》的具体内容，为读者提供了可信凭的文本。

　　本书不仅对《清朝探事》与《仕置方问答书》进行了细致考察、深入研究，还对两部著作进行了书志文献学考察并翻译校注，对学界来说无疑是一件值得庆贺的好事。笔者期盼本书对今后的清代中日关系史研究做出更大贡献，也期待广大有识之士阅读参考之。

　　是为序。

2023年12月18日

凡例

一、本书系葛继勇教授主持的国家社科基金重大招标项目"中日合作版《中日文化交流史》"、郑州大学双一流建设重大项目"亚洲文明互鉴与区域关系建构"阶段性成果。

二、丛书名称为"亚洲文明交流互鉴研究丛书",由"亚洲文明交流互鉴研究论丛"与"亚洲文明交流互鉴研究译丛"两种丛书组成,此为"论丛"第一辑其中一册。各册体例大抵统一,先总序、凡例,后正文即"论述篇""译注篇"。

三、"论述篇"系对该册所选文献的综合介绍与个案研究,包括文献的形成背景、作者生平、时代特性等,主要考察参加编纂人员的活动轨迹,探究蕴含于文献中的政治意图和国际意识。

四、"译注篇"包括校勘、翻译、注释,具体遵循以下原则:

（1）各写本内容原为日语,翻译务求忠实原文。译文中保留的日语词汇,均在注释中加以解释。

（2）每条问答前的"○"表示一条之意,为笔者添加。各写本中有的用"一"表示,有的空两字之格或不空格、单独成段。

（3）翻译时基本按照底本原文分段。原文中的双行夹注,翻译时改为单行,并用"（）"标示。

（4）底本原文出现明显错、讹、漏、衍处时,对原文进行更改,并在注释中加以说明。

（5）新旧字形不一者,概改为新字形;异体字、俗字、生造字等改为规范简体字,如"煖帽"改为"暖帽","满州"改为"满洲";手写体中的"扌"与"木"、"礻"与"衤"、"艹"与"竹"等偏旁混用时,一般根据文意判定;原文中存在较多错误之处,有的被抄写者用朱笔或墨笔订正为正确的日语,翻译时参考抄写者订正后的日语,为便于与其他写本比较,加注说明原本写作何字。

(6)注释采用页下注形式,序号以①②③……标示,每页重新编序号。

(7)注释以文中出现的人名、地名、书名、地理、职官、生僻字词为主,与文中相关的历史背景等需要加以介绍时,再出详注。

(8)注释以搜集到的各写本内容记载的差异为主,其中仅标注与底本内容不同的写本是如何记载的,未提及的写本则默认为与底本相同。若各写本原文句子存在个别字词上的差异,但译文意思相同,则不再加注。

(9)注释字词时,若其他写本与底本记载不同,则先说明其他写本作何字词,再解释字词意思。举例仅限1—2例,避免烦琐。

目　　录

总序　　　　　　　　　　　　　　　　　　　　　　葛继勇　1
序　　　　　　　　　　　　　　　　　　　　　　　　松浦章　1
凡例　　　　　　　　　　　　　　　　　　　　　　　　　　1

论　述　篇

第一章　赴日清人朱佩章与《清朝探事》的成书　　　　　　　3
第二章　《清朝探事》诸写本的条目内容、系统分类与抄写时间　22
第三章　《清朝探事》的诸写本及收藏情况　　　　　　　　　42
第四章　《清朝探事》部分内容的抄本　　　　　　　　　　　64
第五章　《清朝探事》与《清俗纪闻》收录的中国情报　　　　70
第六章　《仕置方问答书》的成书、写本与内容构成　　　　　82

译　注　篇

《清朝探事》　　　　　　　　　　　　　　　　　　　　101
问目　　　　　　　　　　　　　　　　　　　　　　　　　103
类别问答　　　　　　　　　　　　　　　　　　　　　　　113

分条问答	127
附加问答	189
附录	191
追加一：《大清乾隆帝南巡之始末闻书》	195
追加二：《中华之事》	202
追加三：《长崎至诸国海陆道程》《长崎至异国道程》	207
《仕置方问答书》	**211**
后记	234
补记	237

论述篇

第一章 赴日清人朱佩章与
《清朝探事》的成书

江户时代,日本实行闭关锁国政策,禁止本国人渡航海外,仅允许荷兰、中国商船前往长崎港贸易,因此清代中日交流主要依靠中国人乘船赴日才得以实现。清商赴日贸易,为德川幕府了解中国形势、获取中国情报提供了重要渠道。① 前往长崎的中国人虽大都为商人,但其中不乏见闻广博者,朱佩章便是其典型代表。朱佩章赴日后,幕府向其询问清朝政治、法律、军事、民俗等情报而编成的问答书《清朝探事》《仕置方问答书》,成为江户日本人了解清朝的重要来源之一。

众所周知,日本学者大庭修开启了研究朱佩章的先河。大庭修首次发现并整理出版了朱氏三兄弟的相关史料并加以解题②,考察了朱氏三兄弟的身世、两次赴日经历、在日活动以及相关人员的经历等,利用朱佩章所作《偶纪》序文中的部分内容分析了朱佩章往来中华十省的丰富经历,探讨了《清朝探事》《仕置方问答书》的由来,但并未对内容进行深入分析。③ 楠木贤道考察了《清朝探事》的序文与朱佩章的两次赴日时间,详细分析了卷首中"器物之问"的22条满语词汇,并指出这些满语词汇的问询与深见有邻、荻生北溪翻译研究《大清会典》有关。④

中国学者牛建强考察了朱佩章赴日前的部分情况、两次赴日经历,并分析了《清朝探事》的由来以及其中有关皇室、时政、军事、法律、民俗、社会经济、风俗等

---

① 江户日本通过赴日清商获取的中国情报主要有两种:其一为"唐船风说书",即作为进入长崎港进行贸易的手续之一,中国商船提供给幕府的中国消息;其二为"唐人问答书",即幕府遣使赴长崎向受邀赴日的清人询问而获取的中国消息。
② 大庭修:《享保时代的日中關係资料二——朱氏三兄弟集》,关西大学出版部1995年版。
③ 大庭修:《江户时代日中秘话》,徐世虹译,中华书局1997年版,第99—101、136—139页;大庭修:《江户时代における中国文化受容の研究》,同朋舍1986年版,第469—475页。
④ 楠木贤道:《江户时代享保年间日本有关清朝及满语研究》,阿拉腾译,《满语研究》2013年第1期,第75—83页。

方面的10条情报,强调了德川幕府对清朝的深入关注。① 屈亚娟指出《清朝探事》应是在朱佩章两次赴日期间作成的,并通过翻译列举《清朝探事》中的中国情报,考察了江户幕府对清朝的认识。② 高薇考察了《清朝探事》的序文和部分情报,指出德川幕府不仅关心满语,还关注满族文化,记录清朝皇帝的平日政务与个人喜好等。③ 最近,《海上丝绸之路稀见文献丛刊》影印了日本内阁文库(即国立公文书馆,下同)所藏《清朝探事》写本(索书号为184-0346),但未进行解题说明。④

综上可见,目前国外学者虽然发掘了不少与朱佩章相关的史料,但并未对其内容进行系统全面的考察。国内学者虽然将研究视野深入至《清朝探事》情报本身,但并未结合中国史料,深入考察其内容。本章在前人研究的基础上,主要依据《偶纪》《仕置方问答书》等史料梳理朱佩章的生平事迹,特别是大庭修未提及的赴日前活动经历以及在日活动轨迹,通过对《清朝探事》等内容的深入解析,重新探讨其个人经历、学识素养与《清朝探事》的成书经纬等相关问题,从小人物的视角窥见当时中日文化交流的内涵特征。

一、朱佩章的个人经历与《偶纪》

江户时代的文人画家彭城百川(1697—1752)编著的《元明清书画人名录·清人来舶》载:"朱绥,字佩章,一字端笏,书画。"⑤可见,朱佩章擅长书画。遗憾的是,目前未见朱佩章留存的画作。另外,明治十三年(1880)编纂的《长崎古今学艺书画博览》"朱佩章"条中载:"清人,名绥,享保十(年),其弟子章及来章同来,精儒、医。"⑥可知,朱佩章还精通儒学、医学。

---

① 牛建强:《从风说书看日本德川幕府对清朝情势的关注》,《郑州大学学报(哲学社会科学版)》2008年第6期,第75—80页。
② 屈亚娟:《江户时代幕府的清朝认识——以〈清朝探事〉为中心》,载杨伟、罗国忠主编:《作为区域研究的日本学(上)》,重庆出版社2013年版,第129—138页。
③ 高薇:《论18世纪日本的中国观——以〈清朝探事〉〈清俗纪闻〉为中心》,《辽东学院学报(社会科学版)》2016年第4期,第19—22页。
④ 文物出版社编:《海上丝绸之路稀见文献丛刊:清朝探事 新潟新繁昌记 琉客谭记》,文物出版社2020年版。
⑤ 彭城百川编:《元明清書畫人名録》下册,青木嵩山堂1908年版,第72页。
⑥ 西琴石:《長崎古今学芸書畫博覽》,风俗绘卷图画刊行会1919年版,第8页。

但是，据序于1853年的江户外交史籍《通航一览》卷二一六"福建省汀州府部"可知，朱佩章为福建汀州府儒士，而朱来章、朱子章为同处医师。① 文中仅记载朱佩章为儒士，即读书人。从《长崎名胜图绘》卷之二收录有朱佩章的两篇诗作②来看，其应具有一定的文学素养。日本人东谷在《贺朱佩章先生东来》一诗中称赞其"驰名雷动地，仰德斗横空。诗入宫商妙，艺兼文武通"③，可见，东谷对朱佩章的才学评价甚高。关于朱佩章为医师的记载，《承宽杂录》[又名《诸书留》，记录日本承应元年(1652)至宽保二年(1742)间发生的事情]载："朱来章、朱子章、朱佩章，右三人入津医师也。"④从其弟朱来章、朱子章二人均为医师来看，朱佩章或出身医师世家，对医学知识应有一定程度的了解。但遗憾的是，目前尚未发现朱佩章在日行医的史料。

此外，《有德院殿御实纪附录》卷十一载："其顷，听闻与商客同来之朱佩章原为军官，向佩章询问射艺、马政之事。"⑤据此可知，朱佩章还曾参军为官，在日被咨询射艺、马政之事。关于其军官身份，朱佩章撰写的个人见闻录《偶纪》中亦有记载。从《仕置方问答书》⑥中记载了"不忠不孝者""纵火并自家出火者""造伪金并知伪金而通用者"等22条刑罚的问答以及《清朝探事》中亦有不少法律相关内容来看，朱佩章的法律知识渊博。

值得关注的是，上述《元明清书画人名录·清人来舶》还载有"朱绶，字子章，闽人"⑦。那么，朱佩章之名是朱绶，还是其弟朱子章之名为朱绶呢？《偶纪》序文末尾处载：

> 康熙岁次壬辰腊月，鄞山朱绅佩章氏出继山左薛碧畹，录于秣陵僧舍。⑧

---

① 林韑等编：《通航一览》第五册，国书刊行会1913年版，第458页。
② 长崎史谈会编：《長崎名勝図绘》，长崎史谈会1931年版，第143、215页。
③ 同上书，第215页。
④ 《诸书留》第七册，日本国立公文书馆所藏写本，第20页b。
⑤ 黑板胜美、国史大系编修会编：《有德院殿御紀附録》，吉川弘文馆1966年版，第257页。
⑥ 《仕置方問答書》，日本国立公文书馆所藏写本。
⑦ 彭城百川：《元明清書畫人名録》下册，青木嵩山堂1908年版，第45页。
⑧ 大庭修编：《享保時代の日中關係資料二——朱氏三兄弟集》，关西大学出版部1995年版，第5页。

可知,"朱绅"为朱佩章之名。此外,《长崎名胜图绘》卷二上收录有朱佩章诗作《访竹林不遇》,其中载"朱绅,字佩章",①因此可以判定"朱绶"为其弟朱子章名讳。

关于《偶纪》的成书由来,其序载:

> 壬辰冬,偶于白下为友所负,淹留僧舍,得过知交子贯徐先生、东溟徐道兄、济源张年兄、震修佟世兄。诸公当花晨月夕,饮酒拈韵,都忘旅况。予虽不知文墨,不过附骥效颦以遂就学之意耳。诸公知予久历道途,经涉名山大川,南至海洋十字之内,北至张家口外,中华之地,往来十省,颇悉各处风俗、出产道地,及目睹近时奇异之事,有志、传所未载者,嘱予录之,遂成《偶纪》一帙。此不过予平素目击及亲友经历并仆从遭险之事,粗俚无文。又有传闻数语或恐未的,亦必详录以纪异耳。②

据此可知,朱佩章因跟随舅父李之凤贸易,往来中华十省,南行至十字门(澳门半岛以南、氹仔、路环、大横琴、小横琴四岛屿之间的水道),北至张家口外,熟悉各地风俗物产与奇闻轶事,在徐子贯等诗友的建议下,其将"平素目击及亲友经历并仆从遭险之事"以及"传闻数语"等记录为《偶纪》。

《偶纪》序文中记载,康熙壬辰五十一年(1712),朱佩章留宿于秣陵僧舍时开始撰写《偶纪》。《偶纪》中最晚的记载为康熙戊戌五十七年(1718)十月之事,可见《偶纪》的撰写时间跨度达6年之久,而且完成时间早于朱佩章赴日的1725年。

关于朱佩章赴日前的经历,《偶纪》序首载:

> 余自愧幼年不学。未冠时,遭甲寅伪乱,寄旅粤东司马舅氏讳之凤号伯鸣李公家,得以贸易海洋,至吞门③而归。予舅氏与山左谦若薛公莫逆交,

---

① 长崎史谈会编:《長崎名勝図絵》,长崎史谈会1931年版,第143页。
② 大庭修编:《享保時代の日中關係資料二——朱氏三兄弟集》,关西大学出版部1995年版,第4页。
③ 门:岩濑文库藏本、国立国会图书馆藏本均写作"闲",但国立国会图书馆藏本旁注"门"。据此改为"门"。

因伪乱未靖,予舅氏出使荷兰,将予托继与谦若薛公为嗣。予即随继父效力军前,汗马微劳,已经数年。前于康熙十六年八月内,随公标右营参将杨,在闽随征。至康熙十八年十二月十八日,跟闽安镇总兵官杨随征出洋,进剿海坛、南日、平海、湄洲、崇武、臭涂等处,直抵金门、厦门两岛屿,俱蒙前任水师提督万册报题叙。康熙二十年十一月二十日,为恭报大杀事,功加立案。后又随继父薛连破陈洲、马洲、弯腰树、观音山、展旗、丰门、岙门、果堂、石马等十九寨,亦题报蒙恩,优叙军功在案。①

据日本史料《唐船进港回棹录》可知,朱佩章第一次赴日即1725年时,正值64岁。② 由此推测,康熙甲寅十三年(1674),靖南王耿精忠在福建发动叛乱之际,朱佩章年仅13岁,寄寓粤东舅父李之凤家。李之凤曾前往澳门、南洋、荷兰等处贸易。从《偶纪》内容来看,朱佩章曾跟随舅父前往澳门贸易,但未去过南洋、荷兰。

李之凤出使荷兰时,将朱佩章托付于至交薛谦若。朱佩章出继薛谦若后的康熙十六年(1677),在福建参与平定三藩、收复台湾的战争,屡立军功。从中亦可见,朱佩章少时缺乏读书的环境,与"幼年不学"的记载相吻合。但如前所述,《长崎名胜图绘》中收录有朱佩章的两首诗文,可知其应具备一定的文学功底。

此后,序文载:

海氛已清,起咨到部。因世事多更,驰驱道路,刻无宁晷(晷),功名之事已成画饼。康熙二十八年,予继父帅镇朝阳,始命予高密祀茔,置义田以效范文正公膳族之举。乡居之暇,稍知读书,奈家务烦扰,旋读旋失。每念身历戎行,效力疆场,已落停录之后。于康熙三十二年二月初五日,援陕西招民例,捐一县宰。不意生父母、继父母连年丧讣,功名人不暇及也。③

---

① 大庭修编:《享保时代の日中關係資料二——朱氏三兄弟集》,关西大学出版部1995年版,第3—4页。
② 大庭修编:《唐船進港回棹録 島原本唐人風説書 割符留帳—近世日中交涉史料集》,关西大学东西学术研究所1974年版,第80页。
③ 大庭修编:《享保时代の日中關係資料二——朱氏三兄弟集》,关西大学出版部1995年版,第4页。

可知，伴随着三藩之乱平定、郑氏政权败亡，朱佩章告别了军旅生涯，军功之事亦化为泡影。康熙二十八年（1689），朱佩章前往薛谦若的故乡高密，"乡居之暇，稍知读书"。这一点亦与上文"幼年不学"的记载相吻合。其后虽捐纳陕西县令，但因生父母、继父母接连去世，仕途并未作出成绩。《偶纪》附录"薛谦若行状"条载："我先府君之卒于康熙四十一年壬午七月二十八日"①，因此，康熙四十一年（1702）薛谦若去世后，朱佩章很可能继续跟随舅父李之凤经营贸易。

《偶纪》正文"食用出产"条载："鳆鱼，出日本者，大如饭碗，名马蹄鳆。……木鱼，出日本，不知何鱼肉，形如松节，削片，以蒜瓣、酱油、醋拌之，味甚佳。淤鱼，……日本产者长大。……海参长三四寸，圆如鸡卵大，有肉刺，日本、关东、高丽俱同。……海白菜，即海带菜，有大如掌，有宽一二尺者，长七八尺不等。出日本，味平常，能化痰，去颈瘘。……日本糟菜，味美，亦小菜中佳品也。"②此外，"禽兽"条载："今日本、台湾鹿最多，每年有数百担皮筋鹿脯贸于中国各处。"③其中不仅提到日本物产，还特别提及具体尺寸、吃法以及贸易价值，由此可见，朱佩章赴日之前对日本物产和中日贸易已有较为详细的了解。因此，其赴日贸易自然在情理之中。

综上，出身于医学世家的朱佩章13岁时遭遇三藩之乱，寄宿舅父李之凤家，后跟随继父薛谦若从军，参与平定三藩、统一台湾的战争。其少时缺乏读书的环境，直至战争结束后才稍微读书，这为此后与日本人交流打下了一定的文学基础。虽然在日本的史料中，朱佩章具有多重"身份"，但不难看出，在其继父去世之后其更多的是作为商人而活跃的。

二、朱佩章赴日及其在日活动

朱氏三兄弟中，最早赴日的是医师朱来章。其搭乘宁波船于享保六年（1721）七月首次赴日，后于享保八年（1723）十二月回国。幕府为表彰其在日医

---

① 大庭修编：《享保時代の日中關係資料二——朱氏三兄弟集》，关西大学出版部1995年版，第70页。
② 同上书，第28—33页。
③ 同上书，第59页。

治病人功绩，赐予其侄朱允光信牌。信牌贸易是日本《正德新令》的重要新规，一直持续至幕末。为获取信牌开展贸易，清商竭尽所能地满足幕府的要求。享保十年（1725）二月五日，朱允光持此信牌入港长崎，其父朱子章、伯父朱佩章、朱允传父子以及叔父朱来章同船而至。① 此为朱佩章首次赴日。

据《唐船进港回棹录》可知，享保十年二月五日朱氏三兄弟抵达长崎后，"寓官梅三十郎宅"②。官梅三十郎为当时的大通事③，通事即中文翻译。《雍正朱批谕旨》"雍正六年九月二十五日李卫奏折"载："臣访闻得伊等皆贪夷人倭照，争相贸易，惟恐失其欢心，揩照不发，故凡有指名求索之处，无不依从。伊等若到彼国，亦与别商同在土库，惟请去之教习人等则另居他处。"④由此可见，朱佩章与普通清商不同，因应日方"指名求索"而前往"教习"，故未被限制居住在"土库"（日本史料称为"唐人屋敷"），而是寓于大通事宅邸。在此期间，朱佩章撰写了《谢恩启》，官梅三十郎对此进行和解。后因幕府委托其寻找擅长骑射之人赴日，朱佩章于享保十一年（1726）二月归国。朱子章于享保十一年正月回答了医官栗本瑞见、今大路道三等的询问，官梅三十郎对此进行和解，同年三月朱子章病死于日本。朱来章解答了栗本瑞见的疑惑，即《朱来章治验》所载内容，于享保十一年五月归国。⑤

关于朱佩章寻找擅长骑射之人，大庭修、葛继勇已有所论述⑥。下文在其研究基础上稍作考察。据上述《有德院殿御实纪附录》卷十一可知，幕府将军德川吉宗热衷研究马的饲养、调教方法，故派人向朱佩章询问了有关骑射、医马的问题。《和汉寄文》卷三收录享保十年（1725）十一月朱佩章呈交"请开恩赐信牌文"，文中载：

---

① 大庭修：《江户时代日中秘话》，徐世虹译，中华书局1997年版，第136—137页。
② 大庭修编：《唐船進港回棹録 島原本唐人風説書 割符留帳——近世日中交渉史料集》，关西大学东西学术研究所1974年版，第80页。
③ 颖川君平：《譯司統譜》，大阪活版制造所1897年版，第13页。
④ 张书才主编：《雍正朝汉文朱批奏折汇编》第十三册，江苏古籍出版社1989年版，第535页。
⑤ 大庭修：《享保時代の日中關係資料二——朱氏三兄弟集》，关西大学出版部1995年版，第637—644页。
⑥ 大庭修：《江户时代日中秘话》，徐世虹译，中华书局1997年版，第138—139页；大庭修：《江户时代における中国文化受容の研究》，同朋舍1986年版，第470—475页。葛继勇：《中日汉籍关系论考》，浙江人民出版社2021年版，第188—239页。

> 前蒙钦问,款内现有不能详知者间或有之,更有养马、疗马等事,甚不知详,深为惭愧。今回唐之日所承钦问之事逐一查考详细,且能有骑马、养(马)疗马之人择其善者带同前来,以备钦问。①

可知,享保十年二月至十一月间,幕府询问朱佩章养马、疗马之事,但其对此事不甚了解,遂请求招聘精通骑射、医马之人赴日,以备询问。此外,从"前蒙钦问,款内现有不能详知者间或有之"来看,幕府还咨询了朱佩章其他问题。

为满足德川吉宗招聘精通骑射、医马之人赴日的要求,朱佩章归国后积极查访。《和汉寄文》卷四收录的"朱佩章御请之马医召连不申御断之书付"载:

> 具口词人三十三番船来,朱佩章为因去年十一月间能骑马、养马、疗马之人再来之日带来,具词在案。佩今年二月间附搭巳年十九番船回唐,寻觅如此暗练之人试验。有沈大成者,前曾受地总武职之官,今间住在家。此人能骑马、养马,暗练其事。此番原要同船来崎,因有武艺之人同船带出而光棍等动疑声言不一。所以沈大成踌蹰不敢与佩同船来崎,潜搭吴子明船后来,所以此番佩等之船不得同来。为此具。是实。
>
> 享保十一年十一月日,朱佩章具②

享保十一年(1726)二月归国的朱佩章欲邀请擅长骑射的沈大成赴日,但是,因时有传言"有武艺之人同船带出",故沈大成畏惧官府取缔,不敢与朱佩章同船赴日,约定搭乘吴子明船随后赴日。也就是说,至同年十一月,搭乘三十三番船第二次赴日的朱佩章未能携带精通骑射、医马之人赴日。

《唐马乘方补遗》收录的"骑射并马医唐人(陈采若、刘经先、沈大成)渡来之次第"载:

> 武艺者渡日事可疑,奸曲之者大为谈论,故沈大成谢绝与朱佩章同船渡日,决意乘后船渡日。朱佩章先渡海而沈大成渡海之事延引。朱佩章违其

---

① 大庭修编:《享保时代の日中關係資料一》,关西大学出版部1986年版,第230页。
② 同上书,第328—329页。

言,首尾不合宜,故不许其买卖,令载货而返。①

可知,因精通骑射、医马之人未抵达长崎,朱佩章被勒令载货返航。据《唐船进港回棹录》可知,朱佩章的返航时间为享保十二年(1727)六月十三日②。

此后,"骑射并马医唐人(陈采若、刘经先、沈大成)渡来之次第"还载:

> 弟朱来章承知唐国擅长弓马者不限沈大成,差遣弓马共胜于大成之陈采若并马医刘经先此两人。未年六月二十番船主钟观天载其渡日。犹因朱佩章又致陈良选书翰,托其务必载沈大成同船渡日,故未年六月二十一番船主陈大成载沈大成同船渡日。③

可见,朱佩章弟朱来章担心沈大成的赴日过于延后,故挑选了擅长弓马术的陈采若、马医刘经先,让两人乘钟观天(即钟觐天)二十番船赴日。在此之前,朱佩章致函陈良选,拜托其船载沈大成尽快赴日。因此,沈大成搭乘陈大成(陈良选化名)二十一番船于享保十二年(1727)六月二十一日至长崎④。但陈采若、沈大成等人至日时,朱佩章已被要求载货返航。虽然时间有些推迟,但朱佩章的确完成了幕府重托,既如此,他便有机会再次赴日贸易,但迄今为止尚未发现可以证明朱佩章此后赴日的相关史料。

另外,《雍正朱批谕旨》"雍正六年(1728)十二月十一日李卫奏折"载:"又朱来章之兄朱佩章先曾带去闽人王应如教书,已经病殁在洋。"⑤另据同书"雍正六年八月初八日李卫奏折"载:"有福州民王应如于天文战阵之事涉猎不精,好为谈

---

① 大庭修编:《享保时代の日中關係資料二——朱氏三兄弟集》,关西大学出版部1995年版,第352页。
② 大庭修编:《唐船進港回棹録　島原本唐人風説書　割符留帳——近世日中交渉史料集》,关西大学东西学术研究所1974年版,第84页。
③ 大庭修编:《享保时代の日中關係資料二——朱氏三兄弟集》,关西大学出版部1995年版,第352页。
④ 大庭修编:《唐船進港回棹録　島原本唐人風説書　割符留帳——近世日中交涉史料集》,关西大学东西学术研究所1974年版,第85页。
⑤ 张书才主编:《雍正朝汉文朱批奏折汇编》第十四册,江苏古籍出版社1989年版,第192页。

论，首受其万金厚利，排演阵法，年余即伏冥诛。"①可知，王应如在日"教书"内容为天文战阵之事。松浦章指出，王应如曾作为正德四年(1714)四十四番船主、享保三年(1718)丑十七番宁波船船主前往长崎。② 从《雍正朱批谕旨》来看，雍正六年(1728)之前朱佩章又邀请普通商人王应如以特殊身份赴日排演阵法、教习天文战阵。

"雍正六年八月初八日李卫奏折"载，王应如病殁后，"复荐引一广东长须年满千总，不知姓名。每年受伊数千金，为之打造战船二百余号，习学水师"③。关于此处的"广东长须年满千总"，根据"雍正六年十二月十一日李卫奏折"载："又闽商陈良选带去广东人，称系宁波住居之年满千总沈大成，实属杨姓，冒顶前往，教习阵法，其名不知确切。"④可知，"广东长须年满千总"很可能是祖籍为广东、居住于宁波的沈大成。因此，朱佩章第一次赴日期间，除骑射、医马知识外，也应被询问了有关天文阵法、水师操演等事，故其才会带王应如、沈大成赴日。

值得一提的是，朱佩章在日期间回答了诸多有关中国情报的询问。平泽元恺《琼浦偶笔》卷六收录有"享保年来崎之唐贾朱佩章记之台湾事实记"⑤，记载了康熙六十年(1721)爆发的朱一贵起义及被平叛之事。此说明日本人曾围绕朱一贵起义之事咨询了朱佩章。目前可确认的最早将康熙六十年朱一贵起义消息告知日本的是同年六月抵日的中国商船，此后亦有十数件关于此事的风说情报传入日本。⑥ 该事件广受日本人关注，甚至成为江户时代文学作品中的域外素材⑦。直至朱佩章在日期间，此事仍在日本人的问询范围内。

事实上，关于日本人向朱佩章的问询，远不止于此，还包括《清朝探事》《仕置方问答书》。

---

① 张书才主编：《雍正朝汉文朱批奏折汇编》第十三册，江苏古籍出版社1989年版，第148页。
② 松浦章：《清代海外贸易史研究》下册，李小林译，天津人民出版社2016年版，第447页。
③ 张书才主编：《雍正朝汉文朱批奏折汇编》第十三册，江苏古籍出版社1989年版，第148页。
④ 张书才主编：《雍正朝汉文朱批奏折汇编》第十四册，江苏古籍出版社1989年版，第192页。
⑤ 平泽元恺：《琼浦偶笔》，载寺泽一、和田敏明、黑田秀俊编：《北方未公开古文书集成》第二卷，丛文社1979年版，第174—176页。
⑥ 仲光亮：《从台湾朱一贵起义信息看日本江户幕府的情报网络》，《历史档案》2013年第2期，第62—68页。
⑦ 刘芳亮：《风说情报与江户时代的中国现实题材文学——以朱一贵起义传闻为例》，《解放军外国语学院学报》2017年第2期，第145—152页。

三、朱佩章与《清朝探事》的成书

（一）《清朝探事》的成书

《清朝探事》曾在江户时代广为传抄，现存写本较多，又名《清朝杂事》《大清朝野问答》《清人答问录》《清人问答书》《荻朱问答》《享保笔话》《清客闻书》。有关《清朝探事》的成书，各写本所载有所不同。

日本国立国会图书馆、东京大学图书馆、筑波大学图书馆、东北大学图书馆所藏的写本《清朝探事》序文（以下称为序文①）载：

> 享保初，深见久太夫（后云新兵卫，高玄岱之子）①奉命赴肥之崎阳监药草之事。因于来舶之唐人有问目之旨，清人朱佩章奉答，成此问答书。时金城儒官荻生氏奉令和解。或人藏之，余恳望得之，誊写秘藏。
>
> 深见氏为书籍奉行也。
>
> 宝历甲申年中秋，双松堂主人志。②

关西大学图书馆藏《清朝探事》《清客闻书》《清朝杂事》、京都大学文学研究科图书馆（简称京都大学图书馆）藏《清朝探事》、国立国会图书馆藏《清人问答书》、筑波大学图书馆藏《清人答问觉（荻朱问答）》、早稻田大学图书馆藏《清人答问录（觉书）》、东京大学东洋文化研究所（简称东文研）图书室藏《清人答问觉书》、东京大学图书馆藏《享保笔话》、斯道文库藏《清朝探事》之序文（以下称为序文②）载：

> 享保中荻生总七郎奉令寻问清人朱佩章之事及深见久太夫代为寻问、朱佩章回答内容呈送之抄本。

深见久太夫（1691—1773）即深见有邻，深见玄岱第三子，享保十九年（1734）八月任书物奉行，改名为新兵卫③。从序文①中记载的是"深见久太夫"以及夹

---

① 括号中的内容原为小字双行夹注，以下《清朝探事》引文同之。
② 《清朝探事》现存皆为日文撰写，如下引文汉文均为笔者翻译。
③ 《御文库始末记》，载东京大学史料编纂所编：《幕府書物方日記》（三），东京大学出版会1966年版，第399页。

注内容"后云新兵卫"来看,深见久太夫前往长崎进行询问之时还未改名。至于双松堂主人为何人,尚不明确。

享保六年(1721)五六月前后,深见久太夫曾奉德川吉宗之命,检查药草种类及疗效等,出色地完成了任务①。而且,深见久太夫曾撰写过《医林余谈》,可见其拥有渊博的药草知识。或因此,德川吉宗才会派遣他前往崎阳即长崎"监药草"。在长崎期间,深见久太夫很可能向赴日的朱来章、周歧来询问山野草药之事。②

《儒职家系》卷五载:"(享保)六年辛丑于新部屋大岛云平传旨,(深见久太夫)奉唐国及阿兰陀国筋之御内用,同十月发江户,十二月到长崎。同十二年丁未二月归府,御用毕,赐银十枚。"③可知,深见久太夫曾于享保六年十二月至同十二年二月之间居住长崎。因此,询问朱佩章的时间应在享保十二年(1727)二月以前。

大庭修指出,"唐国"之"御内用"指的是翻译《大清会典》。④也就是说,深见久太夫在长崎期间,还应询问有关《大清会典》的知识情报。《有德院殿御实纪附录》卷十一"深见新兵卫有邻"条载:

> 律会典难通之事,奉命考而呈之,往来长崎,与唐商议之。多作律书之解呈之。其顷,听闻与商客同来之朱佩章原为军官,向佩章询问射艺、马政事。⑤

可知,深见久太夫就《大清会典》中的不解之处,前往长崎向唐人请教。适逢朱佩章至长崎,故向其询问射艺、马政之事。前述《和汉寄文》卷三收录享保十年十一月朱佩章呈交的"请开恩赐信牌文"载:"前蒙钦问,款内现有不能详知者间或有之,更有养马、疗马等事,甚不知详,深为惭愧。"可知,"钦问"应该也是深见

---

① 石村喜英:《深見玄岱の研究》,雄山阁1973年版,第180—182页。
② 大庭修:《江户时代日中秘话》,徐世虹译,中华书局1997年版,第99页。
③ 《儒職家系》,近藤瓶城编:《改定史籍集覽》第十九册,近藤出版部1921年版,第177页。
④ 大庭修:《江户时代日中秘话》,徐世虹译,中华书局1997年版,第95页。
⑤ 黑板胜美、国史大系编修会编:《有德院殿御实纪附录》第十一卷,吉川弘文馆1966年版,第257页。

久太夫代为询问的,而且"钦问"的内容极有可能与《清朝探事》的内容有关。

序文①中的"金城儒官荻生氏",应为序文②中出现的"荻生总七郎",即荻生北溪(1673—1754),著名儒者荻生徂徕之弟,著有《七经孟子考文补遗》等,校注《唐律疏议》等,汉学造诣极高。序文①中所记为"荻生氏奉令和解",但据国立国会图书馆、东京大学图书馆、筑波大学图书馆、东北大学图书馆藏《清朝探事》首页载:

奉命而问　　荻生总七郎　深见久太夫
通词(事)　　彭城藤治右卫门
清人　　　　朱佩章

可知,荻生总七郎虽"奉令和解",但实际"和解"者即通事为彭城藤治右卫门。彭城藤治右卫门于享保十年八月至十六年十月间担任"御用通事",享保二十年十一月病逝。①

此外,关西大学图书馆藏《清朝探事》《清客闻书》、斯道文库藏《清朝探事》三种写本序文中的"享保中"有朱笔旁注"二十一年丙辰"。或据此,内藤湖南指出,荻生北溪在享保二十一年(1736)向来到长崎的中国人朱佩章询问清朝的事情后,向幕府提交了问答记录②。但从上文深见久太夫改名以及彭城藤治右卫门担任御用通事的时间来看,内藤湖南的说法并不准确。另据日本《国书总目录》记载,旧下乡本《清朝探事》是于享保二十一年抄写的③。若如此,则询问朱佩章的时间也应该早于享保二十一年。

(二)朱佩章赴日时间与《清朝探事》的内容

大庭修认为,《清朝探事》应是根据朱佩章第一次赴日期间即享保十年(1725,雍正三年)二月至翌年二月询问记录整理而成的④。从如下《清朝探事》内容来看,这一结论也不准确。内阁文库藏《大清朝野问答》载:

---

① 颖川君平编:《譯司統谱》,大阪活版制造所1897年版,第5页。
② 内藤湖南:《昔の满洲研究》,《内藤湖南全集》第八卷,筑摩书房1969年版,第250页。
③ 《補訂版　国書総目録》第四卷,岩波书房1969年版,第733页。
④ 大庭修:《江户时代日中秘话》,徐世虹译,中华书局1997年版,第101页。

(1) 连枝之内，阿其那、赛思黑、允䄉，又大臣之内，隆科多、年羹尧、鄂伦岱、阿尔松等人皆有叛逆罔欺之阴谋，雍正帝杀之，屡示威权。（上卷第1条）

(2) 当代宰相之内，有保和殿大学士兼户部尚书马齐、文华殿大学士兼吏部尚书朱轼、保和殿大学士兼翰林院掌院张廷玉、文华殿大学士兼户部尚书蒋廷锡。又有外省之浙江总督李卫、河南总督田文镜、陕西总督岳钟琪。（上卷第7条）

(3) 雍正五年，依书办章、孔昭犯赃之重罪，斩之。（上卷第60条）

(1)中的"阿其那""赛思黑"原为康熙第八子允禩、第九子允禟，因结党营私，分别于雍正四年（1726）三月、五月被除姓名，改称阿其那、赛思黑①。此外，当时涉案大臣隆科多、年羹尧、鄂伦岱、阿尔松（应为阿尔松阿之讹）也于雍正三年至五年被囚禁或诛杀。

(2)中涉及诸多清朝著名高官，而且特别强调是"当代宰相"。《清史稿》卷二八八《张廷玉传》载："（雍正元年）寻授翰林院掌院学士。……六年，进保和殿大学士。"②卷二八九《蒋廷锡传》载："（雍正）六年，拜文华殿大学士，仍兼领户部。……（十年）闰五月，卒。"③卷二九四《李卫传》载："（雍正五年）寻授浙江总督，管巡抚事。……十年，召署刑部尚书，授直隶总督。"④卷二九四《田文镜传》载："（雍正五年）寻授河南总督。六年，上褒文镜公正廉明，授河南山东总督，谕谓此特因人设官，不为定例。……十年，复以病乞休，允之。旋卒，赐祭葬。"⑤《雍正朝起居注册》雍正六年（1728）三月十三日条载："张廷玉着为保和殿大学士。蒋廷锡着为文华殿大学士，仍兼理户部尚书事务。"⑥可知，张廷玉、蒋廷锡均在雍正六年三月分别被授予保和殿大学士、文华殿大学士，雍正十年蒋廷锡去世。另外，李卫于雍正五年（1727）至同十年（1732）间担任浙江

---

① 蒋良骐：《东华录》，载《全州历史文化丛书》(11)，广西人民出版社2001年版，第339—341页。
② 赵尔巽等：《清史稿》卷二八八《张廷玉传》，中华书局1977年版，第10237页。
③ 赵尔巽等：《清史稿》卷二八九《蒋廷锡传》，中华书局1977年版，第10252页。
④ 赵尔巽等：《清史稿》卷二九四《李卫传》，中华书局1977年版，第10334—10335页。
⑤ 赵尔巽等：《清史稿》卷二九四《田文镜传》，中华书局1977年版，第10338—10339页。
⑥ 中国第一历史档案馆编：《雍正朝起居注册》第三册，中华书局1993年版，第1863页。

总督一职；田文镜于雍正五年担任河南总督，次年被授予河南山东总督一职，雍正十年去世。

(3)中涉及的处罚之事，确实发生于雍正五年。《世宗宪皇帝上谕内阁》卷六十四雍正五年十二月条载："书办章、孔昭等撞骗银两……着将章、孔昭即行处斩。"

因此，如若这三条回答出自朱佩章之口，那么《清朝探事》的作成时间应当在雍正六年(1728)三月后、雍正十年前。牛建强也指出，《清朝探事》内容中"非尽雍正三年之前者，朱氏在雍正四年十一月第二次到达日本，或许又有问询，也可能系后来人在原有基础上增补"①。但是上述三条回答明显是在朱佩章第二次回国后的内容，因此第二次赴日期间进行询问的说法亦不准确。而且，笔者查阅《清朝探事》现存的18种写本，尤其是较为接近原始写本的、藏于国立公文书馆的《大清朝野问答》(索书号分别为184-0343、184-0342)中均载有这部分内容。除内阁文库本所藏的三种写本之外，现存《清朝探事》十四种写本的"器物之问"的"冠顶"条均载有"凉帽暖帽ノ圖、先年指上候通リ(凉帽、暖帽之图，如先年所呈)"。据此可知，朱佩章确实多次回答过幕府的提问。

也就是说，存在另一种情况：朱佩章第一次赴日时深见久太夫进行了询问，回国后将先前未解答的问题调查清楚，雍正六年(1728)至同十年(1732)间汇报给了幕府。上节指出，享保十二年(1727)六月十三日，朱佩章因未带去擅长骑射之人被幕府要求载货返航。但是，沈大成、陈采若等人于同月二十一日入港长崎。因此，朱佩章会因完成幕府交待的任务，再次赴日，解答幕府的相关问询。也就是说，朱佩章很可能在享保十二年六月十三日回国之后再次赴日，时间当在雍正六年(享保十三年，1728)至同十年(享保十七年，1732)之间。

(三)《清朝探事》的"附录"内容及其作成时间

另外还要提到的是，关西大学图书馆藏《清朝探事》《清客闻书》《清朝杂事》、京都大学图书馆藏《清朝探事》、内阁文库藏《清朝探事》、国立国会图书馆藏《清人问答书》、东京大学图书馆藏《享保笔话》、斯道文库藏《清朝探事》、早稻田大学图书馆藏《清人答问录(觉书)》、筑波大学图书馆藏《清人答问觉(荻朱问答)》、东

---

① 牛建强：《从风说书看日本德川幕府对清朝情势的关注》，《郑州大学学报(哲学社会科学版)》2008年第6期，第79页。

京大学东文研图书室藏《清人答问觉书》等 11 种写本末条为"小说书目之事",其中记载了 16 种小说书名。该条后为"附录",包括"清朝之事""康熙帝座右联之事""小说书目"三部分,其中"小说书目"中记 12 种小说书名。

现将"小说书目之事"以及附录"小说书目"中的 28 种小说书目整理为如表 1-1:

表 1-1 "小说书目之事"以及附录"小说书目"所列 28 种小说

	所载小说名	实际小说名	成书时间	编作·作序或校订者
小说书目之事	《石点头》	《石点头》	明崇祯年间	天然痴叟
	《欢喜冤家》	《欢喜冤家》	明崇祯十三年	西湖渔隐主人
	《说唐后传》	《说唐后传》	?（现存乾隆三年本）	鸳湖渔叟
	《三国志》	《三国志演义》	明初	罗贯中
	《西游记》	《西游记》	明朝	吴承恩
	《绣折野史》	《绣榻野史》	明万历年间	吕天成
	《肉蒲团》	《肉蒲团》	顺治十四年	李渔
	《梦月楼》	《梦月楼》	康熙年间?（康熙年间刊本存世）	烟水散人
	《引凤箫》	《引凤箫》	康熙雍正年间	枫江半云友
	《玉史矶》	《玉支矶》	康熙年间?	天花藏主人
	《锦香亭》	《锦香亭》	康熙年间?（康熙年间刊本存世）	古吴素庵主人
	《金云翘》	《金云翘》	顺治、康熙年间	天花藏主人（序）青心才人（编次）
	《养花天》	《杏花天》	康熙五十一年	古棠天放道人
	《五凤吟》	《五凤吟》	康熙年间	云间嗤嗤道人
	《蝴蝶媒》	《蝴蝶媒》	清初	南岳道人
	《巧联珠》	《巧联珠》	康熙雍正年间	烟霞逸士

续表

	所载小说名	实际小说名	成书时间	编作·作序或校订者
附录之小说书目	《西图像》	《画图缘》	康熙年间	天花藏主人
	《醉菩提》	《醉菩提》	明末清初	天花藏主人
	《行世鸿勋》	《新世鸿勋》	顺治年间	蓬蒿子
	《终须梦》	《终须梦》	康熙末年	弥坚堂主人
	《麟儿报》	《麟儿报》	康熙十一年	天花藏主人
	《桃花影》	《桃花影》	康熙年间？	烟水散人
	《归莲梦》	《归莲梦》	康熙年间？	苏庵主人
	《女开料》	《女开科》	康熙末年	岐山左臣
	《风箫媒》	《风箫媒》	康熙年间？	鹤市散人
	《八洞天》	《八洞天》	康熙年间？	笔炼阁主人
	《古今谈奇》	《古今谈奇》	明末？	冯梦龙？
	《留书全集》	《留青全集》	康熙年间？	陈枚

《舶载书目》第四十册"宝历甲戌年(1754)九番船持渡小说三十部之扣"中载有上述25种小说书目①。大庭修认为,"宝历甲戌年九番船持渡小说三十部之扣"的内容在被尾崎雅嘉收录《舶载书目》前,应是被单独记录的,《清朝探事》中的小说书名很可能是后人依据这部分单独记录的内容抄入②。但《舶载书目》中未记载《八洞天》《古今谈奇》《留青全集》3种小说,而且《舶载书目》中,《梦月楼》记为该书的全名"绣像梦月楼",《新世鸿勋》记为别名"定鼎奇闻",《欢喜冤家》记为别名"贪欢报",《三国志》记为"李卓吾先生评三国志",与上述《清朝探事》的记载不同。另外,除上述25种小说书目之外,《舶载书目》第四十册"宝历甲戌年(1754)九番船持渡小说三十部之扣"中还载有四种小说,它们的成书时间及编作者如表1-2所示：

---

① 大庭修编：《舶載書目(下)》第四十册,关西大学东西学术研究所1972年版,第1—18页。
② 大庭修：《享保時代の日中關係資料二——朱氏三兄弟集》,关西大学出版部1995年版,第729—730页。

表1-2　　　　　　　　　《舶载书目》所载四种小说

小 说 书 名	成 书 时 间	编 作 者
《两交婚》	康熙年间	天花藏主人
《浓情快史》	康熙年间	嘉禾餐花主人
《情梦柝》	康熙年间？	蕙水安阳酒民
《平山冷燕》	顺治初年	荻岸山人

因此,不能确认《清朝探事》中的小说书目是根据《舶载书目》第四十册"宝历甲戌年(1754)九番船持渡小说三十部之扣"抄入的。另外,从上表来看,"小说书目之事"中记载的16种小说书的成书时间基本在康雍年间或之前,朱佩章很可能知晓这些小说并告知询问者。内阁文库本所藏的《大清朝野问答》2种写本、宫内厅书陵部藏《大清朝野问答》正文中写有"当今雍正帝"5字。此外的15种写本中虽仅仅书写"雍正帝",但从正文中出现的"当今"指代雍正帝来看,《清朝探事》的成书时间应该在雍正帝去世的1735年8月之前。

东京大学图书馆藏《享保笔话》等诸本附录的"清朝之事"中,记载了清高祖努尔哈赤、清太祖皇太极的名讳以及顺治、康熙、雍正帝的名讳、在位时长等,但关于乾隆帝仅见其名讳,未见在位时长:"乾隆帝,名弘历,胤禛第四子也。"国立国会图书馆藏《清人问答书》中写的是"当今乾隆帝",这说明"清朝之事"最早写于雍正十三年九月(乾隆帝即位,宣告翌年改元乾隆)。从更接近原本的内阁文库藏本《大清朝野问答》中无附录的"清朝之事"来看,其内容应该是后人抄入的,应与朱佩章无关。

结　　语

有清一代,众多清人前往长崎贸易的同时,也推动了中日文化交流、情报传达迈上新台阶。朱佩章等赴日清人留下的活动足迹为探寻当时中日文化交流的实相提供了新视角。

在日本的史料记载中,作为赴日商人的朱佩章亦儒亦医亦武,其才学甚至被评价为"诗入宫商妙,艺兼文武通"。朱佩章不仅将擅长天文战阵、骑射、医马的清人带至日本,而且把大量清朝情报传递给日本。特别是《清朝探事》,内容涉及广泛,其中既有"噶布昂邦""布衣大"等满语官职名称、"袍""袄""裹脚布"等衣服名称,又有隐密监察、少数民族统治等政治制度,还有出入关津·诉讼·盗贼·杀人等相关法律、"防御日本之要害""古今要害之地"等军事信息,以及上元点灯、清明祭墓、七夕祭二星等民间风俗。《清朝探事》诸写本中,情报数量最少者有136条,多者达203条。由此可见其情报种类之广、数量之多。另外,朱佩章回答的另一问答书《仕置方问答书》中记载了"不忠不孝者""纵火并自家出火者""卖毒药并下毒""父兄等之敌讨乎"等22条有关法律刑罚的内容,其中虽未记载成书时间等,但应与《清朝探事》大致相同。《仕置方问答书》中载有不少审判实例,比《清朝探事》中的法律情报更为详细丰富。

　　江户幕府第八代将军德川吉宗对中国文化有着浓厚的兴趣,其任命汉学造诣极高的儒官荻生北溪通过身在长崎的深见久太夫询问清人朱佩章清朝之事。参与询问的日方官员配置可谓官位级别高、学识层次高。《清朝探事》《仕置方问答书》被呈交至德川吉宗后,作为江户幕府的"秘书"而被藏于将军的书库红叶山文库即后来的内阁文库,仅幕府高层人员可浏览。此后,《清朝探事》流出而被广为传抄,现存抄本有20余种。正如大庭修指出的那样,其是江户时代流行最广泛的关于清朝知识的问答书①。朱佩章传递的中国情报不仅增加了当时幕府高层对清朝的认知,也成为后来江户日本人了解清朝的来源之一,流传甚广、影响深远。在中国名不见经传的朱佩章却为当时仰慕中国文化的日本人所重视,并被作为清朝情报的咨询对象。这一小人物的活动轨迹为我们探寻江户时代日本摄取清朝情报的实相提供了新视角。

---

① 大庭修:《江户时代日中秘话》,徐世虹译,中华书局1997年版,第99页。

第二章 《清朝探事》诸写本的条目内容、系统分类与抄写时间

《清朝探事》是日本享保年间（1716—1735）江户幕府儒官荻生北溪（1673—1754）奉将军德川吉宗之命通过身在长崎的深见有邻（1691—1773）向清人朱佩（珮）章询问清朝之事、唐通事彭城藤治右卫门协助翻译而作成的问答书，又名《大清朝野问答》《清朝杂事》《享保笔话》《清客闻书》《清人问答书》《清人答问录》《清人答问觉书》《荻朱问答》等，其内容涉及广泛，包括清朝的政治、军事、地理、风俗、法律等。

管见所及，学界对《清朝探事》的关注度远不及《清俗纪闻》。《海上丝绸之路稀见文献丛刊》影印了内阁文库所藏《清朝探事》写本（索书号为 184 - 0346），但未进行解题说明。① 最近，中日学人虽翻译或引用了《清朝探事》所载的数条内容，但对《清朝探事》诸写本未作梳理，更没有对其展开文献学方面的考察。

本章依据已经收集到的《清朝探事》写本 18 种，对诸写本的书名、卷数、条目数量以及序文、批注、相关内容、跋文进行分析，对诸写本的系统进行分类，进而探讨诸写本的抄写时间。

一、诸写本书名与卷数

《清朝探事》虽未被版刻刊行，但在问世不久后被广为传抄，因此现存写本较

---

① 文物出版社编：《海上丝绸之路稀见文献丛刊：清朝探事　新潟新繁昌记　琉客谭记》，文物出版社 2020 年版。

多。日本《国书总目录》载,国立公文书馆藏三种①;国立国会图书馆、宫内厅书陵部、京都大学图书馆、东京大学图书馆、东北大学图书馆狩野文库、栗田文库(名古屋大学教授栗田元次个人书库,现所在不明)、尊经阁文库、御茶水图书馆成篑堂文库(原德富苏峰书斋,1946年入藏御茶水图书馆。现名石川武美纪念图书馆成篑堂文库)、旧下乡文库(现已烧失,所藏本不明)、仙台藩伊达家藏书(现藏宫城县图书馆伊达文库)、学书言志轩(原长泽规矩也书斋,1993年入藏关西大学图书馆长泽文库)各藏一种。

但事实上,现存写本远超上述14种。笔者调查发现,日本国立国会图书馆实藏两种(索书号为142-15的写本命名为①、142-57命名为②)、东京大学图书馆实藏两种(索书号为G30:521的写本命名为①、G30:565命名为②)。

此外,《国书总目录》未著录的写本还有:关西大学图书馆藏三种(索书号L21**4*1816的写本命名为①、L23**300*6020-6021命名为②、LM2*二*16*2命名为③),筑波大学图书馆藏二种(索书号ヨ219-29的写本为①、ヨ644-77为②)、斯道文库(安井文库)、早稻田大学图书馆、东京大学东洋文化研究所(简称东文研)图书室、爱知县刈谷市中央图书馆村上文库、兵库县洲本市立图书馆(柴野栗山藏本)、爱媛县大洲市立图书馆矢野玄道文库各藏一种。其中,早稻田大学图书馆藏本与东京大学东文研图书室藏本每页字数、行数相同,无疑为同一底本的姊妹抄本;斯道文库(安井文库)藏本与关西大学图书馆藏本①虽笔迹不同,但内容、朱笔圈点基本相同,或为同一底本的姊妹抄本。另外,日本学者大庭修出版了排印本,所依写本不明,似乎为多种写本的混合体(从其与内阁文库藏本③存在同样排序混乱的现象推测,内阁文库藏本③可能为该排印本所依底本之一)②。

《清朝探事》现存写本达20余种,笔者现已收集18种,诸写本书名、所藏机构以及卷数情况特整理如表2-1所示:

---

① 内阁文库藏三种写本中,索书号184-0342的写本命名为①、184-0343命名为②、184-0346命名为③。

② 大庭修:《享保時代の日中關係資料二——朱氏三兄弟集》,关西大学出版部1995年版,第109—153页。

表 2-1　　　　　　　　　　　诸写本书名、所藏机构以及卷数

藏书地			索书号	书名（外题）	册数	卷数
◎国立公文书馆		①	184-0342	大清朝野问答	1	2
		②	184-0343	大清朝野问答	1	2
		③	184-0346	清朝探事	1	1
◎关西大学图书馆		①	L21**4*1816	清朝探事	1	1
	长泽文库（学书言志轩旧藏）	②	L23**300*6020-6021	清朝杂事	2	2
	增田文库	③	LM2*二*16*2	清客闻书	1	1
◎国立国会图书馆		①	142-15	清朝探事	2	2
		②	142-57	清人问答书	1	1
◎东京大学图书馆		①	G30：521	清朝探事	2	2
		②	G30：565	享保笔话	1	1
◎东京大学东文研图书室		①	E 54：7	清人答问觉书	1	1
◎早稻田大学图书馆		①	イ5-435	清人答问录	1	1
◎筑波大学图书馆		①	ヨ219-29	荻朱问答	1	1
		②	ヨ644-77	清朝探事	1	2
◎斯道文库			ヤ54A・9-2・1	清朝探事	1	1
◎东北大学图书馆狩野文库			3-8047-2	清朝探事	2	2
◎京都大学图书馆			内田‖こ3‖2	清朝探事	1	1
◎宫内厅书陵部			205-31	大清朝野问答	1	2
名古屋市栗田文库			不详		1	不详
尊经阁文库			不详	清朝探事	1	不详
御茶水图书馆成篑堂文库			不详		1	不详
宫城县图书馆伊达文库			D292-シ1	清朝探事	1	不详
爱知县刈谷市中央图书馆村上文库			30-809-7-1	清朝探事	1	不详
兵库县洲本市立图书馆			不详	清朝探事	1	不详
爱媛县大洲市立图书馆矢野玄道文库			Tヤノ 84 10	清朝探事	1	不详

说明：◎为笔者现已搜集到的写本。

第二章 《清朝探事》诸写本的条目内容、系统分类与抄写时间

首先,关于书名,《清朝探事》的书名较多,部分写本封面所载题目与内题并不一致,现将外题与内题情况整理为表2-2:

表2-2 诸写本书名的内题与外题

写　　本	外　　题	内　题	
		卷　首	卷　尾
内阁文库藏本①	大清朝野问答	大清朝野问答	无
内阁文库藏本②	大清朝野问答	大清朝野问答	无
内阁文库藏本③	清朝探事	清朝探事	无
宫内厅书陵部藏本	大清朝野问答	大清朝野问答	无
关西大学图书馆藏本①	清朝探事	清朝探事	无
关西大学图书馆藏本②	清朝杂事	清朝杂事、清朝探事	无
关西大学图书馆藏本③	清客闻书	清朝探事	无
国立国会图书馆藏本①	清朝探事	清朝探事	清朝探事
国立国会图书馆藏本②	清人问答书	清人问答觉书、清朝探事	清人答问书
东京大学图书馆藏本①	清朝探事	清朝探事	清朝探事
东京大学图书馆藏本②	享保笔话	清朝探事	无
东京大学东文研图书室	清人答问觉书	清人答问觉书	清人答问书
早稻田大学图书馆	清人答问录	清人答问觉书	清人答问书
筑波大学图书馆藏本①	荻朱问答	清人答问觉	清人答问书
筑波大学图书馆藏本②	清朝探事	清朝探事	清朝探事
京都大学图书馆藏本	清朝探事	清朝探事	无
斯道文库藏本	清朝探事	清朝探事	无
东北大学图书馆藏本	清朝探事	清朝探事	清朝探事

其次,需要说明的是,内阁文库藏本①中,下卷首页载"大清朝野问答　下",但上卷首页仅载"大清朝野问答",并无"上"的字样。不过下卷"赐官位永宣旨之事。有日本伏见殿、京极殿之类吗?"条的回答末尾写有"其等级次序见上卷"(也见于内

阁文库藏本②)。据此可知,此写本分为上下两卷。内阁文库藏本①②、宫内厅书陵部藏本的上卷均自"当今雍正帝政务之事,附平日之行仪、狩野、游幸等嗜好之品传闻、物语大概之事"条至"奴婢下人,有男女、雇佣年限之定限吗?并给银大概之事。有保人、契约吗?有世代约定之雇佣吗"条,下卷以"清朝廷官员,自元满洲附来之世家无断绝吗"条为始,至"随意造大船或持有吗?有限制吗"条结束。

此外,关西大学图书馆藏本②有"上卷"两字,不见"下卷"字样。但比照其余诸本,可知第二册首页缺失一条问题("北京之外,有可成帝城之地吗?有替代之地吗?")、回答,以及下一条问题("官员以下重视婚礼、葬礼吗?诸省之内,有依风仪简办之地吗?")的文字内容,或许是装订时遗漏一张,而"下卷"两字可能在漏装纸张之上。根据文字内容来看,"下卷"应该在"北京之外,有可成帝城之地吗?有替代之地吗"条问题之前。也就是说,关西大学图书馆藏本②也分上下两卷。

但是,关西大学图书馆藏本②上下卷划分与内阁文库藏本①②、宫内厅书陵部藏本不同,上卷以"享保中,荻生总七郎奉令寻问清人朱佩章之事及深见久太夫传达、朱佩章回答内容呈送之抄本"序文为始,或至"年年赐靴鞓钱,大约多少"条结束,下卷或以"北京之外,有可成帝城之地吗?有替代之地吗"条为始,至附录"小说书目"条结束。

国立国会图书馆图书馆藏本①、东京大学图书馆藏本①、东北大学图书馆藏本、筑波大学图书馆藏本②四种写本的上下卷划分与上述几种写本又有不同,上卷以"器物之问"(即关西大学图书馆藏本②序文后的内容)为始,至"与清朝五六十年以前比,风俗、人之气习变了吗"条结束,下卷以"诸省往还之内,山川难所大略之事"条为始,至附录"清朝之事"条结束。

综上可知,内阁文库藏本①②、宫内厅书陵部藏本、关西大学图书馆藏本②、国立国会图书馆藏本①、东京大学图书馆藏本①、东北大学图书馆藏本、筑波大学图书馆藏本②8种写本分上下两卷,其他10种全部为一卷。

二、诸写本条目数量与系统分类

诸本内容有多寡之分,可能是传抄过程中删减或添加了部分内容所致。国立国会图书馆藏本①②、东京大学图书馆藏本①②、筑波大学图书馆藏本①②、东北大学图书馆藏本、关西大学图书馆藏本①②③、京都大学图书馆藏本、斯道文库藏本、东京大学东文研图书室藏本、早稻田大学图书馆藏本等14种写本中，全部内容可划分为四部分，即类别问答（"器物之问""祭葬之问""衣服之问"）、分条问答（"政治并风俗之问"）、附加问答（"小说书目之事"）、附录。内阁文库藏本①②、宫内厅书陵部藏本仅有分条问答，内阁文库藏本③载分条问答、附加问答、附录。

  类别问答中未记载具体问目，仅见回答内容，但"器物之问"类中的22条满语词汇以及"衣服之问"类的全部内容均先记载满语、衣服名称，而后具体说明。

  分条问答以"当今雍正帝政务之事，附平日之行仪、狩野、游幸等嗜好之品传闻、物语大概之事"为始，有问有答。需要说明的是，关西大学图书馆藏本①②③、京都大学图书馆藏本、内阁文库藏本③、国立国会图书馆藏本②、东京大学图书馆藏本②、斯道文库藏本、筑波大学图书馆藏本①、东京大学东文研图书室藏本、早稻田大学图书馆藏本等11种写本分条问答最后一条为"小说书目之事"，后记载小说书名16种。该条后为"附录"2字，包括"清朝之事""康熙帝座右联之事""小说书目"三部分。"附录"后的"小说书目"记载了12种小说书名。但由于内阁文库藏本①②、宫内厅书陵部藏本分条问答中无"小说书目之事"，故将其从分条问答中抽离，单独列为附加问答。

  另外，国立国会图书馆藏本①、东京大学图书馆藏本①、筑波大学图书馆藏本、东北大学图书馆藏本等四种写本中，"小说书目之事"载15种小说书名（东京大学图书馆藏本①又以墨笔补添1种小说书名），比上述9种写本少1种。此后的"附录"虽包括12种小说书名与"清朝之事"，但无"康熙帝座右联之事"。

  关于诸写本具体问答数目，整理如表2-3所示：

表2-3   诸写本具体问答数目

写本	目录	类别问答			分条问答	附加问答	附录		
		器物之问	祭葬之问	衣服之问	政治并风俗之问	小说书目之事	清朝之事	康熙帝座右联之事	小说书目
内阁文库藏本①	×	×	×	×	149	×	×	×	×
内阁文库藏本②	×	×	×	×	149	×	×	×	×

续表

写　本	目录	类别问答			分条问答	附加问答	附　录		
		器物之问	祭葬之问	衣服之问	政治并风俗之问	小说书目之事	清朝之事	康熙帝座右联之事	小说书目
内阁文库藏本③	×	×	×	×	132	√	√	√	√
宫内厅书陵部藏本	×	×	×	×	149	×	×	×	×
东北大学图书馆藏本	√	41	5	18	128	√	√	×	√
筑波大学图书馆藏本②	√	41	5	18	128	√	√	×	√
国立国会图书馆藏本①	√	41	5	18	128	√	√	×	√
东京大学图书馆藏本①	√	41	5	18	128	√	√	×	√
筑波大学图书馆藏本①	×	41	5	19	132	√	√	√	√
东京大学东文研图书室藏本	×	41	5	19	132	√	√	√	√
早稻田大学图书馆藏本	×	41	5	19	132	√	√	√	√
国立国会图书馆藏本②	×	41	5	19	132	√	√	√	√
东京大学图书馆藏本②	×	41	5	21	132	√	√	√	√
关西大学图书馆藏本①	×	41	5	21	132	√	√	√	√
关西大学图书馆藏本②	×	44	5	21	131	√	√	√	√
关西大学图书馆藏本③	×	41	5	21	132	√	√	√	√
斯道文库藏本	×	41	5	21	132	√	√	√	√
京都大学图书馆藏本	×	41	5	21	132	√	√	√	√

说明：√表示有此内容；×表示无此内容。

筑波大学图书馆藏本②上卷载有"器物之问""祭葬之问""衣服之问"的目录，下卷无目录。而东北大学图书馆藏本、国立国会图书馆藏本①、东京大学图书馆藏本①上下两卷均有目录，其中：上卷包括"器物之问"目录40条、"祭葬之问"目录5条、"衣服之问"目录18条、分条问答目录57条；下卷目录实计72条，共计192条。不过，"器物之问"中的"噶布什贤"条将满语词汇"噶布什贤"写至上条"噶布昂邦"末，而对"噶布什贤"的解释则另起一行，此应视作2条，即"器物之问"的条目数量实际为41条。此外,关西大学图书馆藏本②"器物之问"载有44条,东北大学图书馆藏本等写本中虽为41条,但存在一条抄写为两条的现象,全部内容实际上同为44条。

东北大学图书馆藏本等14种写本中"祭葬之问"条数相同。"衣服之问"中条数最多的有东京大学图书馆藏本②等6种,为21条;国立国会图书馆藏本②虽为19条,但存在一条抄写两条的现象,全部内容实际上同为21条;东北大学图书馆藏本等四种写本中为18条,但存在一条抄写两条的现象,全部内容实际上为20条。

其次,分条问答条数最多的为内阁文库藏本①②、宫内厅书陵部藏本,均为149条。内阁文库藏本③、国立国会图书馆藏本②等8种写本虽为132条,但存在一条抄写两条的现象,全部内容实际为139条。关西大学图书馆藏本②虽为131条,但存在一条抄写两条的现象,全部内容实际为138条,而且因其缺失一页,判断原来内容应为139条。东北大学图书馆藏本、筑波大学图书馆藏本②虽为129条,但存在一条抄写两条的现象,全部内容实际为136条。国立国会图书馆藏本①、东京大学图书馆藏本①虽为128条,但存在一条抄写两条的现象,全部内容实际为135条。

关于附加问答,除内阁文库藏本①②、宫内厅书陵部藏本外,其余写本均有。至于附录,除内阁文库藏本①②、宫内厅书陵部藏本没有之外,东北大学图书馆藏本等4种写本内容相同(有"清朝之事"+"小说书目",无"康熙帝座右联之事"),内阁文库藏本③、国立国会图书馆藏本②等十一种写本内容相同("清朝之事"+"康熙帝座右联之事"+"小说书目"三部分齐全)。

综上,虽然东北大学图书馆藏本、筑波大学图书馆藏本②中的分条问答比国立国会图书馆藏本①、东京大学图书馆藏本①多1条,但是4种写本的类别问答、附加问答、附录条目数量一致,而且分条问答中某条的问题、回答的部分内容与下下条回答的部分内容抄为一条,漏抄内容一致,因此认为4种写本可能依据同一祖本写成(以下称为A系统)。其中,国立国会图书馆①尾页载"应赖勒慎齐虽书之,不详哉。本原误字尤多",东京大学图书馆藏本①尾页载"应赖勤慎齐虽书之,不详哉。本原误字尤多",虽有一字之差,但可以看出国立国会图书馆藏本①、东京大学图书馆藏本①依同一写本写成(简称A-1系统),东北大学图书馆藏本、筑波大学图书馆藏本也可视为同一系统写本(简称A-2系统)。

此外,国立国会图书馆藏本②、东京大学图书馆藏本②、关西大学图书馆藏本①②③、京都大学图书馆藏本、斯道文库藏本、筑波大学图书馆藏本①、东京大学东文研图书室藏本、早稻田大学图书馆藏本等10种写本中的类别问答、分条问答、附加问答、附录条目数量基本一致,可能依据同一祖本写成(简称B系统)。其中,关西大学图书馆藏本①③、斯道文库藏本3种写本册首序文中的"享保中"旁有"二十一年丙辰"的旁注,可视为同一系统(简称B-1系统);京都大学图书馆藏本、国立国会图书馆藏本②、东京大学图书馆藏本②、筑波大学图书馆藏本①、东京大学东文研图书室藏本、早稻田大学图书馆藏本等7种写本册首序文中的"享保中"旁无"二十一年丙辰"的旁注,可视为同一系统(简称B-2系统)。无"二十一年丙辰"的旁注、由上下二卷构成的关西大学图书馆藏本②可单独视为一个系统(简称B-3系统)。

此外,关于"祭葬之问"内容中的朱批,B系统的东京大学图书馆藏本②共计7处,置于每条问答最后,比前文缩进一格。其分别为:

a 但清朝ハカリニテモ無御座。明朝ヨリ此通也。

(译:不仅清朝,自明朝便如此。)

b 但明朝ヨリ此通也。但祠堂家廟ノ事末ニ記ス。

(译:自明朝便如此,但祠堂、家庙之事记于末。)

c 古ヨリ如此コトクニテ候。但主祭ノ人精進トアルハ誤也。子細ハ祭ノ時ノ作法ニ飲福受胙ト云テ、供物ノ酒肉ヲ戴ク事アリ。是精進ニアラス。但祭ノ前日ヨリ當日迄齊ノ内精進也。此事ヲ書違シタルト見タリ。又末末ノ民ナトハ心得違タルモ有ルヘシ。

(译:自古如此。但主祭之人食素,误也。具体为,祭时有饮福受胙之做法,食供物之酒肉,此非素菜。但自祭之前日至当日,齐之内,素菜也。此事写错,又应是庶民等理解有误。)

d 明朝モ此通也。明律ニテ明也。

(译:明朝亦如此,明律中明也。)

第二章 《清朝探事》诸写本的条目内容、系统分类与抄写时间

e 祠堂ト家廟ノ差別誤也。官人ノヲ家廟ト云。四民ノヲ祠堂ト云事通法也。訳ヲ不存唐人此方ヨリ問ハレ、嘘ヲツキ申候。

（译：祠堂、家庙之差别有误。官人之云家庙，四民之云祠堂。此为通说。询问时，唐人不知其差别，撒了谎。）

f 正月三ヶ日。家廟祠堂ニテ祭ノ日ヲワカツ事誤也。是ハ長崎へ来ル唐人ノウソニテ御座候。

（译：正月有三日。家庙、祠堂祭日分开之事有误。是来长崎唐人之谎言。）

g 八碗ト云事モ右ノ事ヲ尋ラレタル唐人ノ郷里ノ大概ナルヘシ。康熙ノ書齊家宝要ニ委ク有。十碟トアリ。碟ハ皿也。

（译：八碗，在所问唐人之故乡应为大概。康熙《齐家宝要》详载十碟。碟，皿也。）

上述批注内容，B-1系统即关西大学图书馆藏本①③、斯道文库藏本及B-2系统中的京都大学图书馆藏本用朱笔抄写，其余诸写本用墨笔抄写。其中，关西大学图书馆藏本①、斯道文库藏本、京都大学图书馆藏本朱笔旁注a、b、c、d、e、f、g，但c、d写为一条；关西大学图书馆藏本③朱笔小字旁注a、b、c、d、e、g，但c、d写也为一条，无f。此外，筑波大学图书馆藏本②、东北大学图书馆藏本中以双行小字夹注a、b、e、f、g、c、d写入正文，且合写为一条；国立国会图书馆藏本②、筑波大学图书馆藏本①、东京大学东文研图书室藏本、早稻田大学图书馆藏本旁注a、b、e、f、g、c、d写入正文，且合写为一条，与正文字体大小相同；东京大学图书馆藏本①、国立国会图书馆藏本①正文中有a、c、d，其中国立国会图书馆藏本①中a为小字，东京大学图书馆藏本①中a与正文字体大小相同，c、d均写为一条。B-3系统的关西大学图书馆藏本②中，a、b、c、d、e、f、g均写入正文，置于每条问答最后，其中c、d写为一条。

值得注意的是，除东京大学图书馆藏本②外，其余13种写本均将c、d写为一条。东京大学图书馆藏本②中，c注于有关忌日的条目旁，d注于有关土葬的条目旁。荻生北溪训点本《明律》中，确有"丧葬"条，而无c中的忌日相关条目，因此，荻生北溪在批注c、d时，应是分开批注。B-2系统中的东京大学图书馆

藏本②较为接近荻生北溪批注的原始底本,由此,B-2系统中的东京大学图书馆藏本②可单独为一个子系统(以下称为B-2-1)。国立国会图书馆藏本②、筑波大学图书馆藏本①、东京大学东文研图书室藏本、早稻田大学图书馆藏本可视为一个子系统(以下称为B-2-2)。余下的京都大学图书馆藏本则归为B-2-3系统。

除上述A、B系统外,还有内阁文库藏本①②③、宫内厅书陵部藏本4种写本。其中,内阁文库藏本①②两种写本笔迹相同,应是同一人抄写;同时,后者有朱笔的校勘记,而前者无校勘记,且后者校勘出来的漏抄、误抄等处,均在前者中得到整补、修正。可知,前者的抄写时间晚于后者,且是作为后者的定本而存在的。宫内厅书陵部藏本与内阁文库藏本①②的内容条目、上下卷起始条目相同。因此,内阁文库藏本①②、宫内厅书陵部藏本可视为同一系统(简称C系统)。内阁文库藏本③可单独视为一个系统(简称D系统)。

表2-4　　　　　　　　　　　诸写本系统分类

系统			写本
A	A-1		国立国会图书馆藏本① 东京大学图书馆藏本①
	A-2		东北大学图书馆藏本 筑波大学图书馆藏本②
B	B-1		关西大学图书馆藏本① 关西大学图书馆藏本③ 斯道文库藏本
	B-2	B-2-1	东京大学图书馆藏本②
		B-2-2	国立国会图书馆藏本② 筑波大学图书馆藏本① 东京大学东文研图书室藏本 早稻田大学图书馆藏本
		B-2-3	京都大学图书馆藏本
	B-3		关西大学图书馆藏本②

第二章 《清朝探事》诸写本的条目内容、系统分类与抄写时间

续 表

系　　统	写　　本
C	内阁文库藏本① 内阁文库藏本② 宫内厅书陵部藏本
D	内阁文库藏本③

三、诸写本的序文、批注与内容构成

A 系统中的 4 种写本国立国会图书馆藏本①、东京大学图书馆藏本①、东北大学图书馆藏本、筑波大学图书馆藏本②第一册册首（目录前）载：

清朝探事卷之上

奉命问：荻生总七郎、深见久太夫

通事/词：彭城藤治右卫门

清人：朱珮章

问目总计二百余条

此后载具体目录 120 条。但是，筑波大学图书馆藏本②仅载分类问答 63 条的目录，缺少分条问答 57 条的目录；东京大学图书馆藏本①中有 2 条目录记为 1 条，实际目录仍计 120 条。

A 系统中的国立国会图书馆藏本①、东京大学图书馆藏本①、东北大学图书馆藏本 3 种写本的第二册册首（目录前）载：

清朝探事卷之下

奉命问：荻生总七郎、深见久太夫

通事/词：彭城藤治右卫门

清人：朱珮章

问目总计二百余条之内

其后为具体目录 73 条,但目录末尾载"下卷问目七拾二条",少计 1 条。

完整的目录、序文,这种类似刊行书籍的格式内容,明显是后人在作序、整理时添加,故应并非呈交德川吉宗阅览的抄本。

此外,A 系统的 4 种写本上卷的正文部分前载:

> 清朝探事卷之上
> 答:朱佩章

下卷的正文部分前载:

> 清朝探事卷之下
> 问:荻生总七郎
> 答:朱佩章
> 政治并风俗之问

上述内容仅见于 A 系统写本,B 系统的关西大学图书馆藏本①②③以及京都大学图书馆藏本、国立国会图书馆藏本②、东京大学图书馆藏本②、斯道文库藏本、筑波大学图书馆藏本①、东京大学东文研图书室藏本、早稻田大学图书馆藏本等 10 种写本未见。

此后为"器物之问"的内容。A 系统的 4 种写本中,"器物之问"内容前还记"器物之问　四十条"7 字。

此后为"祭葬之问",B 系统中的 10 种写本"祭葬之问"内容前载:

> 享保中清人祭葬之事御寻二付,深见久太夫ヨリ差上候书付之写。但朱批ハ此书付ヲ以テ,荻生惣七郎江御正被遊侯節相加工差上候由。
>
> (译:享保中询问清人祭葬之事,深见久太夫所呈记录之抄本。但朱批是荻生总七郎校正时所加并呈交的。)

而 A 系统略有不同。A-2 系统即东北大学图书馆藏本、筑波大学图书馆

第二章 《清朝探事》诸写本的条目内容、系统分类与抄写时间

藏本②中"祭葬之问"内容前载：

> 享保中清人喪祭之事御尋二付，深見久太夫ヨリ差上候書付之寫。但朱批ハ此書付ヲ以，荻生江御尋ノ節相加テ差上候由。
>
> （译：享保中询问清人丧祭之事，深见久太夫所呈记录之抄本。但朱批是询问荻生时所加，而后呈交。）

可知，A、B 系统的不同主要表现在"葬祭"与"丧祭"、"荻生总七郎校正时所加"与"询问荻生时所加"两处。

A-1 系统中的国立国会图书馆藏本①、东京大学图书馆藏本①中无"但朱批ハ此書付ヲ以，荻生江御尋ノ節相加テ差上候由（译：但朱批是询问荻生时所加）"的记载，但正文中有荻生北溪批注的部分内容。从这点来看，A、B 系统的写本所依祖本均应为添加荻生北溪批注后的写本。

"祭葬之问"后为"衣服之问"，B 系统中的 10 种写本、A-2 系统的东北大学图书馆藏本、筑波大学图书馆藏本②中的"衣服之问"前载：

> 享保中清人衣服之事御尋二付，深見久太夫ヨリ差上候書付之寫。
>
> （译：享保中询问清人衣服之事，深见久太夫所呈记录之抄本。）

而 A-1 系统的国立国会图书馆藏本①、东京大学图书馆藏本①作：

> 衣服ノ事御尋書。
>
> （译：衣服之事询问记录。）

记载相对简洁，或许更接近原始记录，而且其中并未提及其为"深見久太夫ヨリ差上候書付之寫（深见久太夫所呈记录之抄写）"一事。因此认为 A-1 系统的两种写本所依祖本的书写时间较早。

另外，"器物之问""祭葬之问"后还载有询问之人深见久太夫、通事彭城藤治右卫门的名字，但诸本记载略有不同，具体如表 2-5 所示：

表 2-5　　诸写本类别问答询问之人

系　统		写　本	器物之问询问之人	祭葬之问询问之人	衣服之问询问之人
A-1		国立国会图书馆藏本① 东京大学图书馆藏本①	无	深见久太夫/彭城藤治右卫门	无
A-2		东北大学图书馆藏本 筑波大学图书馆藏本②			
B-1		关西大学图书馆藏本① 关西大学图书馆藏本③ 斯道文库藏本		深见久太夫/通事①彭城藤治右卫门	
B-2-2		国立国会图书馆藏本② 筑波大学图书馆藏本① 东京大学东文研图书室藏本 早稻田大学图书馆藏本			
B-2	B-2-1	东京大学图书馆藏本②	深见久太夫	深见久太夫/通事彭城藤治右卫门	无
	B-2-3	京都大学图书馆藏本			
	B-3	关西大学图书馆藏本②			

若类别问答"器物之问""祭葬之问"内容原本与其他问答抄于同一写本，那么在其中插入深见久太夫以及通事彭城藤治右卫门的名字，显得十分多余。因此，这两部分内容应是单独记录的。而且，C 系统中的内阁文库藏本①②、宫内厅书陵部藏本与 D 系统中的内阁文库藏本③计 4 种写本中均无类别问答，且主要收藏于红叶山文库（江户幕府将军藏书库）与昌平坂学问所（江户幕府大学寮教学机构），由此可推测，类别问答是深见久太夫单独记录并呈交荻生总七郎即荻生北溪的，但未呈交将军德川吉宗。

类别问答后为分条问答。A 系统 4 种写本与 B-2-2 的 4 种写本中，类别问答紧接分条问答。而 B 系统中的其他 6 种写本另起一页书写分条问答。值得

---

① 关西大学图书馆藏本①中，"彭城藤治右卫门"前无"通事"二字。

第二章 《清朝探事》诸写本的条目内容、系统分类与抄写时间

注意的是，A、B两种系统在分条问答前均写有"清朝探事"①四字。B-2-2系统中的国立国会图书馆藏本②类别问答与分条问答之间写有"答ニテワカリ候故ニ问候文ハ略シテ记シ申候/问テ曰　清朝探事"（译：因答句明白，故问句略记之/问曰　清朝探事）。由此推测，分条问答与类别问答原本分开记录，传抄时进行了合并。也就是说，"分条问答"是呈交给幕府将军德川吉宗的原本，而"类别问答"是荻生总七郎（北溪）与深见久太夫根据个人的需求询问记录下来的。

关于附加问答，B-3系统的关西大学图书馆藏本②"附加问答"中的"小说书目之事"与之前的"分条问答"没有书写在同一页纸上，而是另起一页，这也暗示着"附加问答"与前述"分条问答"是分离开来的。

"小说书目之事"之后，B系统的写本均有"附录"2字，内容包括"清朝之事"和"康熙帝座右联之事"。附录中的"清朝之事"记载了清高祖努尔哈赤、清太祖的名讳以及顺治、康熙、雍正帝的名讳、在位时长等，但关于乾隆帝仅见其名讳，未见在位时长，而且，国立国会图书馆藏本②载"当今乾隆帝"，说明"清朝之事"最早写成于雍正十三年九月（乾隆帝即位，宣告翌年改元乾隆）。"康熙帝座右联之事"记载了康熙帝到广和楼看戏时颁赐的台联。

另外，关西大学图书馆藏本②③、京都大学图书馆藏本3种写本中的"附录"内容亦与前面的"附加问答"不在同一页，也是另起一页。附录部分后，全部内容结束。

此外，东京大学图书馆藏本①"清朝探事下卷毕"后附"中华之仪付申上候觉（中华之事）"，计34条，为享保四年三月萨摩藩主询问前往清朝的琉球人所写成的问答书，且与其他内容的笔迹不同。内阁文库藏、表题为"大清风俗书"（内题"中華之儀付申上候覺（中华之事）"，索书号为"184-0338"）的写本与其内容一致，可见该部分是单独成立的。此外，东京大学图书馆藏本①还附有出自长崎全图的"長崎ヨリ諸国エ海陸道規（长崎至诸国海陆道程）"与"長崎ヨリ異国エ道規（长崎至异国道程）"，前者载有长崎至大阪、京都、江户等日本诸地的海陆里程，后者载有长崎至朝鲜、宁波、交趾等外国各地的里程。

---

① 其中关西大学图书馆藏本②"清朝探事"朱笔头注"两本无此行"，即有两种写本无"清朝探事"四字。但是此"两种写本"无法明确。

综上可知,由于内阁文库的藏书主要来自江户幕府将军藏书库——红叶山文库,从类别问答"祭葬之问"中有荻生北溪的批注,以及内阁文库藏本①②、宫内厅书陵部藏本无"类别问答""附加问答"等情况可推测,"类别问答""附加问答"呈送荻生北溪后,未被呈送幕府将军德川吉宗。换言之,德川吉宗命令荻生北溪等询问的是分条问答部分,而"类别问答""附加问答"或为荻生北溪、深见有邻解决翻译《大清会典》时遇到的问题而询问朱佩章并记录的,非源于德川吉宗的需求。而"附录"部分或为后人传抄时添加的内容,与德川吉宗、荻生北溪、朱佩章无关。仅记载分条问答的C系统(内阁文库藏本①②、宫内厅书陵部藏本)的3种写本,特别是没有抄写者校勘记的内阁文库藏本①很可能是呈送给德川吉宗的原本。

四、诸写本的跋文与抄写年代

A系统中的4种写本国立国会图书馆藏本①、东京大学图书馆藏本①、东北大学图书馆藏本、筑波大学图书馆藏本②第一册问目后载如下内容:

此問答ハ享保ノ初、深見久太夫 後新兵衛ト云、高玄岱ノ子 、奉命肥ノ崎陽二赴キ、藥草ノ事ヲ監セラルルノ序テ、来舶ノ唐人二問目ノ旨アリテ、清人朱珮章奉答所ノ書也。時二金城ノ儒官荻生氏和解シテ奉ル。或人是ヲ藏ス。予切二懇望シ謄寫シテ秘藏スト云フ。深見氏ハ書籍奉行也。宝暦甲申歳中秋。双松堂主人誌。

〔译:享保初,深见久太夫(后云新兵卫,高玄岱之子)奉命赴肥之崎阳监药草之事,因于来舶之唐人有问目之旨,清人朱珮章奉答,成此问答书。时金城儒官荻生氏奉令和解。或人藏之,余恳望得之,誊写秘藏。深见氏为书籍奉行也。宝历甲申岁中秋,双松堂主人志。〕

据此可知,此序作于宝历甲申年(1764),A系统的4种写本应是在1764年的写本或1764年以后的写本。

B系统的10种写本虽无上述内容,但册首载:

第二章 《清朝探事》诸写本的条目内容、系统分类与抄写时间

享保中荻生總七郎江被仰付、清人朱佩章江御尋之事共、深見久太夫取次朱佩章答之趣，書付指上候写。

（译：享保中荻生总七郎奉令询问清人朱佩章之事及深见久太夫传达、朱佩章回答内容呈送之抄本。）

值得注意的是，B-1系统的斯道文库藏本、关西大学图书馆藏本①③"享保中，荻生总七郎"朱笔旁注"二十一年丙辰"。享保二十一年（1736）四月，改元为元文。但是，担任通事的彭城藤治右卫门于享保十年（1725）八月至十六年（1731）十月间担任"御用通事"，享保二十年（1735）十一月九日病逝①。而且询问者深见久太夫（1691—1773）即深见有邻，于享保十九年（1734）任书物奉行，并改名为新兵卫②。因此，此处的享保"二十一年"应该晚于深见久太夫询问朱佩章的时间。

日本《国书总目录》载，旧下乡文库藏本为享保二十一年写本③。或据此，内藤湖南指出，荻生北溪在享保二十一年向来到长崎的中国人朱佩章询问清朝的事情后，向幕府提交了问答记录④。遗憾的是，旧下乡文库藏本因战火烧失，无法确认。B-1系统的斯道文库藏本、关西大学图书馆藏本①③无跋文，也未有抄写时间。

不过，B-2-2系统中的国立国会图书馆藏本②末尾"清人答问书终"后载如下跋文：

此問答ハ享保年中清人朱珮章外餘ノ清人肥ノ前州崎陽ニ来ル期、德廟　荻生氏深見氏ニ命セラレテ答問ノ趣書也。アル家ヨリ密ニ出タルト也。荻生氏ハ総七郎トテ金城ノ儒官。深見氏ハ初ノ名ハ久太夫、後ノ名ハ新兵衛トウテ、官庫書籍奉行ナリ。宝暦甲申歳。

（译：此问答为享保年中清人朱珮章及其他清人来肥前州之崎阳时，德庙（德川吉宗）命荻生氏、深见氏询问、朱珮章所答之内容。自某家密出之。

---

① 颖川君平编：《譯司統譜》，大坂活版制造所（非卖品）1897年版，第5页。
② 《御文庫始末記》，《幕府書物方日記》（三），东京大学出版会1966年版，第399页。
③ 《補訂版　国書総目録》第四卷，岩波书房1969年版，第733页。
④ 内藤湖南：《昔の満州研究》，《内藤湖南全集》第八卷，筑摩书房1969年版，第250页。

荻生氏名总七郎，金城儒官。深见氏，初名久太夫，后云新兵卫，官库书籍奉行。宝历甲申岁。）

文中"アル家ヨリ密ニ出タルト也（自某家密出之）"与上述 A 系统序文（筑波大学图书馆藏本②无）序文中的"或人是ヲ藏ス。予切ニ懇望シ謄寫シテ秘藏スト云フ（或人藏之，余恳望得之，誊写秘藏）"表述接近。

早稻田大学图书馆藏本的末尾也载如下跋文：

此問答八享保年中清人朱珮章外餘ノ清人肥ノ前州崎陽ニ來ル期、德廟 荻生氏深見氏ニ命セラレテ答問ノ趣書也。荻生氏字ハ總七郎。深見氏字ハ久太夫、后新兵衛ト云。荻生氏ハ金城ノ儒官也。深見氏ハ官底書籍奉行也。宝曆甲申歲。

（译：此问答为享保年中，清人朱珮章与其他清人赴肥之前州崎阳时，德庙（德川吉宗）命荻生氏、深见氏询问、朱珮章所答之内容。荻生氏字总七郎，深见氏字初久太夫，后云新兵卫。荻生氏为金城儒官，深见氏为官底书籍奉行。宝历甲申岁。）

其中的"官底"，显然是"官库"之讹。文中少了"アル家ヨリ密ニ出タルト也（自某家密出之）"，而且"德庙"2 字抬头，以示避讳。东京大学东文研图书室藏本的跋文，与早稻田大学图书馆藏本相同，不过"宝历甲申岁"后还写有"三浦玉绳藏书"6 字。若"三浦玉绳"非人名的话，则其底本应为三浦半岛玉绳城（最早修筑于 1513 年，位于镰仓市西北部）藏本。

筑波大学图书馆藏本①的跋文，也与上述早稻田大学图书馆藏本相同，不过未载"宝历甲申岁"，而写有如下内容：

寬政己未春，得奚疑塾藏本，于江戶僑居誊寫之。九渊。

可知，名为九渊之人于宽政己未（1799）春根据奚疑塾的藏本抄写而成。从"江户侨居"的表述来看，九渊并非江户人。

第二章 《清朝探事》诸写本的条目内容、系统分类与抄写时间

其中的"奚疑塾",并非明治时代的汉学者窪全亮于1880—1913年开设的私塾,而是江户儒学者山本北山(1752—1812)创办的奚疑塾。山本北山别号孝经楼主人、奚疑塾主人、奚疑翁,为江户御家人之子,门下弟子有大洼诗佛、梁川星岩等著名诗人,因此,此《清人答问书》(即《清朝探事》)应为山本北山的藏书。江户著名考古学者蒲生君平于宽政二年(1790)、梁川星岩于文化四年(1807)进入奚疑塾学习。此外,曾参与编纂《清俗纪闻》的近藤重藏也曾进入奚疑塾学习,师从山本北山。

由此可知,上述B-2-2系统4种写本依据的底本的末尾均有"此問答八享保年中清人朱珮章外餘ノ清人肥ノ前州崎陽ニ来ル期、德廟 荻生氏深見氏ニ命セラレテ答問ノ趣書也。荻生氏字八總七郎。深見氏字八久太夫、后新兵衛卜云。荻生氏八金城ノ儒官也。深見氏八官底書籍奉行也"的跋文,但抄写时间不同。国立国会图书馆藏本②、早稻田大学图书馆藏本、东京大学东文研图书室藏本的抄写时间与A系统的4种写本同样,是宝历甲申岁(1764)或其后抄写的。而筑波大学图书馆藏本①的抄写时间最为明确,为宽政己未(1799)春。

另外,A-1系统的东京大学图书馆藏本①末尾书写有"文政三年庚辰十一月四日写毕"13字。从该13字与正文以及"清朝探事下卷毕"等笔迹相同来看,东京大学图书馆藏本①的书写时间应该为文政三年(1820)。

综上可知,从序跋文来看,A系统的国立国会图书馆藏本①、筑波大学图书馆藏本②、东北大学图书馆藏本3种写本抄写的时间为宝历甲申十四年(1764)或其后抄写的,东京大学图书馆藏本①的书写时间为文政三年(1820);B-2系统的国立国会图书馆藏本②、早稻田大学图书馆藏本、东京大学东文研图书室藏本的抄写时间最早也为宝历十四年(1764)或其后抄写的,筑波大学图书馆藏本①的抄写时间明确,为宽政十一年(1799)春。另外,从"祭葬之问"中的批注来看,B-2-1系统即东京大学图书馆藏本②或较为接近荻生北溪批注的原始底本。遗憾的是,由于B-1系统的斯道文库藏本、关西大学图书馆藏本①③缺少跋文,无法考察抄写时间。

第三章 《清朝探事》的诸写本及收藏情况

根据前文梳理,《清朝探事》的写本现存20余种,笔者搜集整理了18种。本章将通过梳理此18种写本所钤印章,以窥探各写本的流传及收藏情况。

一、内阁文库藏本

内阁文库所藏写本3种,书名为《大清朝野问答》(2种)和《清朝探事》。

(一)内阁文库藏本①《大清朝野问答》

索书号为184-0342,一册两卷。无边框、竖栏,每页8行。

书衣左肩贴附题笺,墨书"大清朝野问答 单",书衣右下方钤有"藕潢精舍"朱文方印,册首钤有"藕潢精舍"朱文方印、"浅草文库"朱文长印、"日本政府图书"朱文方印。"藕潢精舍"为林复斋藏书印。林复斋(1801—1859),林述斋之子,曾担任幕府第十一代大学头。浅草文库是以江户幕府官方教学和研究机构——昌平坂学问所、和学讲谈所藏书为基础而建成的。明治五年(1872),在昌平坂学问所旧址即东京汤岛圣堂开设"书籍馆",同七年搬迁至浅草藏前八番堀,翌年改称"博物馆所属浅草文库",作为公立图书馆面向大众开放,明治十四年(1881)闭馆,所藏书籍部分移交给内阁文库。"日本政府图书"是明治十九年(1886)内阁文库开始使用的印章。

由此可推测,此本极有可能为呈交给将军德川吉宗的写本(或复写本),明治八年(1875)以后入藏浅草文库,同十四年随浅草文库的废除,移交内阁文库。该写本或最接近原始底本,也即原始书名为"大清朝野问答"。

无句读、校勘记。

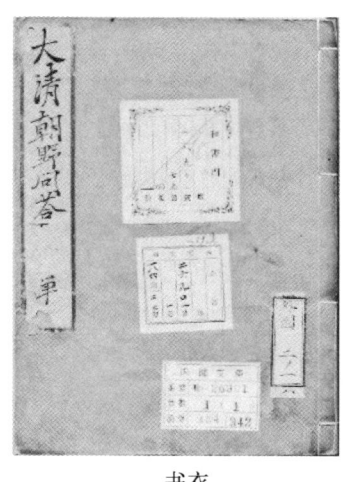

第三章 《清朝探事》的诸写本及收藏情况

书衣 　　　　　　册首 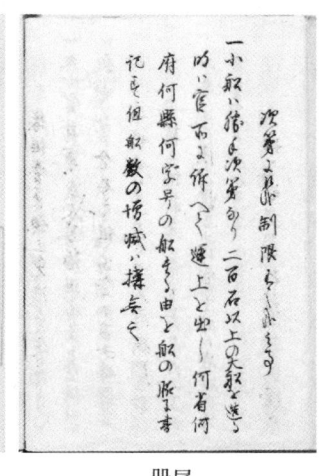　　　　　　册尾

图 3-1　内阁文库藏本①书衣、册首、册尾

（二）内阁文库藏本②《大清朝野问答》

索书号为 184-0343，一册两卷。无边框、竖栏，每页 8 行。

书衣左肩墨书"大清朝野问答　单"，封二钤有"日本政府图书"朱文方印，册首钤有"兼葭堂藏书印"朱文长印、"编修地志备用典籍"朱文方印、"秘阁图书之章"朱文方印。

"兼葭堂藏书印"所藏者为江户时代中期著名藏书家木村孔恭（1736—1802，号兼葭堂）。木村孔恭死后，其庞大的藏书由幕府开设的公立学校昌平坂学问所接收。"编修地志备用典籍"印章的所属机构为昌平坂学问所。文化七年（1810）在林述斋的提议下，昌平坂学问所着手编纂全国地志，搜集选用了部分书籍以作参考。"秘阁"指的是明治政府的最高官厅太政官，明治十八年（1885）随着内阁制度的诞生，太政官机构消失，秘阁（太政官）图书馆遂改称内阁文库。其间，即明治六年（1873）时，皇居失火，印章（见"秘阁图书之章"甲图）被烧，此后改用别印，明治十二年（1879）十二月基本按照原样刻成新印章（见"秘阁图书之章"乙图）。① 从写本中的"秘阁图书之章"印章接近新图章"秘阁图书之章"乙图来看，其使用期限应为明治十二年—明治十八年。由此推测，②原为木村孔恭藏本，后

---

① 林申清编著：《日本藏书印鉴》，北京图书馆出版社 2000 年版，第 139 页。

43

因编纂日本地志之需，收纳于昌平坂学问所，1879—1885 年间收入秘阁（太政官）图书馆，即后来的内阁文库。

有朱笔句读、校勘记。专有名词旁用朱线与圈点标示。内阁文库藏本①②虽在内容及排版上基本一致、笔迹相同，但内阁文库藏本①中无校勘记，内阁文库藏本②中有朱笔的校勘记，且校勘出来的漏抄、误抄等处，均在内阁文库藏本①中得到整补、修正。因此可知，前者的抄写时间晚于后者，且是作为后者的定本而存在的。

| 书衣 | 册首、封二 | 册尾（其中第二行漏抄了"大"字） |

| 册首印章 | "秘阁图书之章"甲图 | "秘阁图书之章"乙图 |

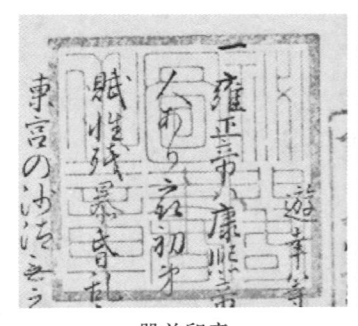

图 3-2　内阁文库藏本②书衣、册首、封二、册尾、印章

（三）内阁文库藏本③《清朝探事》

索书号为 184-0346，一册一卷。无边框、竖栏，每页 12 行。

书衣左肩贴附题笺，墨书"清朝探事　全"，扉页载"清朝探事 徂徕弟荻生总七郎记之云"。册首钤有"明治十五年购求"朱文长印、"日本政府图书"朱文方印，次页钤有"大日本帝国图书印"朱文方印,尾页钤有"大日本帝国图书印"朱文方印、"日本政府图书"朱文方印,尾页还记有小字"荻生总七聞出卜云ものになりて(译:荻生总七询问之内容)"。从"明治十五年购求"的印章来看,其非红叶山文库、昌平坂学问所旧藏。

有墨笔句读以及朱笔校勘记、批注,专有名词旁用朱线标示。而且,其中一条问答中插入了明成化年间的"唐山保券"图(其他诸写本中无)。该写本除有一定程度的破损外,还存在装订混乱的情况,并非良本。但2020年中国文物社出版的《海上丝绸之路稀见文献丛刊:清朝探事·新潟新繁昌记·琉客谭记》却影印了此写本。

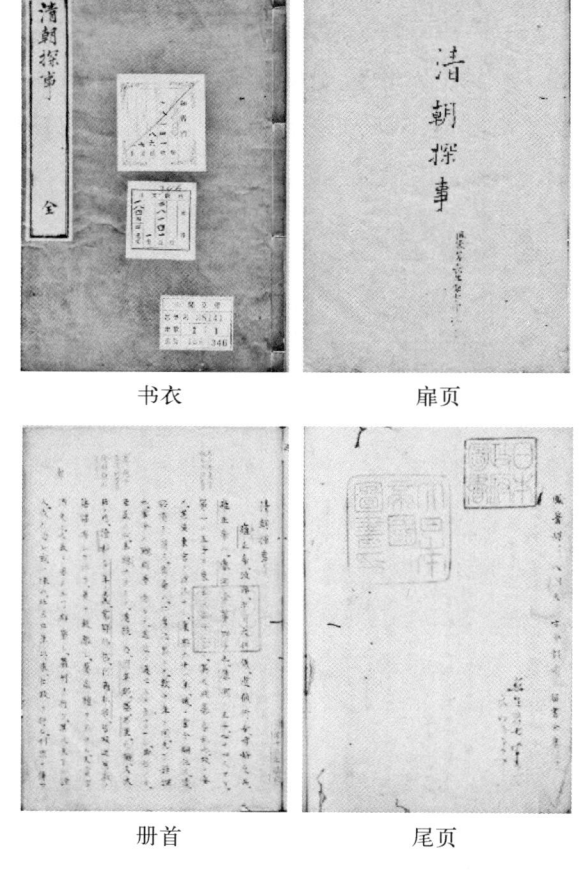

书衣　　　　　　　　扉页

册首　　　　　　　　尾页

图3-3　内阁文库藏本③书衣、扉页、册首、尾页

二、关西大学图书馆藏本

关西大学图书馆所藏写本3种,书名分别为《清朝探事》《清朝杂事》《清客闻书》。

(一) 关西大学图书馆藏本①《清朝探事》

索书号为L21**4*1816,一册一卷,长25厘米。无边框、竖栏,每页11行。

书衣左肩墨书"清朝探事　全",旁记"物茂卿著"。"物茂卿"即荻生北溪(总七郎)。封二钤有"尾台藏书"朱文方印,册首钤有"渡部文库珍藏书印"朱文船形印。"尾台藏书"印章所有者为尾台榕堂(1799—1871),江户时代后期的汉方医生。"渡部文库珍藏书印"所有者为渡部信(1884—1973),曾任内大臣府御用挂、大臣官房文书课长、图书头、诸陵头、帝室博物馆总长等。可知,关西大学图书馆藏本①先为尾台榕堂所藏,后归渡部信所有,而后入藏关西大学。

有朱笔圈点、校勘记,专有名词旁亦用墨线标示。

书衣　　　　　　　　　　　　册首、封二

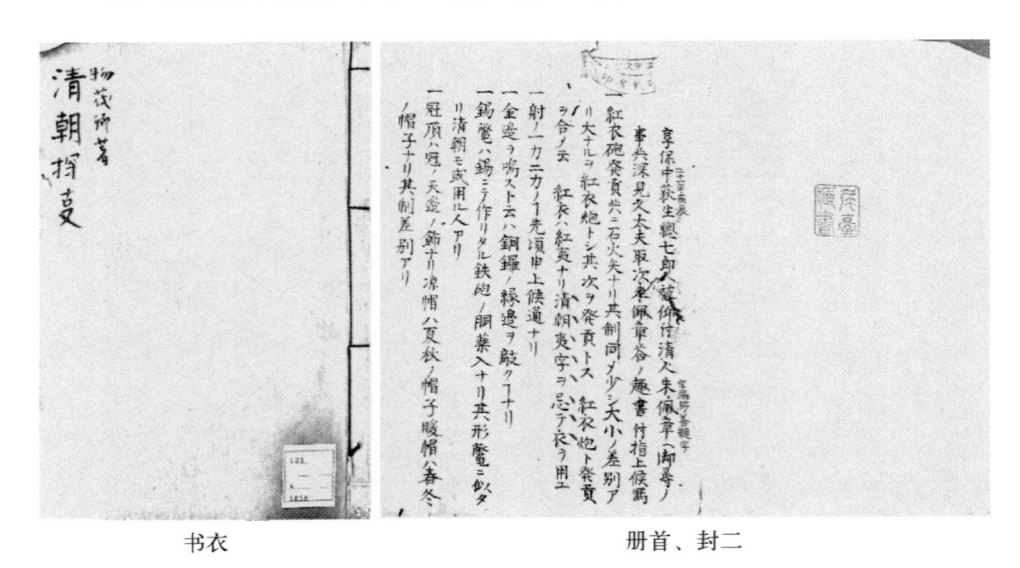

图3-4　关西大学图书馆藏本①书衣、册首、封二

(二) 关西大学图书馆藏本②《清朝杂事》

索书号为L23**300*6020-6021,两册两卷,长26厘米。无边框、竖栏,每页

第三章 《清朝探事》的诸写本及收藏情况

10行。

第一册书衣左肩墨书"清朝杂事　上",封二钤有"宍户氏文库第1695号共2册"椭圆形朱印,册首钤有"不羁斋图书记"朱文方印、"静盦"朱文方印、"宍户昌藏书记"白文方印。不羁斋,即秋山不羁斋,本名秋山恒太郎(1844?—1911),明治时代的教育者、文部官僚,曾任长崎师范学校、东京师范学校等校长。"静盦"为日本著名汉学家、目录学家长泽规矩也(1902—1980)的号。宍户昌(1841—1900),号海云楼,江户幕末至明治时期的官僚、本草学家,1935—1936年其藏书被出售。

第二册书衣左肩墨书"清朝杂事　下",册首缺失,但从现存第一页渗透有"不羁斋图书记""静盦""宍户昌藏书记"三个印章的痕迹来看,扉页应钤有"不羁斋图书记""静盦""宍户昌藏书记"三个印章。倒数第二页钤有"西庄文库"朱文长印。"西庄文库"印章所有者为小津桂窗(1804—1858),名久足,通称安吉、新藏,江户后期的豪商、藏书家。

从藏书家的生卒年来看,关西大学图书馆藏本②可能先后藏于小津桂窗—秋山恒太郎、宍户昌—长泽规矩也—关西大学长泽文库。

有朱笔校勘记。

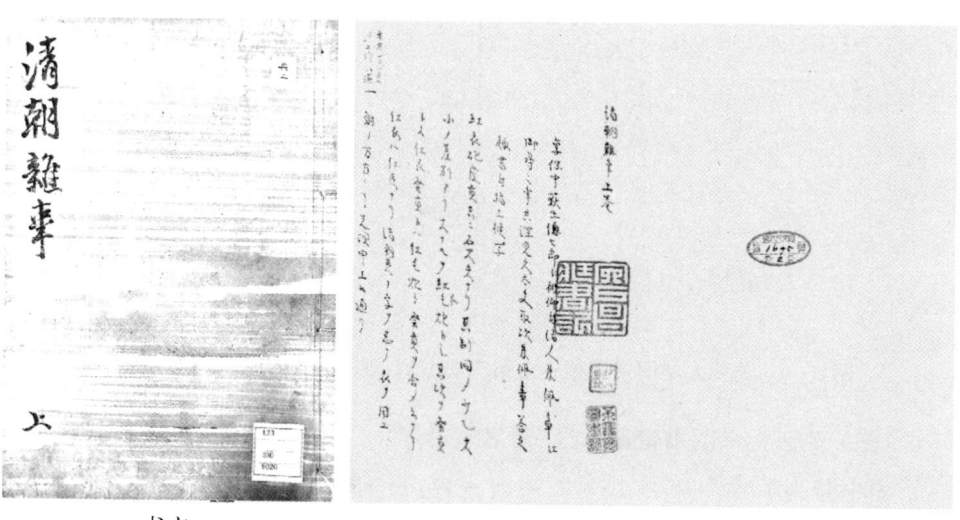

书衣　　　　　　　　　　　册首、封二

图3-5　关西大学图书馆藏本②第一册书衣、册首、封二

《清朝探事》研究

书衣　　　　　　　　　　　　　　现存首页

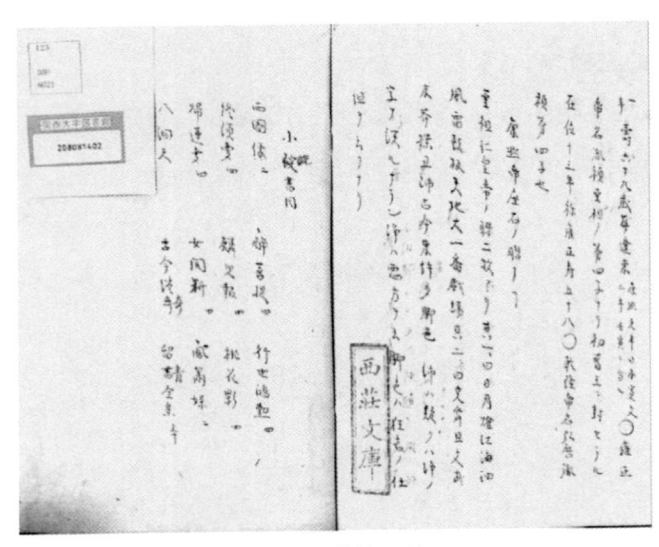

尾页、倒数第二页

图 3-6　关西大学图书馆藏本②第二册书衣、现存首页、尾页、倒数第二页

（三）关西大学图书馆藏本③《清客闻书》

索书号为 LM2＊二＊16＊2，一册一卷，长 23.5 厘米。有边框、竖栏，每页 10 行。

书衣左肩墨书"清客闻书"，封二钤有"关西大学图书馆藏书　昭 52.11.8

48

第三章 《清朝探事》的诸写本及收藏情况

书衣　　　　　　　　　册首、封二

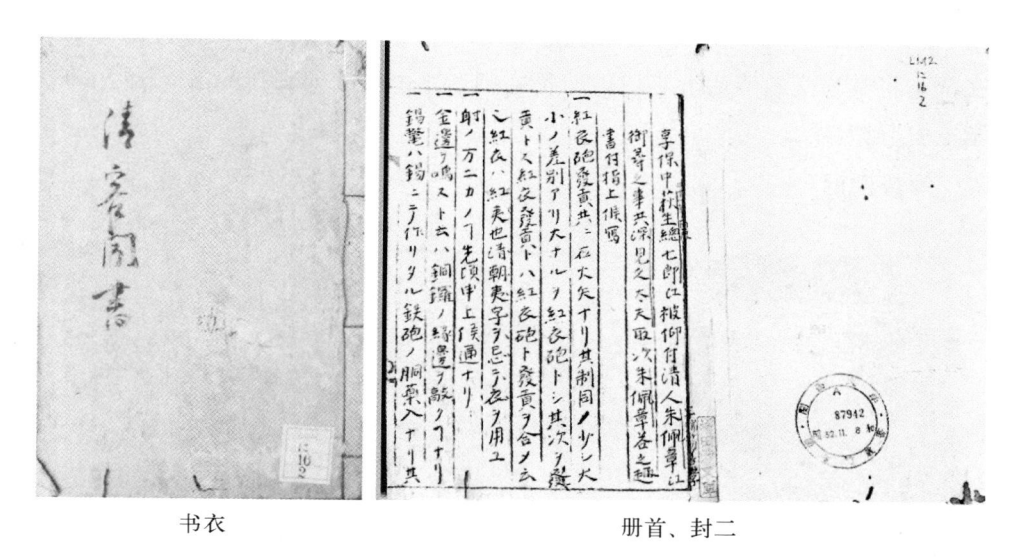

图3-7　关西大学图书馆藏本③书衣、册首、封二

和"圆形墨印,册首钤有"增田涉文库"朱文长印。增田涉(1903—1977)是研究中国文学的日本学者,历任岛根大学、大阪市立大学、关西大学教授。可知,关西大学图书馆藏本③原为增田涉所藏,昭和五十二年(1977)增田涉去世后入藏关西大学。

有朱笔圈点、校勘记。专有名词旁亦用朱线标示。

三、国立国会图书馆藏本

国立国会图书馆所藏写本2种,书名分别为《清朝探事》《清人问答书》。

(一) 国立国会图书馆藏本①《清朝探事》

索书号为142-15,两册两卷,下卷目录附于第一册后。长27厘米。无边框、竖栏,每页10行。

第一册书衣左肩贴附题笺,墨书"清朝探事　乾",第二册书衣左肩贴附题笺,墨书"清朝探事　坤",册首均钤有"教授馆图书"朱文方印、"东京书籍馆明治五年文部省创立"朱文圆印、"明治九年文部省交付"朱文长印。据此可推测,该写本旧藏于土佐藩藩校——教授馆(1760年开设,1862年改称致道馆,

49

《清朝探事》研究

1866年开设以洋学为中心的开成馆，1872年致道馆闭馆），明治九年（1876），文部省将其移交给明治五年（1872）创立的东京书籍馆即现在的国立国会图书馆上野分馆。

有校勘记。

书衣　　　　　册首　　　　　卷末

图3-8　国立国会图书馆藏本①第一册书衣、册首、卷末

书衣　　　　　册首　　　　　卷末

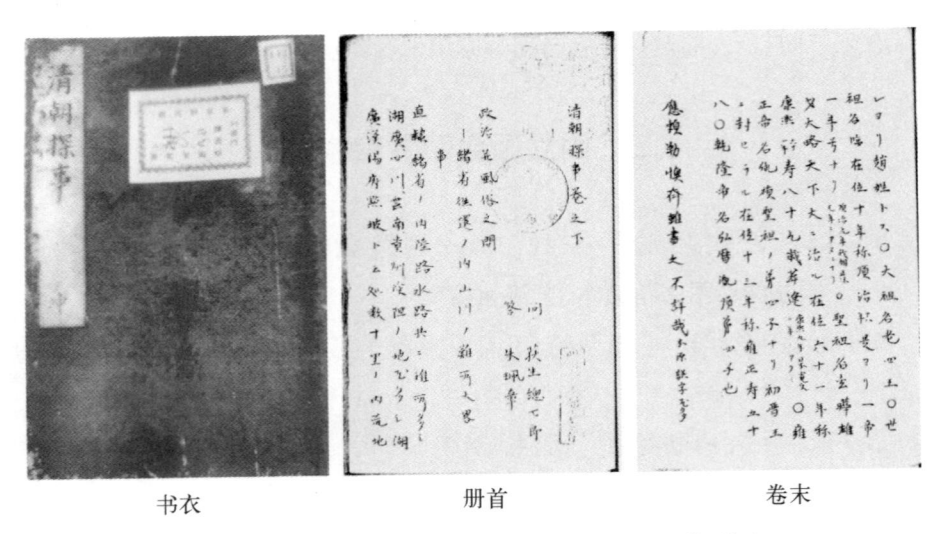

图3-9　国立国会图书馆藏本①第二册书衣、册首、卷末

（二）国立国会图书馆藏本②《清人问答书》

索书号为 142-57，一册一卷，长 27 厘米。无边框、竖栏，每页 10 行。

书衣左肩贴附题笺，墨书"清人问答书　全"，册首所载内题为"清人问答觉书"，书末载"清人答问书终"。册首钤有"彦藩典籍府藏书之印"朱文方印、"彦藩弘道馆藏书印"朱文长印、"东京书籍馆明治五年文部省创立"朱文圆印、"明治八年文部省交付"朱文长印。彦藩，即彦根藩。"彦藩弘道馆"系彦根藩藩主井伊直中于宽政十一年（1799）兴建的藩校，始称稽古馆，天保元年（1830）易名弘道馆。可知，该藏本原为彦根藩典籍府藏书，1830 年后被收入彦根藩弘道馆藩校，明治八年（1875），文部省将其移交给东京书籍馆即现在的国立国会图书馆上野分馆。

书末"清人答问书　终"后还载宝历十四年（1764）双松堂主人所作的跋文。

有校勘记。

书衣　　　　册首　　　　册尾

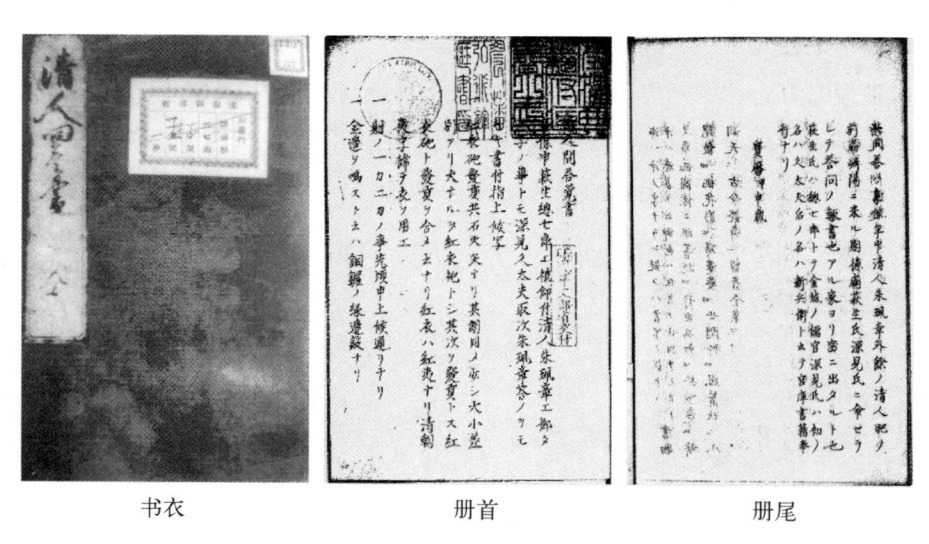

图 3-10　国立国会图书馆藏本②书衣、册首、册尾

四、东京大学图书馆藏本

东京大学图书馆所藏写本 2 种，书名分别为《清朝探事》《享保笔话》。

（一）东京大学图书馆藏本①《清朝探事》

索书号为 G30：521，两册两卷，长 29 厘米。无边框、竖栏，每页 11 行。抄写时间为文政三年（1820）。

第一册书衣左肩墨书"清朝探事　乾"，第二册书衣左肩墨书"清朝探事坤"，两册封二均钤有"东京帝国大学图书印"朱文方印，册首均钤有"东洲文库"朱文方印、"やすむろ"朱文长印、"南葵文库"朱文方印。"东洲文库""やすむろ"印章所藏为小中村清矩（1821—1895），姓纪氏，号阳春庐（やすむろ），东京大学教授。"南葵文库"最初为纪州藩主德川赖伦于 1902 年在麻布饭仓（东京都港区）家宅内开设的私立图书馆，大正十三年（1924），文库书籍入藏先年毁于关东大地震的东京大学附属图书馆。可知，该写本最初为小中村清矩所藏，后归纪州德川家所有，1902 年后入旧南葵文库，1924 年入藏东京大学。

书末"清朝探事下卷毕"后还载有享保四年萨摩藩主询问琉球人的"中華之儀ニ付申上候覚"以及出自长崎全图的"長崎ヨリ諸国エ海陸道規""長崎ヨリ異国エ道規"，其中，"中華之儀ニ付申上候覚"笔迹与其他内容不同。但是，从"文政三年庚辰十一月四日写毕"与正文以及"清朝探事下卷毕"等笔迹相同来看，东京大学图书馆藏本①的书写时间为文政三年（1820）。

仅见一处朱笔校勘记。

书衣　　　　　　　　　　　册首、封二

图 3-11　东京大学图书馆藏本①第一册书衣、册首、封二

第三章 《清朝探事》的诸写本及收藏情况

| 书衣 | 册首、封二 |
| 正文末尾 | 附录末尾 |

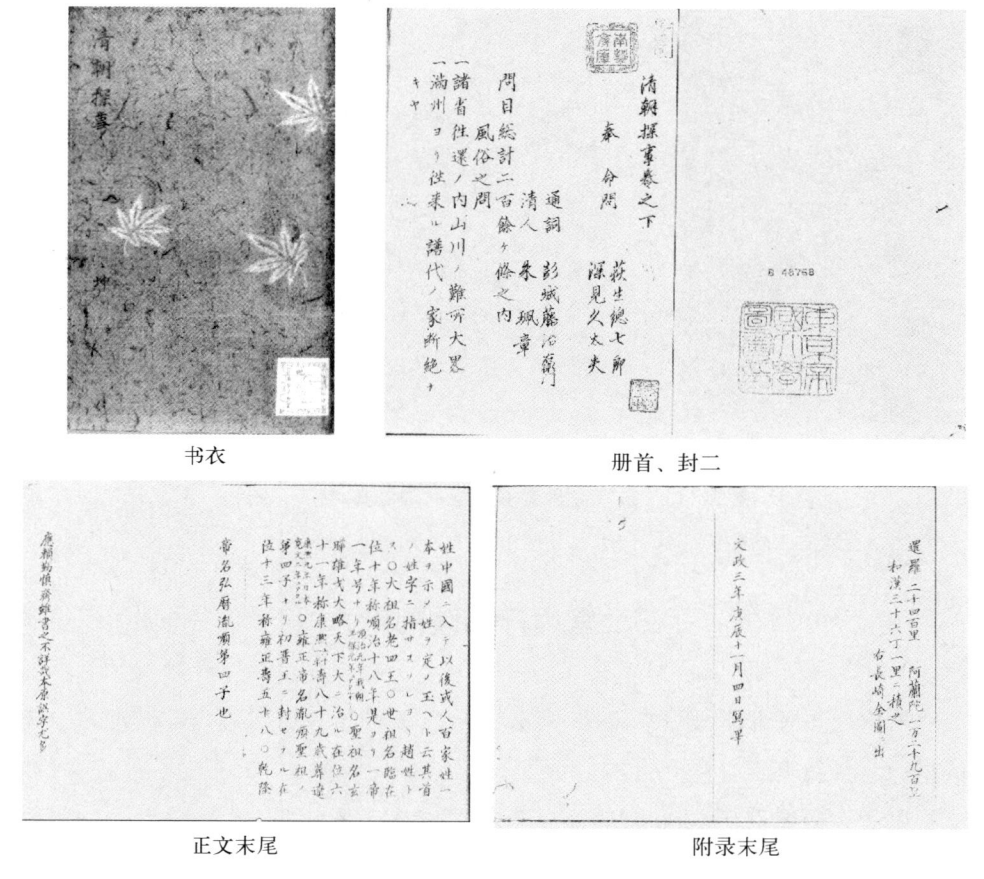

图 3-12　东京大学图书馆藏本①第二册书衣、册首、封二、正文末尾、附录末尾

（二）东京大学图书馆藏本②《享保笔话》

索书号为 G30：565，一册一卷，长 23 厘米。无边框、竖栏，每页 11 行。

书衣左肩墨书"享保笔话"，封二钤有"东京帝国大学图书印"朱文方印，册首钤有"南葵文库"朱文方印、"旧和歌山德川氏藏"朱文长印。可见，该写本应一直藏于德川家。大正十三年(1924)，由旧南葵文库移交东京大学。

无句读、校勘记。

53

书衣　　　　　　　　封二　　　　　　　　册首

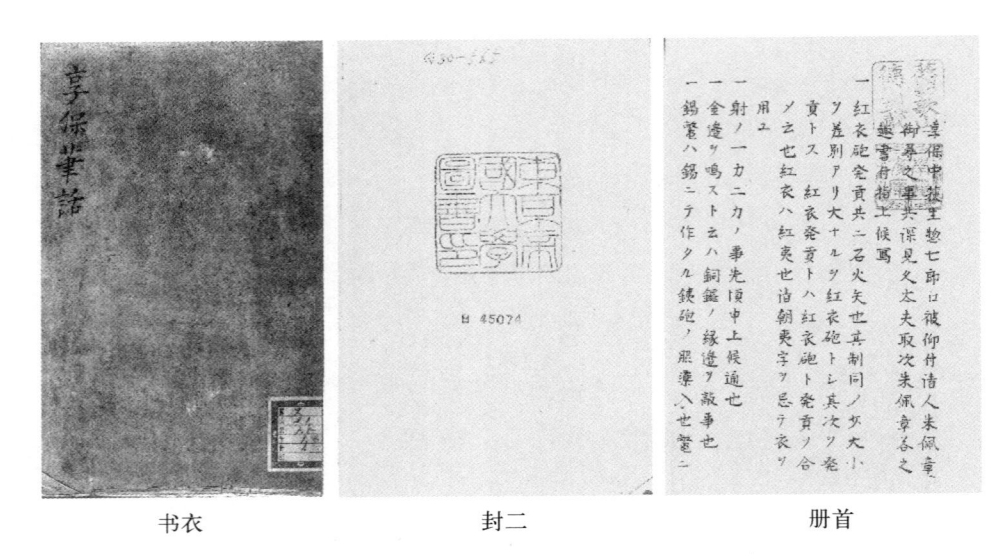

图 3-13　东京大学图书馆藏本②书衣、封二、册首

五、宫内厅书陵部藏本

宫内厅书陵部所藏写本 1 种，索书号为 205-31，一册二卷，长 23 厘米。无边框、竖栏，每页 10 行。

书衣左肩墨书"大清朝野问答"，卷首钤有"图书寮印"篆文方印、"古心堂"方印。书衣右肩贴有书签，内题"古贺和书"。

古贺家族中较为有名的人物是古贺精里（1750—1817），佐贺人，名朴、字淳风，曾在京都向福井敬斋、西依成斋学习阳明学，后在大阪与赖春水、尾藤二洲交往而转向朱子学，曾任肥前佐贺藩校弘道馆教授，宽政三年（1791）任昌平黉儒官、八年成为幕府儒者。宽政异学之禁以后，他致力于奖励官学和保持林家的权威，与柴野栗山、尾藤二洲被称为"宽政三博士"。著有《四书集释》《近思录集说》《崇圣论》等。古贺精里的三男古贺侗庵（1788—1847），名煜、字季晔，号侗庵、古心堂，在父亲古贺精里的指导下学习朱子学，文化六年（1809）成为幕府儒者见习、十四年成为幕府儒者，在昌平坂学问所（昌平黉）任儒官。精通诸子百家，同时也关注洋学和海防问题。著有《刘子论语管窥记》《海防臆测》《学迷杂录》等。故"古心堂"为古贺侗庵的印章,该书曾为古贺侗庵的藏书。

宫内厅书陵部原名"图书寮",原为历代天皇的藏书机构,1884年图书寮改属宫内省,1946年改属宫内厅,并改称现名。关于其收藏的图书,严绍璗先生指出,包含有"古贺、松冈、毛利德山等江户时代的诸侯(大名)家藏图书"①。但古贺并非江户时代的诸侯(大名)。该书可能是古贺侗庵担任昌平黉儒官后赠予或流落至图书寮的。

无句读,有校勘记。

书衣　　　　　　册首　　　　　　头注

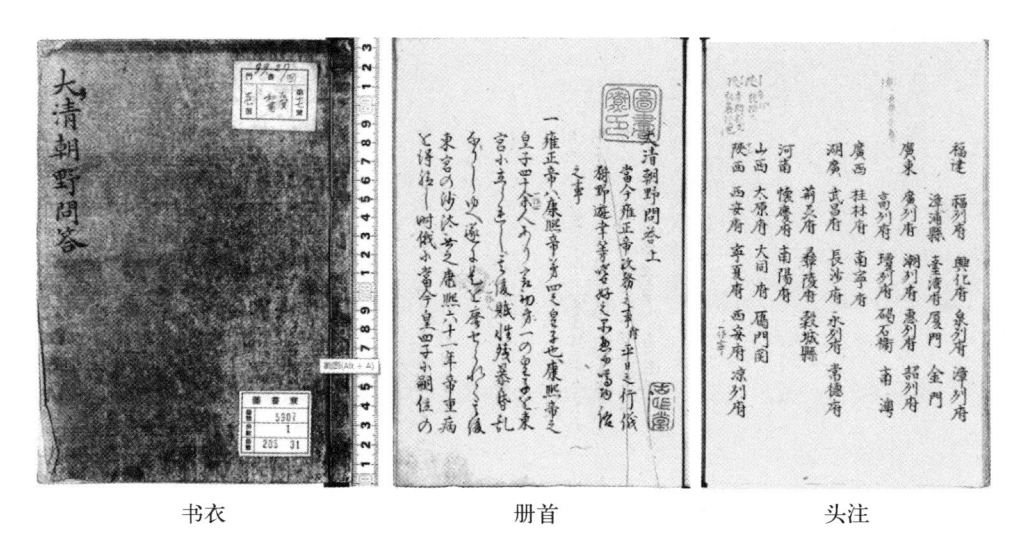

图 3-14　宫内厅书陵部藏本书衣、册首、头注

六、东京大学东文研图书室藏本

东京大学东文研图书室所藏写本1种,索书号为 E 54∶7,一册一卷,长28厘米。无边框、竖栏,每页11行。

书衣左肩墨书"清人答问觉书",册首钤有"东洋文化研究所图书"朱文方印,尾页题"宝历甲申岁　三浦玉绳藏书"。三浦玉绳此人不详,若"三浦玉绳"非人

---

① 严绍璗:《汉籍在日本的流布研究》,江苏古籍出版社1992年版,第211页。

名的话,则其底本应为三浦半岛玉绳城(最早修筑于1513年,位于镰仓市西北部)藏本。由于此11字与正文字体相同,故该写本的底本应藏于三浦半岛玉绳城。

无句读、校勘记。

书衣　　　　　　　　册首　　　　　　　　尾页

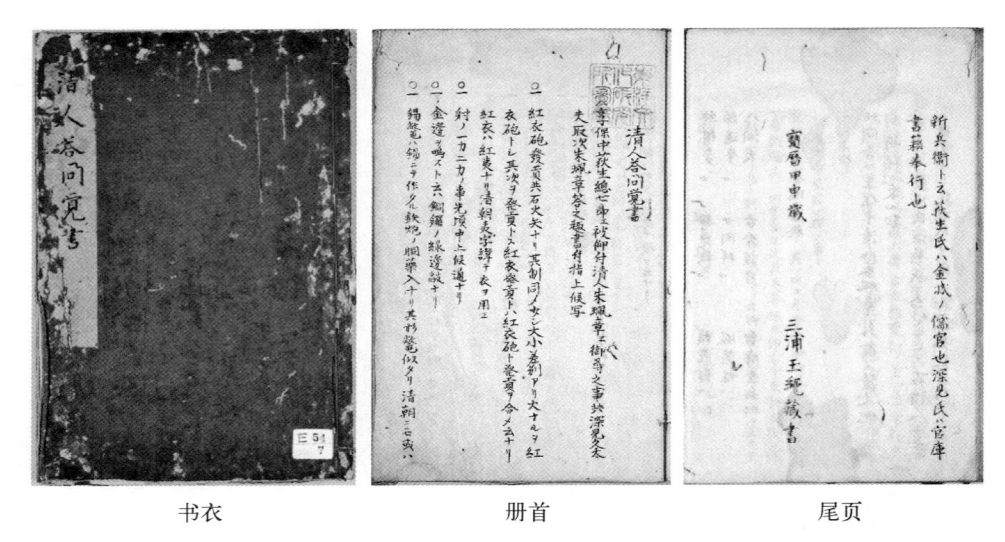

图 3‐15　东京大学东文研图书室藏本书衣、册首、尾页

七、早稻田大学图书馆藏本

早稻田大学图书馆所藏写本1种,索书号为イ5‐435,一册一卷,长28厘米。无边框、竖栏,每页11行。

书衣左肩墨书"清人答问录(荻生总七郎笔记)",册首题名为"清人答问觉书",册首钤有"早稻田大学图书"朱文方印,尾页题"宝历甲申岁"。每页字数、行数与东京大学东文研图书室藏本相同,无疑为同一底本的姊妹抄本。

无句读、校勘记。

第三章 《清朝探事》的诸写本及收藏情况

书衣　　　　　册首　　　　　尾页

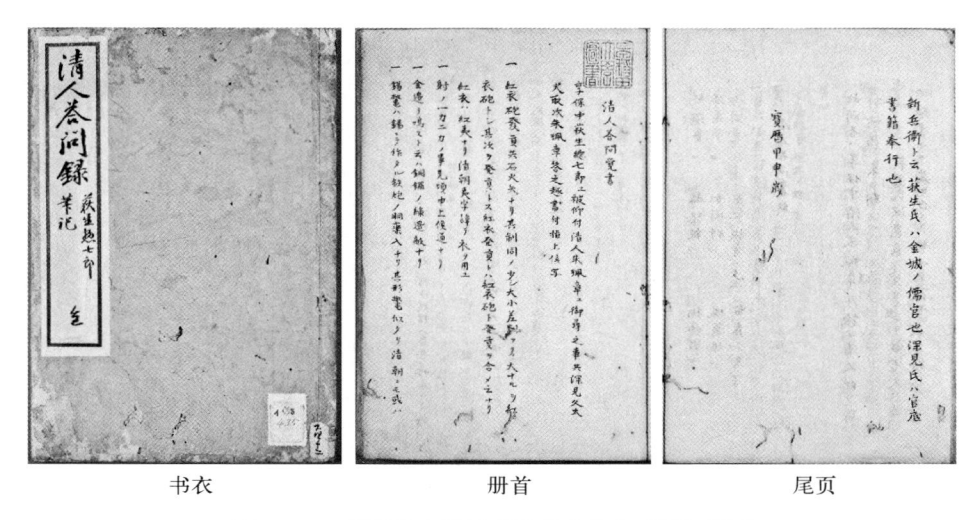

图 3‑16　早稻田大学图书馆藏本书衣、册首、尾页

八、京都大学图书馆*藏本

京都大学图书馆所藏写本 1 种，索书号为内田‖こ3‖2（222.06‖S‑231 为复制版本），一册一卷，长 25 厘米。无边框、竖栏，每页 9 行。

书衣　　　　　册首　　　　　尾页

图 3‑17　京都大学图书馆藏本书衣、册首、尾页

---

*　即京都大学文学研究科图书馆。

57

书衣左肩贴附题笺,墨书"清朝探事",旁记"四百五十八",册首钤有"京都帝国大学图书印"朱文方印、"大正 14.4.30"墨文椭圆印,尾页钤有"琳琅阁"墨文长印。可知,大正十四年(1925)四月,京都大学或内田银藏(内田文库原所有者)从琳琅阁书店购入了该写本。

有朱笔圈点、校勘记和批注,专有名词旁亦用朱线标示。批注一处有"亨按"等内容的头注。

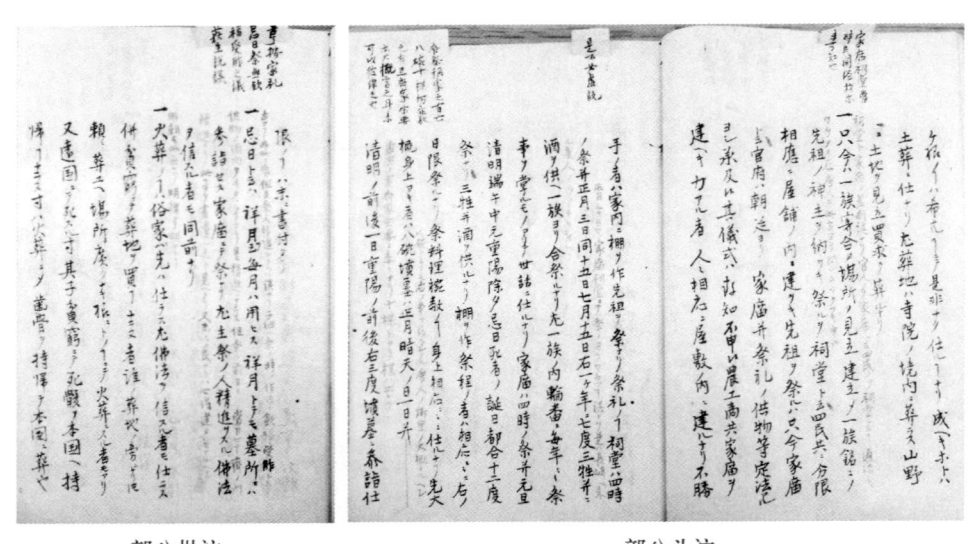

部分批注　　　　　　　　　　　　部分头注

图 3-18　京都大学图书馆藏本部分批注、头注

九、斯道文库藏本

斯道文库所藏写本 1 种,索书号为ヤ54A·9-2·1,一册一卷。无边框、竖栏。每页 10 行。

书衣左肩贴附题笺,墨书"清朝探事　单",册首钤有"财团法人斯道文库印"朱文方印。

有朱笔圈点,专有名词旁亦用朱线标示。与关西大学图书馆藏本①基本相同,或与关西大学图书馆藏本①为同一写本的姊妹抄本。另批注使用朱笔插入正文书写、头注使用墨笔书写。

第三章　《清朝探事》的诸写本及收藏情况

书衣　　　　　　　　册首

批注　　　　　　　　附录的头注

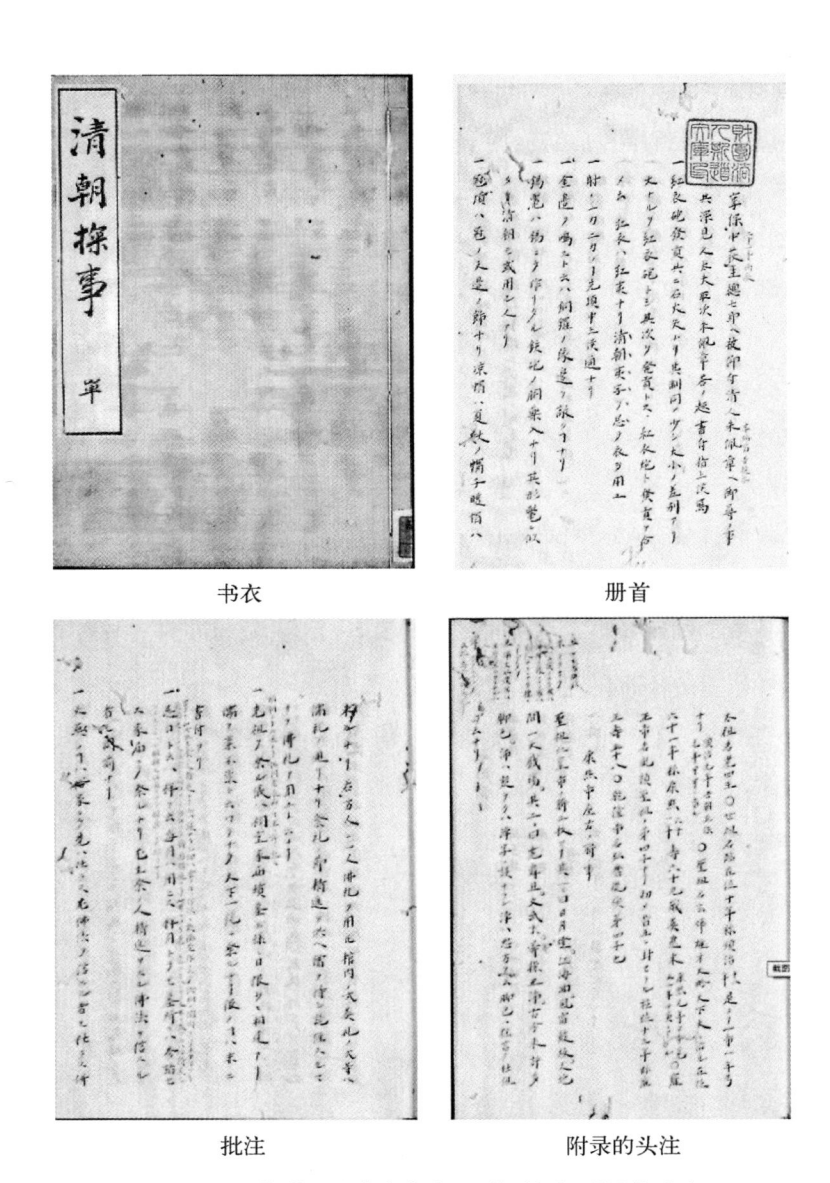

图3‑19　斯道文库藏本书衣、册首、批注、附录的头注

十、东北大学图书馆藏本

东北大学图书馆所藏写本1种,索书号为3-8047-2,两册两卷。无边框、竖栏,每页8行。

第一册书衣左肩贴附题笺,墨书"清朝探事　上",封二钤有"东北帝国大学图书印"朱文方印,册首钤有"中川氏藏"朱文圆印、"高知家图书记"朱文长印、"狩野氏图书记"朱文长印、"荒井泰治氏ノ寄附金ヲ以テ購入セル文学博士狩野亨吉氏旧蔵書"朱文长印。第二册书衣左肩贴附题笺,墨书"清朝探事　下",封二钤有"东北帝国大学图书印",印章左侧墨书"高知达",册首钤有"中川氏藏"朱文圆印、"高知家图书记"朱文长印、"狩野氏图书记"朱文长印。

"高知家图书记"不详,"高知达"或为高知家成员。"中川氏藏"印章所有者为中川得楼(1833—1915),名德基,字月槎,曾任德川幕府御代官所手代,著名藏书家,其《藏书目录》现存于国立国会图书馆。狩野亨吉(1865—1942),明治三十九年(1906)参与京都帝国大学的创立,任初代校长。大正元年(1912),在荒井泰治的赞助下,东北帝国大学购入了狩野亨吉的藏书。可推测,东北大学图书馆藏本原为"高知家"、中川得楼藏书,其后被狩野亨吉购入,1912年又入藏东北大学狩野文库。

有朱笔圈点。第二册"清朝探事下卷毕"后记有"江户烟波山人"。烟波山人生卒年不详,著有《今古奇谈》(文化二年,1805年刊本)。

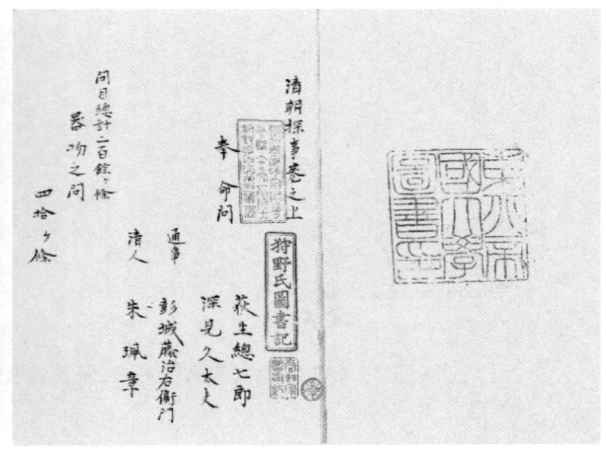

书衣　　　　　　　　　册首、封二

图3-20　东北大学图书馆藏本第一册书衣、册首、封二

书衣　　　　　　　　　　　　　册首、封二

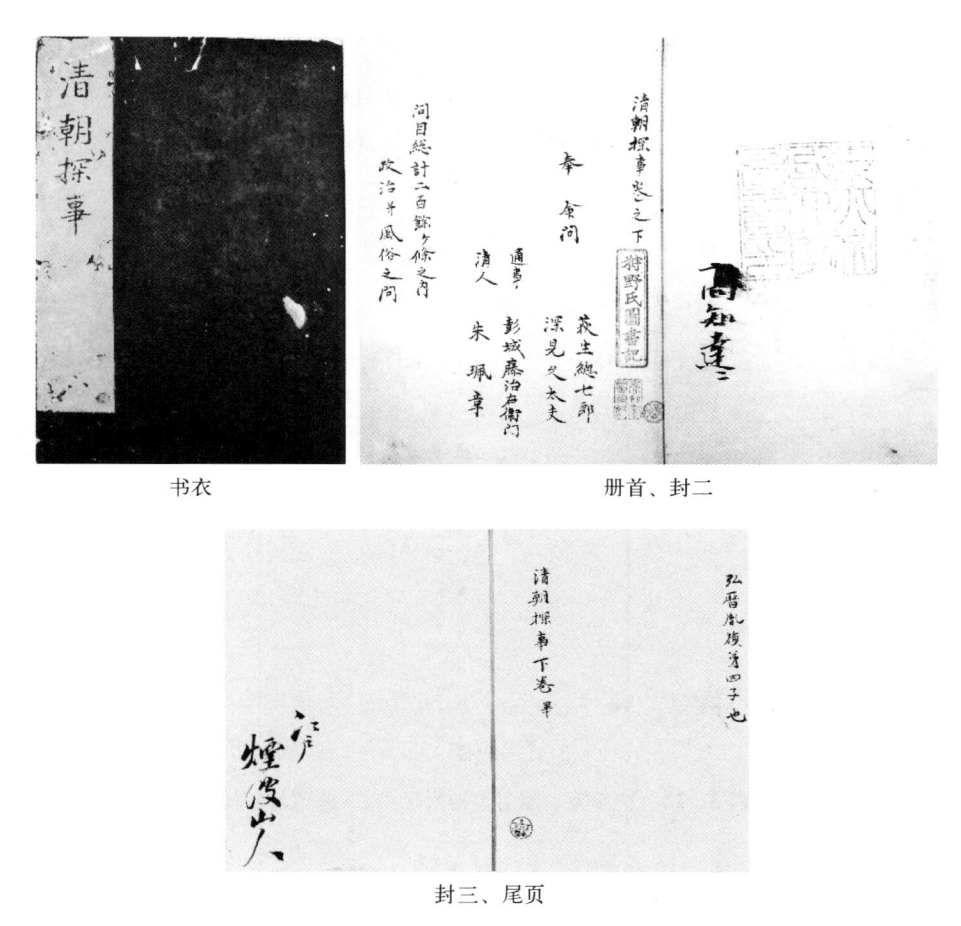

封三、尾页

图 3‑21　东北大学图书馆藏本第二册书衣、册首、封二、封三、尾页

十一、筑波大学图书馆藏本

筑波大学图书馆所藏写本 2 种，书名分别为《清人答问觉（荻朱问答）》《清朝探事》。

（一）筑波大学图书馆藏本①《清人答问觉（荻朱问答）》

索书号为ヨ219‑29，一册一卷，长 26 厘米。无边框、竖栏，每页 12 行。抄写时间为宽政十一年（1799）春。

书衣左肩贴附题笺，墨书"荻朱问答　全"，右肩钤有"伊东家藏"朱文方印。

61

《清朝探事》研究

册首钤有"东京高等师范学校图书印"朱文方印、"大正八年三月廿七日编入"长印。书中"政治并风俗之问"部分中的"北京及其外诸所,建公示法令之布告牌吗"条旁钤有"东京高等师范学校图书馆印"朱文方印。可知,大正八年(1919)三月,该写本入藏筑波大学图书馆。

有朱笔圈点、校勘记,专有名词旁亦用圈点标示。

书衣　　　　　　册首　　　　　　尾页

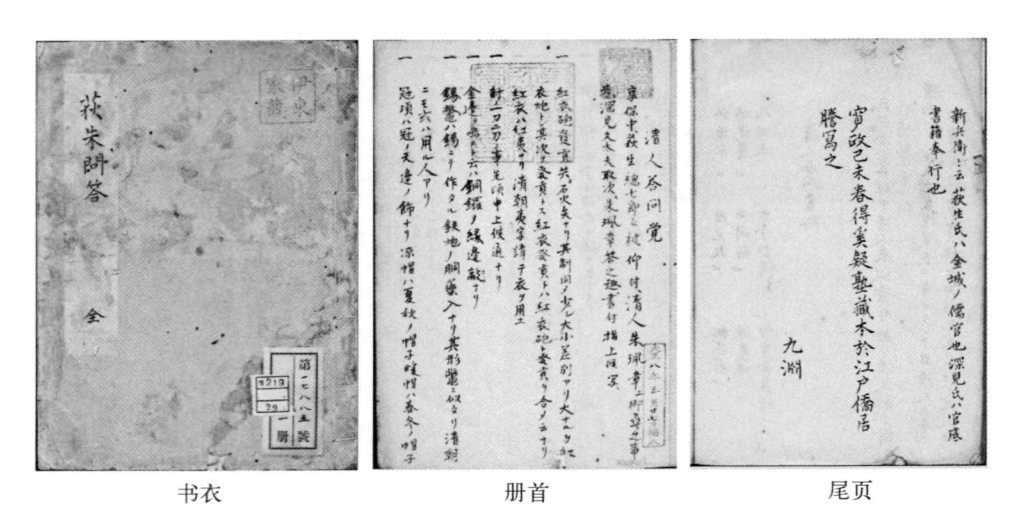

图3-22　筑波大学图书馆藏本①书衣、册首、尾页

(二) 筑波大学图书馆藏本②《清朝探事》

索书号为ヨ644-77,一册两卷,长17.8×宽12.7厘米。有边框、竖栏,每页11行。

书衣左肩贴附题笺,墨书"清朝探事",册首钤有"耕田楼藏书记"朱文长印、"东京师范学校图书印"朱文方印。"耕田楼藏书记"不明,仅知国立国会图书馆藏《纸谱》册首钤有"耕田楼藏书记"的印章。东京师范学校为筑波大学前身,1872年于江户幕府直属的教学机构——昌平黉旧址创设,1886年改为东京高等师范学校,后改称东京文理大学、东京教育大学等。可知,筑波大学图书馆藏本原为耕田楼所藏,1872—1886年入藏东京师范学校即现在的筑波大学。

分类问答的问目后、正文前有数页空白,或是为了抄写分条问答目录而空余出来的。有校勘记。

第三章　《清朝探事》的诸写本及收藏情况

书衣　　　　　　　　　　　　册首

问目后的空白页　　　　　　正文前的空白页

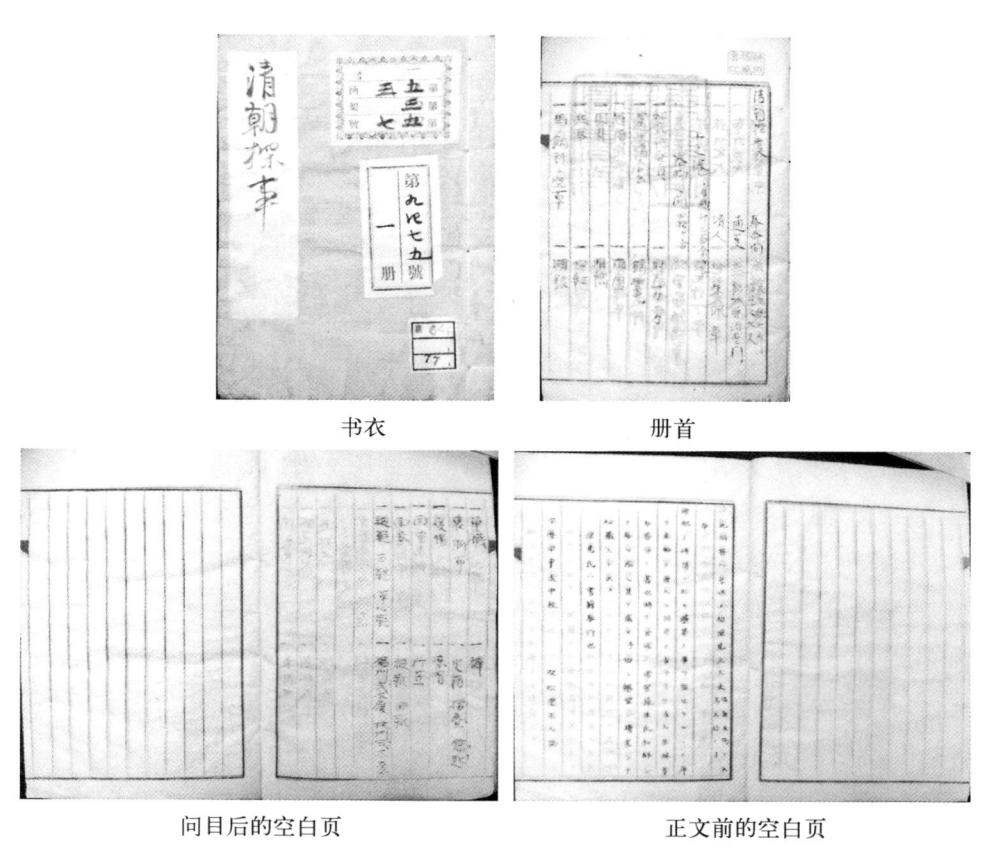

图 3-23　筑波大学图书馆藏本②书衣、册首、问目后的空白页、正文前的空白页

鉴于上述分析,笔者在选取最佳文本时,"分条问答"选取最良的内阁文库藏本①,"类别问答""附加问答""附录"选取东京大学图书馆藏本②。上下卷目录部分,采用东北大学图书馆藏本的目录。序跋部分,分别采用较为完善的东北大学图书馆藏本中的双松堂主人所作序文、早稻田大学图书馆藏本中的双松堂主人所作跋文。此外,追加大庭修排印本后附的"大清乾隆皇帝南巡之始末闻书"(因其为排印本,无法展现写本的真实样貌,故而选用京都大学文学部所藏写本为底本,以大庭修排印本、松浦章排印本、华立译本为参考,加以校订)、东京大学图书馆藏本①后附的"中华之事""长崎至诸国海陆道程"与"长崎至异国道程"。

63

第四章 《清朝探事》部分内容的抄本

除上述诸写本之外，目前还存在抄出《清朝探事》部分内容的抄本。国立公文书馆所藏的《祠曹杂识》（索书号：212-0302，共72册）第11册收录有题为《清俗》（又名《享保中朱佩章申上清朝葬祭习俗》）的一份文书。

"祠曹"原为隶属于祠部的官署机构，隋唐时改属礼部，遂为定式，日本沿袭，主要职掌祠祀、享祭、国忌、庙讳、卜祝、医药、天文、漏刻及僧尼之政。《祠曹杂识》的编者麻谷老愚为担任"寺社奉行"的间部下总守诠胜的家臣，协助处理有关佛寺、神社事务。其中的主要内容为庆长期（1596—1615）至天保期（1830—1844）有关佛寺、神社行政、诉讼的公文记录，以及其见闻、制度沿革等内容。《祠曹杂识》的"题言"载：

> 余亲炙于祠曹谒者之侧，披翻其载籍，殆七八年。……任笔杂抄，积百册。……甲午夏月，麻谷老愚。

其中，"甲午"为1834年，日本天保五年。据此可知，《祠曹杂识》成书于日本天保五年（1834）夏，持续抄写了七八年而成书。

其中收录的《清俗》，虽有节略，但内容包括《清朝探事》"分类问答"中的"祭葬之问"全部5条的内容、下卷"分条问答"中有关祠祀、享祭、宗教等相关的问答15条。具体内容抄录如下：

> 享保年中命获生总七郎向清人朱佩章问答，译司深见久太夫传之。抄出其中关系祠曹之事。

第四章 《清朝探事》部分内容的抄本

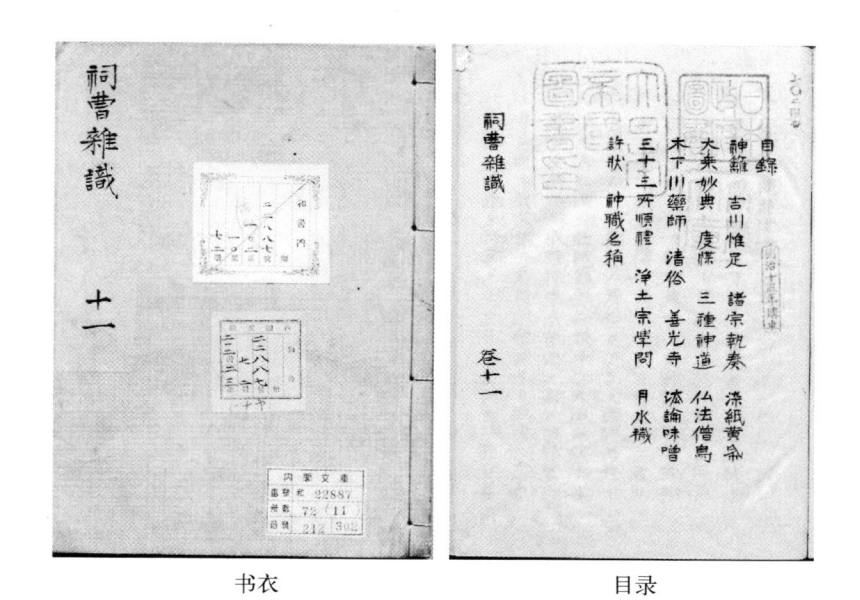

书衣　　　　　　　　　　　　　　目录

图 4-1　《祠曹杂识》第十一册书衣、目录

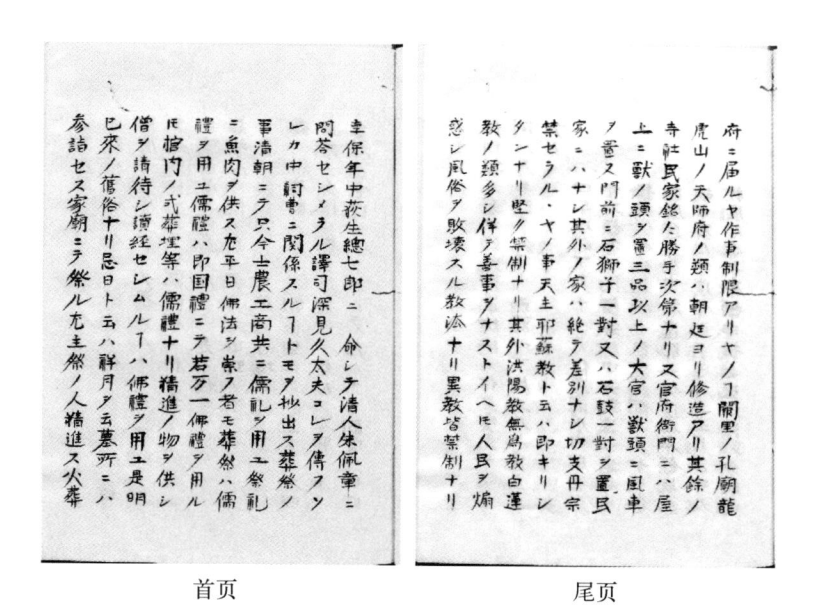

首页　　　　　　　　　　　　　　尾页

图 4-2　《清俗》的首页、尾页

65

○葬祭之事。清朝,如今士农工商共用儒礼。祭礼供鱼肉。尤平日崇佛法者,葬祭亦用儒礼。儒礼即国礼,若万一用佛礼,棺内之式、葬埋等亦为儒礼也。供斋菜之物,请僧读经,此事用佛礼。是明已来之旧俗也。("祭葬之问"第一条)①

○忌日云祥月。不参诣墓地,于家庙祭之。尤主祭之人食素。("祭葬之问"第三条)

○火葬之事,俗家不用。但若贫穷而不能买葬地,请求葬于他人葬地旁,故其场所不大时,火葬也。或若在异乡死,其子贫穷,乏归葬之用,火葬之,唯归葬齿骨也。是为不得已事也。葬地不在寺院内,买求山野之地也。明律中明白也。("祭葬之问"第四条)

○挑选、建造一族集会之场所,纳置各先祖之神主祭之,云祠堂。又四民皆依身份在家宅内祭之,云家庙。贫者在宅内架棚祭之。祠堂有四时之祭、正月三日、同十五日、七月十五日,合一年七次也,供三牲并酒,一族合祭之。尤轮番掌管每年祭事。家庙有四时并元旦、清明、端午、中元、重九、除夕、忌日并死者诞生日,共十二次也,供三牲并酒。总七郎云,官人之云家庙,四民之云祠堂。此为通法。又正月有三日。家庙、祠堂祭日分开之事为清商之误说也。("祭葬之问"第五条)

○食肉蓄妻之宗门之事。(第83、84条)
无蓄妻之僧,但喇嘛僧食肉。又直省诸所有尼寺。

○神社佛寺开帐、狂言、杂耍、谈议、说法之事。(第82条)
名山大寺逢年节或菩萨生辰乃至成道之日,开大殿门,诵经进香。尤路边有以戏剧、杂耍为生业者。又寺院有讲经说法,听闻者大抵老人多,禁年

---

① ("祭葬之问"第一条):原无,为方便对应,据校注篇中的条数补入。下同。

轻女子。

○寺社有朝廷附置之田地、山林、金银吗？有杀生禁断之告示牌吗？（第85条）

敕赐之寺院附田地、山林，营造之料由朝廷下赐。又诸府州县均有学宫，皆附学田。又寺院请地方官在院内建戒杀之告示牌。

○寺社之鸟兽神木之事。（第86条）

六安山有神，甚灵验。无人捕此山之鹿。若捕之，必得病。汉阳府朱嘴山上有朱王庙。若伐采生于此山之木，亦必得病。乍浦地方之羊山有神，称羊山老爷。此山，羊多。人捕时，必有祸。但此处为舟泊之处，若风不顺时，久滞船，可食用尽。其时，向山神占卜神签，若许，借羊食用。其后买羊，放返本山。

○参诣寺社者，奉初尾、赛钱吗？有赛钱箱吗？（第87条）

参诣寺院者皆奉银钱，是云布施钱，又云喜舍银。堂前置钱箱。

○有神佛之缘日类吗？（第88条）

诸府州县每年二月上丁之日，于至圣先师之庙有奠仪。三月廿三日祭天姥，五月十三日祭关圣帝，正月、六月、九月十八日供养观音。

○宗门之内何宗派多？（第89条）

天下臣民如日本，无专立宗派之事。僧徒有讲派、教派、禅派之差别。但归依临济派者多。

○祭礼、佛事，不改古来之例，照旧行之吗？（第90条）

祭礼，诸省各处祭城隍庙，乡村祭土地祠，农民皆祭后稷。或祭出自其地之圣贤、忠孝、义夫、节妇。佛事，诸寺院佛、菩萨生辰或成道之日诵经进香。又诸省各家于三月清明节、十月朔日祭扫先祖坟墓。是等古法无改。

○出家、社人任重官位,受朝廷尊敬之事。(第91条)

衍圣公历代袭封,受厚敬。又龙虎山张天师历代袭封正一嗣教真人,祈天下多福。明神宗时,第五十代真人张国祥道术灵应,神宗喜之,婚聘皇女,为驸马都尉,留住京都十三年,宠眷尤渥。清世宗时,五十三代真人张供任、五十四代真人张继宗受朝廷之恩宠甚厚。

○市中、村里有镇守之社吗?有祈祷之札吗?(第92条)

如前条,重者为城隍庙,其次为土地祠。元旦、端午等节,各庙道士出符箓,或黄纸朱书,或红纸墨书,诸人贴其符于厅屋内,驱逐不祥。

○出家、士俗人中有云游各地者吗?往来凭文书通行吗?(第93条)

行脚僧云游方僧。有遍历各处名山古迹、进香者。俗人亦有游历诸方者,皆任心,往来无文书。

○修建寺社、民家时,向官府申请吗?修建有限制吗?(第119、120条)

阙里之孔庙、龙虎山之天师府类由朝廷修造。其余寺社、民家,随意也。又官府衙门屋顶置兽头。三品以上大官,兽头上置风车。又于门前置石狮子一对或石鼓一对。民家无。其外之家绝无差别。

○禁天主教吗?(第146条)

天主耶稣教即天主教,坚决禁制。其外多洪阳教、无为教、白莲教之类。佯称修善事,但煽惑人民、败坏风俗之教派也。异教,皆禁制。

除《祠曹杂识》外,江户中期国学者山冈浚明(1726—1780)编《类聚名物考》中亦可见从《清朝探事》中抄出的部分内容。《类聚名物考》属于类书,成书时间不详,约在宝历十年(1760)至安永九年(1780)之间。山冈浚明广泛搜集《古事记》《六国史》等日本书籍、《前汉书》《后汉书》《淮南子》等汉籍、《无量寿经》《法华经》等佛书,并从中抄出部分内容汇编为此书,分天文、时令、神祇、地理、饮食、政事、书籍等32类。其中卷二二三"政事部"中的"切手　勘合火牌(清朝探事)

第四章 《清朝探事》部分内容的抄本

邮符(同) 文凭(同)"条后载有:

(1) 往来诸省无佩牌照之事。往来西北口外、南北海外诸蕃国者,领商照、船票等。若携武器,在牌照上写何品几许,关口审查。其数有违时,不许通过。

(2) 又云往来外国者,沿官府领照票,行李之数无分量。又云自帝都往诸省差遣人员,自外省至帝都奏报时,持邮符即勘合、火牌通行,通行证也。兼计道里远近、事务缓急,给予诸官定数邮符。往来之时,急事用勘合,常事用火牌。

(3) 又云商贾多,往来鞑靼者,诉于官府,领文凭,出入口外。①

其中,(1)为《清朝探事》分条问答第 16 条,(2)为《清朝探事》第 53 条,(3)为《清朝探事》第 56 条。

可见,《清朝探事》在江户时代深受日本人关注,虽然未被刊行,但流传较广、传抄较多。

---

① 山冈浚明编、近藤瓶城校订《類聚名物考》第 5 册,近藤活版所 1904 年版,第 79 页。

第五章 《清朝探事》与《清俗纪闻》收录的中国情报

17世纪明清鼎革之初，传统的华夷观受到极大挑战，尤其是日本视清朝为"华变于夷之态也"，独立于清朝朝贡体制之外，但出于现实需要，日本仍密切关注邻国清朝的政治局势。然而至18世纪，随着清朝实力逐步强盛，日本对中国的态度也随之转变。特别是江户幕府第八代将军德川吉宗（1716—1745年，即康熙五十五年—乾隆十年在位），对康乾盛世下的清朝表现出了强烈的兴趣与求知欲，积极输入汉籍，学习引进中国先进的法律制度、科学技术，致力于殖产兴业，甚至专门遣使前往长崎询问清人，这些询问内容见于《清朝探事》等问答书中，在江户时代广为流传。其中不仅包括一直以来幕府对清朝局势的关注，还包括对满语官职、法律等制度文化以及国防地理、风俗习惯等方面的关注，掀起了一阵"中国热"式的全方位关注浪潮。至18世纪末，这种热度逐渐褪色。刊行于1799年、被称作"续清朝探事"的《清俗纪闻》将关注视线锁定于汉族民俗文化。

管见所及，日本学者大庭修首次发现并整理出版了《清朝探事》，考察了该书的成书编纂、参与人员等相关情况，但并未深入内容。楠木贤道聚焦于《清朝探事》中的满语词汇，逐一考察，指出这些满语的问询与江户幕府翻译《大清会典》有关。① 中国学者牛建强梳理了《清朝探事》有关皇室情况、时政、军事、法律、民俗等方面的10条情报，强调了德川幕府对清朝形势的深入关注。② 屈亚娟梳理了《清朝探事》中的中国情报，包括政事之问15条、军事之问5条、律法之问13

---

① 楠木贤道：《江户时代享保年间日本有关清朝及满语研究》，阿拉腾译，《满语研究》2013年第1期，第75—83页。
② 牛建强：《从风说书看日本德川幕府对清朝情势的关注》，《郑州大学学报（哲学社会科学版）》2008年第6期，第75—80页。

条、风俗之问 15 条、其他 14 条。①

关于《清俗纪闻》的研究，曲彦斌②、王凌③、徐晓光④从总体上介绍了该书，李雪花考察了该书的编纂情况⑤，马慧专注于该书中的饮食风俗⑥。李宁一文从语言学与民俗地域特征的角度，考察了该书的地域属性；⑦另文则关注书中对清俗与古俗的比较、清俗与日俗的比较⑧。王振忠考察了包括《清俗纪闻》在内的 18 世纪东亚三国彼此间的风俗记录，指出这一时期日本、朝鲜对清朝的态度发生了转变，尤其关注清朝的物质文化、风俗习惯，由此在社会上形成的慕华心理以及雅俗观，在乾隆时代臻于极盛，并引发了日朝国内强烈的反弹。⑨但是，其并未关注 18 世纪的不同阶段日本对清朝的态度变化。

目前虽有不少学者注意到了《清朝探事》《清俗纪闻》的重要价值，但综合两书进行比较研究的成果较少。中国学者高薇通过考察《清朝探事》的部分内容、《清俗纪闻》的序文，指出 18 世纪日本一方面蔑视清朝夷狄的"辫发腥膻"之俗，但另一方面持冷静透彻的态度，主张将清文化与自古以来日本瞻仰的中华文化加以区分。但高薇并未深入《清俗纪闻》的内容分析，也未涉及本章论述的《清朝探事》《清俗纪闻》的编纂情况。⑩

本章通过考察《清朝探事》与《清俗纪闻》的内容，试探析 18 世纪初期至末期江户幕府对清认识转变之一斑。

---

① 屈亚娟：《江户时代幕府的清朝认识——以〈清朝探事〉为中心》，载杨伟、罗国忠主编：《作为区域研究的日本学（上）》，重庆出版社 2013 年版，第 129—138 页。
② 曲彦斌：《〈清俗纪闻〉说略》，《辞书研究》2004 年第 6 期，第 109—116 页。
③ 王凌：《〈清俗纪闻〉日本人眼中的清代民俗》，《中国新闻出版报》2006 年 11 月 23 日第 3 版。
④ 徐晓光：《〈清俗纪闻〉探赜》，《沧桑》2013 年第 4 期，第 63—65 页。
⑤ 李雪花：《江户时代〈清俗纪闻〉的编纂及相关问题研究》，《郑州大学学报（哲学社会科学版）》2021 年第 5 期，第 111—115 页。
⑥ 马慧：《从〈清俗纪闻〉饮食部分诠释东南沿海社会形态——以士绅与普通民众为中心》，《宁波职业技术学院学报》2018 年第 5 期，第 73—78 页。
⑦ 李宁：《〈清俗纪闻〉中的清代汉语与清代民俗》，《文化遗产》2017 年第 2 期，第 129—136 页。
⑧ 李宁：《〈清俗纪闻〉的民俗比较意识》，《文化遗产》2021 年第 6 期，第 122—129 页。
⑨ 王振忠：《18 世纪东亚海域国际交流中的风俗记录》，《安徽大学学报（哲学社会科学版）》2010 年第 4 期，第 1—16 页。
⑩ 高薇：《论 18 世纪日本的中国观——以〈清朝探事〉〈清俗纪闻〉为中心》，《辽东学院学报（社会科学版）》2016 年第 4 期，第 19—22 页。

一、《清俗纪闻》的编纂与内容

（一）《清俗纪闻》的编纂

与《清朝探事》不同，《清俗纪闻》在当时得以刊刻出版。中川忠英在《清俗纪闻》刊刻之际所撰跋文载：

> 向者，余之在崎阳也。听政之暇，使官属近藤守重、林贞裕问清商其国之俗习，辄随笔焉，又随图焉，终成一书。……宽政己未冬十月，中川忠英跋。①

可见，《清俗纪闻》是长崎奉行中川忠英在长崎执勤期间，命下属近藤守重、林贞裕询问清商中国习俗，记录并添以绘图，于宽政己未年（1799）十月刊刻而成。

关于此书的编纂目的，中井曾弘《序三》载：

> 西陲之政回易莫重焉，清之客犹我之民矣。非审其风俗，明其好恶，察其情伪，不可得而治也。斯书而成，后之奉职者长官小吏，咸将知所响焉。一也。诵法圣贤，究博致远。细大弗遗者，民俗名物，固不可以不参诸后世。而草野琐屑，罔有详载，不亦阙事乎。斯书而成，后之学者，其或掊什一于千百焉。二也。②

可知，编纂此书的目的，一是为了明确清人风俗、好恶，以便长崎官吏更好地监督管理与清朝商人的贸易；二是为了后人更好地阅读中国经典、了解清朝社会。《清朝探事》是德川吉宗出于施政目的派人询问而成，反映了远在江户的幕府将军对异国的浓郁好奇心，而《清俗纪闻》的编纂目的则是管理长崎贸易、认识清朝社会，这是两书的不同之一。

---

① 中川忠英：《清俗纪闻》，方克、孙玄龄译，中华书局 2006 年版，第 567 页。
② 同上书，第 5 页。

第五章 《清朝探事》与《清俗纪闻》收录的中国情报

林述斋所作《序一》中载：

> 今也，先王礼文冠裳之风悉就扫荡，辫发腥膻之俗，已极沦溺，则彼之土风俗，尚寞之不问可也。……余观今之右族达官贵游子弟，或轻佻豪侈是习，而远物珍玩是贵。即一物之巧，寄赏吴舶；一事之奇，拟模清人，而自诧以为雅尚韵事，莫此过焉。吁亦可慨矣。①

以林述斋为代表的幕府儒官认为清朝入主中原后，满族风俗遍及全国，而传统的礼文冠裳文化荡然全无，故不主张询问清朝风俗。与此相反，当时日本的达官子弟却以模拟清人为雅尚韵事、视清朝珍玩为贵重之物。

另外，黑泽雪堂《序二》载：

> 而今斯编所载清国风俗，以夏变于夷者，十居二三，则似不足以贵重。然三代圣王之流风，余泽延及于汉唐宋明者，亦未可谓荡然扫地也。又清商之来琼浦者，多系三吴之人，则其所说，亦多系三吴之风俗，乃六朝以来故家遗俗确守不变者，就斯编亦可以见其仿佛也。②

黑泽雪堂认为，清朝风俗十有二三已变为满族风俗。而当时前往长崎的中国商人大都为三吴（江南一带）之人，其所说即《清俗纪闻》内容为江南一带的风俗，反映了六朝以来中华"遗俗"之"仿佛"。中井曾弘在《序三》中亦指出"其小满而大汉，可以观唐宋遗风者，独有闽浙而已"③，表达了与黑泽雪堂相同的观点。江户时代，幕华主义仍是儒者最重要的思想，但他们对中国崇拜和敬仰的同时，也产生了对本国文化的自觉。18世纪末随着俄罗斯的接近和反儒教话语的兴盛，慕华主义的主流价值观不仅受到了来自儒教内部的严重挑战，还受到了国学和兰学这种"日本的"和"外部的"严重威胁，促使了华夷思想的解体。④

---

① 中川忠英：《清俗纪闻》，方克、孙玄龄译，中华书局2006年版，第2页。
② 同上书，第3页。
③ 同上书，第5页。
④ 杨栋梁主编：《近代以来日本的中国观》第2卷，江苏人民出版社2012年版，第24—26页。

(二)《清俗纪闻》的内容

《清俗纪闻》现存版刻本较多,但现存《清俗纪闻》均为六册十三卷,六册采用六艺之名。

第一册为礼帙,收录卷一"年中行事",主要描绘了一年四季中的元宵、土地神生日、观音诞辰、清明、乞巧奠、立夏、端午、中秋、重阳、冬至、腊八、除夕、立春等各个时节的民俗活动。

第二册为乐帙,收录卷二"居家",主要描绘了民间的居住建筑、家具、日用品、日常生活等。

第三册为射帙,收录卷三"冠服"、卷四"饮食制法"、卷五"闾学"。"冠服"绘制了清朝的男女服饰以及出行交通工具大轿、小轿、车等。"饮食制法"介绍了清朝的茶、酒、醋、酱油、点心、上等菜、中等菜、小菜以及宴席料理顺序等。"闾学"主要涉及民间学馆的日常与礼仪。

第四册为御帙,收录卷六"生诞"、卷七"冠礼"、卷八"婚礼"。"生诞"记录了从女子妊娠、出产、洗婴儿、切脐带、哺乳到婴儿满月、百日、周岁拿周等婴儿出生时的一应事宜。"冠礼"描述了男女少年举行成人仪式时的装束和器具。"婚礼"包括从说亲、聘定、吉日到亲迎、媒人新郎进门、女妇送出闺房、新人拜天地、合卺的全过程以及珠玉匣、戒指、耳环、纽钩、皮箱等结婚必备物件。

第五册为书帙,收录卷九"宾客"、卷十"羁旅行李"、卷十一"丧礼"。"宾客"记录了请客时发出的请帖以及厅堂摆设、宴席进行的顺序、席上做戏舞蹈等娱乐,另外还有因祝贺、探病、吊丧、法事等到访他家之礼法。"羁旅行李"介绍了与出行有关的相应事物,如驿站、车轿、盔甲箱、公馆、官船、宪照等。"丧礼"描绘了丧服、灵柩、七七法会、出殡日期、忌日、执事等丧礼相关事宜。

第六册为数帙,收录卷十二"祭礼"、卷十三"僧徒"。"祭礼"描绘了家庙祭礼、坟墓祭祀、请城隍神郊祀等祭祀活动以及土地宫、城隍神像等神灵祭祀设施与祭祀用具。"僧徒"描绘了寺院构造、寺田、僧人装束以及僧人所用器具,小沙弥、游方僧、道士等不同种类的僧人以及参诣寺院时的相应行事等。

《清俗纪闻》内容主要集中在生活习俗、礼仪教育、宗教等三个方面,不仅反映了当时社会的大体构成,还展现了人民生活的基本状况。① 书中近 600 幅图像生动勾勒了一幅清朝江南民间生活的绘卷。该书被认为是研究德川幕府时期对清政治关系、中日贸易沿革以及了解当时中国江南民情的重要资料。②

二、《清朝探事》与《清俗纪闻》所载中国情报的比较

《清俗纪闻》又称《续清朝探事》,比《清朝探事》晚了近半个世纪。本节试通过比较两书内容,来分析此期间日本对中国认识的差异与变化。如下,将《清朝探事》《清俗纪闻》中相通的内容分为祭葬、服饰、其他三种类型加以探讨。

(一) 祭葬

《清朝探事》类别问答"祭葬之问"部分有五条,每条均附有荻生北溪的朱批。

(1) 清朝,如今士农工商祭葬专用儒礼。祭礼,供鱼肉也。尤平日崇佛法者,祭葬亦用儒礼。……祭礼之时,供斋菜、待僧读经,是用佛礼。

(朱批)③不仅清朝,自明朝便如此。

(2) 祭先祖之事,有祠堂、家庙、坟墓三样,日期稍有不同。无崇儒与不崇儒之分也。

(朱批)自明朝便如此,但祠堂、家庙之事记于末。

(3) 忌日云祥月。非每月都有。即使祥月,亦不参诣墓地,而是在家庙祭之。尤主祭之人食素。信佛法者亦同之。

(朱批)自古如此。但主祭之人食素,误也。其情为,祭时有饮福受胙之做法,食供物之酒肉,此非素菜。但自祭之前日至当日,齐之内,素菜也。此事写错,又应是庶民等理解有误。

(4) 俗家不用火葬,即使信佛法者亦不用。(后略)

(朱批)明朝亦如此,明律中明也。

---

① 中川忠英:《清俗纪闻》,方克、孙玄龄译,中华书局 2006 年版,第 4 页。
② 同上书,第 2 页。
③ "(朱批)"为笔者所加,下同。

(5)如今,挑选、建造一族集会之场所,纳一族各先祖之神主祭之,此云祠堂。四民皆在家宅内建身份相应之祭先祖地,今云家庙。……上述为民间之做法,官府之事不知。

(朱批)祠堂、家庙之差别有误。官员之云家庙,四民之云祠堂,此为通说。询问时,唐人不懂其差别,撒了谎。

(朱批)正月有三日。家庙、祠堂祭日分开之事有误。是为来长崎唐人之谎言。

上述5条虽属于"祭葬之问",但除(4)外,其余均为与祭礼相关的条目。(1)为祭葬采用儒家礼仪,(2)(3)(5)涉及祭坟墓、家庙、祠堂三种祭祖方式。从(1)(2)(3)(4)中荻生北溪添加的朱批来看,荻生北溪将清朝的祭葬事宜与明朝作以比较,明确了清朝并非完全摒弃明朝的祭葬习俗,而是继承了此部分习俗。但是从(3)中的朱批"但主祭之人食素,误也……此事写错,又应是庶民等理解有误"以及(5)中"唐人不懂其差别,撒了谎"的朱批来看,荻生北溪以自己的固有知识评判清朝习俗,将自己认为不合理之处视为唐人之误甚至谎言。京都大学图书馆藏《清朝探事》中就有对(5)荻生北溪批注提出异议者,"家庙、祠堂,当时民间俗称亦未可知也。"唐宋以前,有地位的家族才可建造家庙,而朱熹提出祠堂制度后,民间亦可建。《清俗纪闻·祭礼》"家庙祭礼"条载:"对祖先于正月、三月、十月有定式之祭祀,亦有夏至、冬至祭祀者。但均在家庙(一名祠堂)。"①可见,在清朝家庙与祠堂并无区别。荻生北溪对此理解有误。

另外,从(5)"上述为民间之做法,官府之事不知"中可以看出,由于朱佩章知识有限,并未提及官府祭祀祖先的做法。而《清俗纪闻》"斋戒、祭文"条中载:"庶民不用祭文、官府乡绅等则使用祭文"②,提及了官府祭祀时使用祭文。

除祭祀祖先外,《清朝探事》中还有两条祭祀神灵的问答:

(6)诸府州县每年二月、八月上丁之日,于至圣先师之庙有奠仪。三月廿三日祭天妃庙(娘妈船神也);五月十三日祭关圣帝;正、六、九月十九日供

---

① 中川忠英:《清俗纪闻》,方克、孙玄龄译,中华书局2006年版,第487页。
② 同上书,第493页。

第五章 《清朝探事》与《清俗纪闻》收录的中国情报

养观音。此类甚多。

（7）祭礼，诸省各处祭城隍庙，乡村祭土地祠，农民皆祭祝后稷神。或祭出自其地之圣贤、忠臣、孝子、义夫、节妇等。佛事，诸寺院佛、菩萨生辰或成道之日诵经焚香。又诸省各家于三月清明节、十月朔日祭扫先祖坟墓。是等自古至今无改之事。

（6）仅记载了祭祀孔子、天妃（即妈祖）、关圣帝、观音的时间，（7）则记载了祭祀城隍庙、土地祠、后稷神以及民间祭墓时间。《清俗纪闻·祭礼》中亦有祭祀"城隍""土地宫""天后圣母""关帝""孔庙"等的记载，其与（6）中祭祀至圣先师之庙、天妃庙、关圣帝的时间一致，且比（6）的描述更为详尽。若以"天后圣母"条为例，《清俗纪闻》详细描写了天后圣母的身世、庙宇、朝廷的祭祀制式、祭日时间、承祭官等官员的参拜制式、祭祀期间的娱乐活动、祭祀费用等，其中提到的祭祀仪式等为官制仪式。

（二）服饰

《清朝探事》类别问答"衣服之问"中载有21条问目：着服之大体、褂、袍、袄、短衫/长衫、腰带/扣带、袋、绵袜、单袜、裹脚布、裤、皮箱/折叠/钥匙、暖帽、凉帽、帽箱[①]、雨伞、竹笠、雨衣、缎靴/油靴、缎鞋/布鞋、草心鞋、福州式木履/杭州式木套。

"着服之大体"记录了在长崎的清人穿着大概。虽然有大量清人前往长崎贸易，但对身在江户的幕府将军来说，这种异域风情是难得遇见的。从唐人头戴帽、上着衫、衫外着袄、袄外着袍、下穿裤到步行穿鞋的描绘，展现了幕府对异域清人浓郁的好奇心，甚至连步行穿鞋都记录下来。基于这种大体认识，深见久太夫又向朱佩章深入询问了帽、裤、衫、袄、袍、腰带、褂、裹脚布、单袜、鞋的样态。

关于帽子，"器物之问"中亦有对"冠顶"的询问："冠顶之饰也。凉帽，夏秋之帽；暖帽，春冬之帽也。其制有差别。（凉帽、暖帽之图，如先年所呈。）"可见，在《清朝探事》之前，日本人就曾询问过清人衣服之事，而且还将凉帽、暖帽绘制成

---

① "帽箱"条，筑波大学图书馆藏、东北大学图书馆藏、东京大学图书馆藏、国立国会图书馆藏《清朝探事》无。

图,上呈幕府,但目前暂未发现该图。

除民间服饰外,《清朝探事》中亦有对宫廷服饰的询问。"器物之问"中载有"项圈""圆月"2条:"项圈,官女项上之饰也。圆月,帽顶之座也。其形圆,如钱大。"康熙朝《大清会典·冠服》中可见,固伦公主、和硕公主、郡主、乡君、亲王妃、世子妃、郡王妃、辅国公夫人等皇族女子冠顶有圆月。另外,"器物之问"最后载:"如上荻生总七郎问目之中,为朱佩章所知之答。其外十一条并木马子、木榔头、前舍林、后金花之义,则不知。"可见,深见久太夫还向朱佩章询问过前舍林、后金花之意。两物与圆月一样,是冠顶的装饰。大庭修曾指出,深见久太夫前往长崎是因受命翻译《大清会典》。幕府这一时期对宫廷服饰的认识应是来源于《大清会典》。

另外,关于官员朝服,《清朝探事》中载:"文武官员,随其品级而饰冠顶。朝衣、补套有定制,丝毫不能混杂。""朝衣"为官员上朝时所穿的礼服,"补套"即补子,用以区分官职。朱佩章并未对文武各品级官员的朝服补子展开描述。而《清俗纪闻》卷三"冠服"则对此作以补充,详细绘制了文一品至文九品、武一品至武七品官员官服补子。除官员服饰外,《清朝探事》中还涉及身份低贱的奴仆、优人、乐户、水户、乞丐等的着装,如"乞丐皆着褴褛,即使持金钱者,皆着棉服,无着绢类衣帽之事"。这一点在《清俗纪闻》中并未提及。

《清俗纪闻》中绘制了40余种有关服饰的图像,更加生动直观地让日本人认识清朝服饰,这种记录方式更好地体现了深入了解清朝社会的编纂目的。其中绘有不少官服,还有如"圆领女袍"等宫廷女性的服装,更好地补充了《清朝探事》的内容。而《清朝探事》中对宫廷服饰的认识主要源自《大清会典》,深见久太夫亲身前往长崎记录的普通清人装扮,使远在江户的幕府形成了对清朝不同层级服饰的初步认识。

(三) 其他

除上述《清俗纪闻》卷三"冠服"、卷十一"丧礼"、卷十二"祭礼"外,卷一"年中行事"、卷二"居家"、卷七"冠礼"、卷八"婚礼"、卷九"宾客"、卷十"羁旅行李"、卷十三"僧徒"的内容亦在《清朝探事》中有所提及。

① "年中行事":《清朝探事》中有关"年中行事"的记载主要有1条,其中列举了正月上元节、二月放风筝、三月踏青、清明祭祀、灌佛会、端午、七夕、盂兰盆

第五章 《清朝探事》与《清俗纪闻》收录的中国情报

会、重阳节、祭灶神等常见的年节,而《清俗纪闻》则更为详细地描述了这些年节的主要活动。

②"居家":《清俗纪闻》卷二"居家"中不仅记载了家宅的构造、日常生活,还描绘了奴婢、乞丐、衙门、商家、农家、医师等不同阶层的生活样态,此部分内容在《清朝探事》中亦有少量记载。此外,《清俗纪闻》中还记载了清朝的米、茶、盐、酒、油价以及木匠、工人薪资等生活费用,未见于《清朝探事》。

③"冠礼":《清朝探事》中有关"冠礼"的内容,仅 1 条:"大家之子,自十六岁剃发,留辫(留辫即剃头中央之发,使成圆形,编三股,是云辫发)戴帽。学进秀才时,留须不剃。小家之子无岁限。"冠礼是中国四礼"冠婚丧祭"之首,是中国礼制最核心的要素。至清朝,延续千年的冠礼消亡。《清朝探事》更关注清朝男子剃发之事,并未关注清朝是否行冠礼。

而《清俗纪闻·冠礼》载:

> 今之清代,冠礼之古旧仪式已绝世无传。既无男子于几岁加冠之制式,亦无于十三岁之间视其成长情形庆祝元服之事。女子亦无于几岁上笄之仪式。

其中,不仅记载了清代男子无冠礼,亦提及女子不上笄之事。但此后还载:"于十三四岁后,选择天德、月德等吉日加冠。"可见,清代冠礼虽无礼式、岁数限制,但大都于十三四岁后加冠。此后《清俗纪闻》还详细介绍加冠的操作流程以及剃发人、剃头店、剃发用具、男女发型等。

④"婚礼":《清朝探事》中有关"婚礼"的内容,仅 1 条,其中载:"官员婚礼、葬礼,随其品级而有定制",可见朱佩章并未深入阐述官员的婚葬制度。但是与《清朝探事》同一时间成书的、朱佩章回答的另一问答书《仕置方问答书》"冠婚丧祭等轻重"条中记载:"大官高贵之人,婚礼之式见于《会典》……祭葬之事,官制载于《会典》。"《会典》即《大清会典》。享保五年(1720),《大清会典》(康熙朝)首次传入日本,将军德川吉宗命深见有邻和解。[①] 在询问朱佩章之前,深见有邻应阅览过《大清会典》中对官员婚葬的记载。

---

① 大庭修:《江户时代日中秘话》,徐世虹译,中华书局 1997 年版,第 94—95 页。

相较而言,《清俗纪闻》则偏向对从说亲、下聘、订婚、赠送礼品、迎嫁、婚礼、进门、回门、回娘家等一系列具体的婚礼仪式与流程。

⑤ "宾客":《清朝探事》中有关"宾客"的内容,主要有"平日客来时,有供应茶、烟类之固定礼法吗""招请客人之时,坐席之样子、饰物等事"以及"年始、节句之礼及拜访他人"时、"小官去高官处拜访"时的礼节,此外还有宴请宾客时"随其客之好,有投壶、弹琴、围棋或演戏(舞蹈也)、奏大小乐之事"。《清俗纪闻》中亦有对坐席装饰、席上做戏、官府来往规矩等的描述。

⑥ "羁旅行李":《清朝探事》中关于"羁旅行李"的内容,主要有:官员因公往来他处时,途径驿站的供应;"通用乘马样式、轿子样式、问屋、休泊、轿子之赁银并川越徒渡之事"。此外,还有往来北京等内地关口是否领牌照、能否持武器以及前往外国贸易时,是否向官府申请、载物并人数粮米有无限制。

《清俗纪闻》中不仅留存有官人因公出行时所用的骑马牌与火牌、居住的公馆以及紧差、大差、小差等差使,还记载了驿站所置用具、旅店、水路、沿海沿河役所。此外,还留存有前往外国贸易时需要申请的船照样式,即《平湖县印照》《粘县牌挂号之图》《浙海关商照》《浙海关商船照》《宪照》,反映了当时清朝对中国商船出海贸易时的一系列管理措施。

⑦ "僧徒":《清朝探事》中有关"僧徒"的内容,主要有4条,包括对"有出家人蓄妻之宗门吗""有尼寺吗"的询问以及宗派问题。此外还有一条询问是否有游方僧,对此朱佩章答道:"行脚僧云游方僧。有遍历各处名山古迹、进香者。"《清俗纪闻》卷十三中亦有"游方僧"条。《清朝探事》中对游方僧的描述停留在释义的层面,而《清俗纪闻》则进一步阐述了其云游各地进修悟道之事。

综上,《清俗纪闻》卷一"年中行事"、卷二"居家"、卷三"冠服"、卷七"冠礼"、卷八"婚礼"、卷九"宾客"、卷十"羁旅行李"、卷十一"丧礼"、卷十二"祭礼"、卷十三"僧徒"的内容或多或少地在《清朝探事》中有记载,但远比《清朝探事》详尽全面。可见,18世纪初期,日本就已关注清朝的"年中行事""居家""冠服"等民俗,至18世纪末期,在对清朝民俗有一定了解的基础上又加深了认识。

第五章 《清朝探事》与《清俗纪闻》收录的中国情报

结　语

　　如上,成书于18世纪初期的《清朝探事》是幕府将军德川吉宗出于对清朝的兴趣,派遣属下官员前往长崎,向当时的清人朱佩章询问中国事情记录而成的;而有"续清朝探事"之称的《清俗纪闻》则是长崎奉行中川忠英为了开展中日贸易、了解清朝社会而派遣属下官员向长崎的中国商人询问作成的。两书的编纂意图虽有很大的不同,但其背后动因均为18世纪日本对清朝的兴趣。

　　从内容上看,《清俗纪闻》承继了《清朝探事》中的民俗内容,同时又对《清朝探事》作以补充。但《清朝探事》中有关清朝官职制度、法律等制度层面以及满语的询问未见于《清俗纪闻》。这与两书编纂目的不同有关。《清朝探事》是德川吉宗出于施政目的而写成,而《清俗纪闻》则是长崎奉行为管理长崎贸易、方便后人认识清朝社会而写成。换言之,18世纪初,幕府将军将清朝视作政治学习的典范而主动了解清朝,反映了当时的清朝制度文化在江户幕府眼中具有优越性;但18世纪末幕府的关注视线却集中于清朝民俗文化,这在一定程度上反映了江户幕府"中国热"式的学习浪潮退却,对清朝的认识逐渐冷静化。

　　与《清朝探事》相关的幕府儒官荻生北溪主动将清朝祭葬风俗与明朝习俗加以比较,并明确了清朝继承了明朝这些习俗,其虽有认识上的缺陷,但并未将清朝文化与中国传统文化割裂看待。但是,从《清俗纪闻》序文来看,林述斋、黑泽雪堂、中井曾弘等幕府儒者视清朝风俗为蛮夷文化,不值得学习,崇尚唐宋时代中国传统的礼文冠裳之风,主张将清朝文化与中国传统文化割裂看待。纵观18世纪,幕府儒者对清朝的认识经历了从慕华追捧、主动学习到崇古风、鄙清俗的过程,其背后或与当时日本排清意识的兴起与自我意识的发展有关。

第六章 《仕置方问答书》的成书、写本与内容构成
——兼与《清朝探事》内容比较

除《清朝探事》所记内容外，江户幕府还专门向赴日清人朱佩章询问了有关法律方面的问题。关于询问记录即《仕置方问答书》的成书由来，《番外杂书解题》卷一载：

> この書は清国制度の様子、仕置の作法を来舶の人朱佩章に尋ねさせ給ひしとき、佩章がこたへまいらせし書の和解なり。此問目ハ荻生惣七郎物観字ハ叔達といふ。徂徠の弟なり。命を承りて是を草せしとなり。
>
> ［译：此书是询问来舶之人朱佩章清朝制度情况、处刑方法时，佩章回答内容之和解。此问目是荻生总七郎（物观，字叔达，徂徕之弟也）承命草之。］①

日本学者大庭修据此认为，《仕置方问答书》与《清朝探事》的由来相同，是荻生北溪将江户幕府第八代将军德川吉宗的问题传达给当时留住长崎的深见久太夫，由深见久太夫询问朱佩章并记录而成的问答书；从写本字迹来看，其应出自唐通事之手，即参与《清朝探事》编纂的唐通事彭城藤治右卫门，其既是和解之人，又是书写者。② 从朱佩章的赴日经历与《清朝探事》的成书情况来看，《仕置方问答书》的成书时间应该与《清朝探事》大致相同。

---

① 户田氏德编：《番外杂书解题》（续史籍集览本），近藤活版所1897年版，第54页。
② 大庭修：《享保時代の日中関係資料二——朱氏三兄弟集》，关西大学出版部1995年版，第726页。

但与《清朝探事》不同的是,《仕置方问答书》所涉内容均是清朝处刑方法等法律问题。那么,德川幕府为何关注清朝法律?对清朝法律的研究达到了何种程度呢?

一、德川吉宗时代对中国法制的关心与研究

日本历史上两次移植国外法律体系,一是对唐律令的移植,二是明治前半期对欧美法的移植,此外还部分模仿了明律令。① 江户时代,日本研究中国律令最为积极的时代是享保年间(1716—1735),此种风气的盛行与被誉为"中兴之祖"的八代将军德川吉宗密不可分。

记载德川吉宗治政的《有德院殿御实纪附录》卷十载:"常好读明律等,不喜好和歌、诗赋。……自在纪伊家时就喜好法律书,继位后,常常御览,多命荻生总七郎观、深见久太夫有邻、成岛道筑信遍、高濑喜朴等考之。"② 可知,有德院殿即德川吉宗虽不喜好和歌、诗赋等文学作品,但经常阅读明朝法律相关的书籍,且不仅自己阅读法律书,还命令属下儒官荻生总七郎等人研究。实际上,德川吉宗在继任将军之前,就已经开始关注明律,此应与纪州藩盛行明律研究之风有关。

纪州藩第二代藩主德川光贞即德川吉宗之父喜好律学,曾命榊原篁州撰写《大明律例谚解》。《大明律例谚解》为江户时代最早将训读、语释、全译融为一体的明律研究著作。③ 德川吉宗即位纪州藩第五代藩主后的第七年(1713),为了编出比《大明律例谚解》更正确的注释书,命令榊原篁州之子榊原霞州校正,改正187处,并定名《订正一卷》。正德五年(1715),德川吉宗仍不满足,再令高濑学山与榊原霞州审查《订正一卷》,予以修正。④

德川吉宗继任八代将军后对中国法制也极为关心。近藤正斋《好书故事》卷五十八、五十九"书籍八·采访"中的"有德公御时"记载有享保五年(1720)五月

---

① 小早川欣吾:《明律令の我近世法に及ぼせる影响》,《东亚人文学报》第4卷第2号,1945年,第201页。
② 《有德院殿御实纪附录》,《新订增补国史大系》第46卷,吉川弘文馆1934年版,第235、243页。
③ 大庭修:《江户时代日中秘话》,徐世虹译,中华书局1997年版,第88—89页。
④ 高盐博:《日本享保时期对明律的研究及所受的影响》,载刘俊文、池田温主编:《中日文化交流史大系》法制卷,浙江人民出版社1996年版,第140—141页。

德川吉宗命令搜访唐土珍书之事，即：

> 将军喜好《定例成案》《大清会典》等御用之御书物，除以商卖价购入此类舶来书物外，另付银两。加纳远江守奉旨告此事，舶来货物中若有可御用书物，如前购入。《大清会典》为珍贵书物，格外重要，告知唐人今后再舶来此种珍书。以上为远江守殿所述将军之旨。
>
> 五月十三日，石川土佐守、日下部丹后守殿①

可知，《定例成案》《大清会典》在享保五年五月十三日前已传入日本。《定例成案》是清代孙纶编辑的案件记录；《大清会典》共有5部，即康熙版、雍正版、乾隆版、嘉庆版、光绪版，此处当为康熙版《大清会典》。大庭修指出，德川吉宗在阅览了享保五年购买的《康熙会典》等后，命令当时的长崎奉行让清商再次输入该书，故康熙版《大清会典》又于享保七年（1722）再次被舶载至日。②

享保年间最具代表性的明律研究著作主要有高濑喜朴《大明律例译义》、荻生北溪《官准刊行明律》、荻生徂徕《明律国字解》。高濑喜朴将《大明律例》逐条翻译为日文，于享保五年编成《大明律例译义》，其主要特点是通俗易懂。《官准刊行明律》是荻生北溪把《明律》原文校正后标以训点与片假名编成的，于享保八年（1723）二月发行。《官准刊行明律》中有简单的旁注，且大都是从明万历二十八年（1600）的《祥刑冰鉴》卷三十上采录而来。③ 可见，在此之前，作为明律注释书之一的《祥刑冰鉴》也传入了日本。

关于明清法律研究对日本法律产生的影响，小林宏通过考察《名家丛书》中收录的高濑喜朴《律考》，指出德川吉宗在推行司法改革时，一方面以传统的幕府法律为基准，另一方面又参以明清律法。④ 享保年间，德川吉宗推出了三种新刑

---

① 近藤正斋：《近藤正斋全集》第三，国书刊行会1906年版，第198页。
② 大庭修：《德川吉宗と大清會典—享保時代における日清交涉の一斑》，《法制史学会年报》1971年第21号，第65页。
③ 高盐博：《日本享保时期对明律的研究及所受的影响》，载刘俊文、池田温主编：《中日文化交流史大系》法制卷，浙江人民出版社1996年版，第140—141页。
④ 小林宏：《日本における立法と法解釈の史的研究》第二卷，汲古书院2009年版，第33—68页。

第六章 《仕置方问答书》的成书、写本与内容构成

罚,即"过料刑"(罚金刑)、"敲刑"(杖责)、"入墨刑"(刺字刑),复活了"肉刑"。①"过料刑""入墨刑"分别受明律中赎铜、刺字的启发而新设,而"敲刑"则是大宝和养老年间的律令中规定的笞杖刑的复活,但更直接的原因应是德川吉宗见到了明律中的笞杖刑而决意实行的。② 德川吉宗虽询问中国法律,但并未全盘接受。《名家丛书》中还收录有荻生北溪《徒刑逃考》,记载了德川吉宗向荻生北溪询问的关于徒刑制度问题,荻生北溪回复说当时日本的国情不允许实行徒刑。或受此影响,德川吉宗未推行徒刑。

综上可知,德川吉宗本人对明清法律抱有浓厚兴趣,在其推动之下,幕府儒官阶层亦盛行起研究明清法律的浪潮。其研究方法不仅局限于输入、学习中国法律书籍,还向前往长崎的中国商人进行咨询,《仕置方问答书》正是在这一背景下诞生。

二、《仕置方问答书》的写本情况与内容条目

(一) 写本情况

现存写本一册,藏于国立公文书馆,索书号为 181 - 0055。大庭修以此为底本,出版了排印本,收录于《享保時代の日中関係資料二——朱氏三兄弟集》(关西大学出版部,1995 年)。

内阁文库藏本外题"仕置方問答書",扉页内题"仕置方之儀付朱佩章江相尋候問答書御扣",意为"以处刑方法之事询问朱佩章所作问答书之记录",尾页跋语亦载有"仕置方之儀ニ付朱佩章江相尋候問答書御扣"。虽均记载此书是向赴日清人朱佩章询问处刑方法之事而作的问答书,但未载询问时间、日方询问者等信息。

内阁文库藏本册首钤"浅草文库"朱文长印、"内阁文库"朱文方印、"日本政府图书"朱文方印、"书籍馆印"朱文方印四个印章,第 33 丁钤"内阁文库"朱文方印,尾页钤"内阁文库"朱文方印。浅草文库是以江户幕府官方教学和研究机构——昌平坂学问所、和学讲谈所藏书为基础而建成的。明治五年(1872),在昌平坂学问所旧址东京汤岛开设"书籍馆",同七年(1874)搬迁至浅草藏前八番堀,

---

① 同上书,第 58 页。
② 高盐博:《日本享保时期对明律的研究及所受的影响》,载刘俊文、池田温主编:《中日文化交流史大系》法制卷,浙江人民出版社 1996 年版,第 150—154 页。

翌年改称"博物馆所属浅草文库",作为公立图书馆面向大众开放,明治十四年(1881)闭馆,所藏书籍部分移交给现内阁文库。"日本政府图书"是明治十九年(1886)内阁文库开始使用的印章。可见,该书最初藏于昌平坂学问所,明治五年(1872)转移到书籍馆,后搬迁至浅草文库,而后移交给内阁文库。

书衣 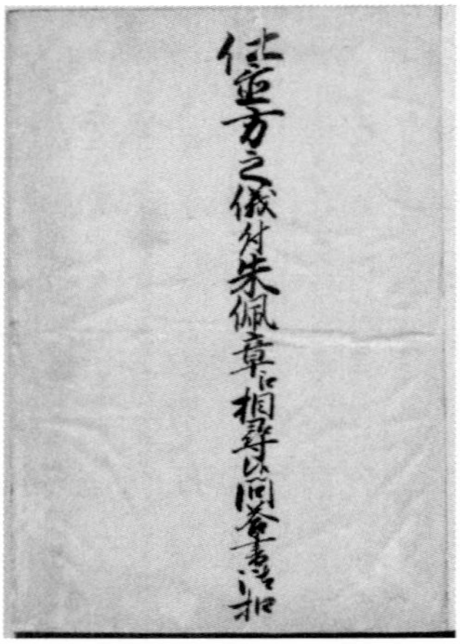　　　　　　　　　　　　　扉页

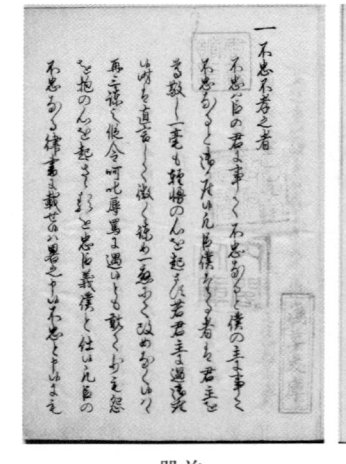

册首 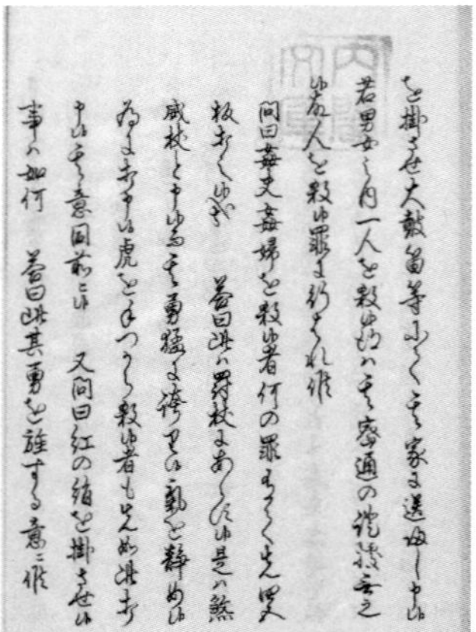　　　　　　　第33丁 　　　　　　尾页

图6-1　内阁文库藏《仕置方问答书》书衣、扉页、册首、第33丁、尾页

(二)《仕置方问答书》内容条目——兼与《清朝探事》内容比较

《仕置方问答书》共22条,包括"不忠不孝者""纵火并自家出火者""造伪金并知伪金而通用者""谋叛谋计""盗贼""博弈""不义之私通""喧哗口论""卖毒药

并下毒""结徒党申非理之求者""诉人""奢侈""民困穷时之对策""违法之出家人""酒狂人""贵贱衣服之差别""诸省人入京师之审查""有弃子时之处罚""冠婚丧祭等轻重""依旧恨而杀人者""父兄等之敌讨乎""乱心者",以类统括相关问答。每条内容有问有答,问答前有关于法律的陈述性文字。

事实上,《清朝探事》中也有关于法律的情报。那么,作为同一时代、相同人员参与编纂而成的问答书,两书内容是否存在关联呢?以下以内阁文库藏本《大清朝野问答》(索书号:184-0343)、内阁文库藏本《仕置方问答书》为底本,从以下10条对两书相同之处进行考察。

(1)《仕置方问答书》第3条"造伪金并知伪金而通用者"载:

> 造伪金银,混二分三分之铜或全用铜,有各种也。其害人之事难以估量。若被诉而捕时,杖罪四十,枷项二月,后处徒罪三年。
>
> 知伪金银而用者,被捕时,审查其金银出处之细工。用者、造者皆杖罪四十,枷项二月,后处徒罪三年,同前。
>
> 问曰:"若不知伪金银而用,如何?"答曰:"审查后,仍不知者,免其罪。察其出处,若知造之者,则如前罪之。"

内阁文库藏《大清朝野问答》第52条"有金银铸造所、校验所吗"亦载有与造伪金银相关的内容:

> 若以铜铅水银伪造假银者,有徒流之刑。但铸钱法最重。北京及其外诸省设钱局,令官员督理。若私铸钱者,处绞刑。

《大清律例·刑律·诈伪》"私铸铜钱"条明确规定:"若(以铜铁水银)伪造金银者,杖一百,徒三年。"其中未见朱佩章所说的"流之刑"。《仕置方问答书》中不仅记录了《清朝探事》中涉及的造伪金银者所处刑罚,还提到了对使用者的处罚。

(2)《仕置方问答书》第5条"盗贼"载有汪洋大盗、成群打伙大盗、响马大盗、撞船头大盗、明火执杖大盗等五类大盗以及飞檐走壁贼、挖墙掇门贼、拦路打榾贼、烧闷香贼、下蒙汗药贼、过渡推人落水贼、剪绺割包贼、白撞贼、盗树木贼、盗坟树贼等十类小贼的偷盗方式与应处刑罚。而内阁文库藏《大清朝野问答》第135条亦载有与盗贼相关的内容,若以《仕置方问答书》中的盗贼种类来划分的话,则包括响马大盗、撞船头大盗、明火执仗大盗等三类大盗以及拦路打榾贼、烧闷香贼、下蒙汗药贼、过渡推人落水贼、剪绺割包贼等五类小贼的偷盗方式,但并未记载对这些盗贼所处的刑罚。

关于"响马大盗",《仕置方问答书》载:

> 响马大盗,即山东、北直、河南、山西、陕西五省之盗,南方无之。其盗骑马用矢,四五人成群。逢往来之旅人,即发矢。以此矢响,旅客乃知是响马盗,逃隐之,则任其取之货物。又有送钱米以保命者。捕之时,立斩之。
> 问曰:"送米钱保命,如何?"答曰:"响马盗见旅客,必先发矢,其矢格外响。闻此乃知是响马盗,若下马而待,盗来,任取金银行李,其命保而归之。若不下马,则射杀之。"

内阁文库藏《大清朝野问答》载:

> 响马盗,同类数人携弓矢、军器,白昼于道路见旅人,放矢。此矢极响。旅人闻此矢音,知是响马盗。急下马,舍行李而逃。其财物尽数被夺,性命保全。若旅人未遁去,又未下马时,即杀之,掠去财物。

两书对响马大盗行盗方式的描述基本相同,但《仕置方问答书》中还说明了响马盗的地域属性与所处刑罚。《大清律例·刑律·贼盗上》载:"凡响马强盗执有弓矢军器,白日邀劫道路,赃证明白者,俱不分人数多寡,曾否伤人,依律处决,于行劫处枭首示众。"与《仕置方问答书》"捕之时,立斩之"的记载一致。

关于"汪洋大盗"与"撞船头大盗",《仕置方问答书》载:

> 汪洋大盗,即同类或十四五人或七八人,或于海,或于江,或于河,遮止旅人,劫取货物,杀伤旅客者。捕之时,审查后,立斩之。又有秋后行死罪

第六章 《仕置方问答书》的成书、写本与内容构成

之事。

> 撞船头大盗,即江河之内数十人乘一船,若遇客船,不论昼夜,移乘其船,抢劫财物。捕之时,夹打之。其首,秋后处死罪;其从,遣黑龙江,与披甲人为奴仆。

内阁文库藏《大清朝野问答》载:

> 又海贼同类多,截往来之船,或闯进系船杀旅人、夺取行李。

可知,《仕置方问答书》中介绍了两种海盗的行窃方式与所处刑罚,而《大清朝野问答》仅笼统言之。

关于"明火执仗大盗",《仕置方问答书》载:

> 明火执仗大盗,即或十人、八九人聚一所,昼执枪刀器械,夜举火把,闯入小村一户人家,盗取衣服、牛马牲畜等物,奸淫妇女者。若捕之,其首,立斩之,其从,秋后行死罪。
>
> 问曰:"受托害良民、劫杀人家者被捕时,如何?"答曰:"其者受人所托,若供认,即捕当事人,审查之。其人与强盗同于秋后处死罪。"

内阁文库藏《大清朝野问答》载:

> 又有大批盗贼结伙,夜举火把,闯进小村庄或偏远之三四户人家,强盗犯奸、杀居民、火烧人家等。

可见,《仕置方问答书》中的"明火执仗大盗"是白天持刀械、夜间举火把闯入村庄、抢盗奸淫的盗贼。而《大清朝野问答》中描述的盗贼则为夜间抢盗、奸淫、放火杀人者。

关于"拦路打槓贼",《仕置方问答书》载:

拦路打榾贼,即或一人或二人持棒,遇一旅客时,自暗处突然跑出,以棒打之,大声吓呼而盗取行李者。若捕之,责打三十板,枷项二月后,处徒罪三年。

内阁文库藏《大清朝野问答》载:

又小贼从暗处出现,背后袭击独行旅人,大声呼喊使其惊恐而行盗。

两书对"拦路打榾贼"行盗方式的记载基本相同。"拦路打榾贼"是从暗处出现、背后偷袭独行旅人、但不伤人性命的小贼。

关于"烧闷香贼",《仕置方问答书》载:

烧闷香贼,即烧含毒线香,贼口含解毒药水,使人嗅其烟,待其人忽昏闷如睡时,取其财物而逃者。若捕之,责打四十板,枷项二月,后处流罪三千里。

内阁文库藏《大清朝野问答》载:

又有盗人如普通同行之人,接近旅人,与之攀谈,点燃调合毒药之线香,而盗人口含解毒药水。旅人嗅其烟而昏闷如梦时,夺其财物。

相较于《仕置方问答书》,内阁文库藏《大清朝野问答》中对"烧闷香贼"行盗方式的记载更为详细,此类盗贼亦不伤人性命,其罪亦不至死。

关于"下蒙汗药贼",《仕置方问答书》载:

下蒙汗药贼,即以毒药细末放入酒茶内,令人饮之,其人醉倒时,盗财而去者。若诉官而被捕时,重责打四十板,枷项三月,后充远边之军卒。

问曰:"于旅馆杀独宿旅客之事,无之乎?"答曰:"南方之地无此事。西北地方有如此之事。或留宿旅人,令卧于内室,室内四方密闭,壁穿孔,自孔放烟入内,使其窒息而死。其死骸,割打至碎,混入猪肉馅包卖之。又有直接杀旅客之宿。此类贼若被捕,斩罪。"

内阁文库藏《大清朝野问答》载:

又将毒药研粉,密入茶酒中,使旅人饮,醉闷时夺取财物。或借宿于独行旅人,令其睡一间,屋子四方被严实围住,从一孔中放烟,闷杀之。

《仕置方问答书》中不仅记载了"下蒙汗药贼"的行盗方式,还介绍了其发生的地域即西北地方。此类盗贼伤人性命,甚至有将死骸切碎、混入肉馅中者。《大清律例·刑律·贼盗上》规定:"强盗内有老瓜贼,或在客店内用闷香药面等物迷人取财,或五更早起在路,将同行客人杀害。此种凶徒,拿获之日,务必究缉同伙,并研审有无别处行劫犯案。将该犯不得解往他处,于被获处监禁,俟关会行劫各案确实口供到日,审明具题,即于监禁处照强盗得财律,不分首从,皆斩。仍知照原行劫之处,张挂告示,谕众知之。"《大清律例》中将"下蒙汗药贼"与上述"烧闷香贼"称为"老瓜贼",并详细记载了处罚方式。

关于"过渡推人落水贼",《仕置方问答书》载:

过渡推人落水贼,即船主觊觎独行旅客之行李,推其入水,溺杀之,取其行李。若诉之被捕时,重责打六十板,后入牢狱,绝其饮食,使饿死。

内阁文库藏《大清朝野问答》载:

又有将经过船头之一二旅人推入海中、溺杀而夺其财物者。

两书对"过渡推人落水贼"行盗方式的记载基本相同。"过渡推人落水贼"是推人落水而偷其人财物之贼,伤人性命。

关于"剪绺割包贼",《仕置方问答书》载:

  剪绺割包贼，即于人群集聚之所、观赏场所等，掌中持切物，切人之衣扣、装小刀·烟草类之腰包或荷包、包袱、钱包而取之者。切破而取，谓之剪绺。切绳全取，谓之割包。捕之时，责打二十板，枷项示众二月。
  问曰："制作此贼所持切物者，亦受审查。此者亦应有罚。"答曰："此切物非锻冶之物，为磨而出刃之钱，贼徒自作，格外锋利。"

内阁文库藏《大清朝野问答》载：

  或于诸人群集观赏之所，手拿磨出刃之钱以作切物，与人擦肩时割其腰间钱袋之系绳而掠取。

《仕置方问答书》中对盗贼"剪绺割包"种类的记载更为细致。"剪绺割包贼"是在人群密集之处，用磨出刃之钱币割取他人钱袋、腰包等的盗贼。

  （3）《仕置方问答书》第6条"博弈"载有掷骰子、看牌、寓赌、局赌、围棋、象棋、摸骨牌、掷状元筹等八种赌博的规则及相关刑罚。而内阁文库藏《大清朝野问答》第21条载："犯博弈者处杖罪，其座之金银由官府没收。设会所者同罪。若官员博弈，罪加一等。"后者仅记载了赌博之人、开设赌博场所之人以及官员赌博时的一般刑罚。《大清律例·刑律·杂犯》"赌博"条载："凡赌博财物者皆杖八十，（所）摊（在）场（之）财物入官。其开张赌坊之人（虽不与赌列，亦）同罪（坊亦入官）。止据见发为坐。职官加一等。"与内阁文库藏《大清朝野问答》记载的处罚方式基本一致。

  （4）《仕置方问答书》第8条"喧哗口论"载有因口角而杀伤他人时所处的刑罚：

  因喧哗口论，于当时杀人者，先夹足，打四十板后，秋后行斩罪。殴打人，若伤之，有私下解决之事。若诉官，杖罪二十板后，立保人。至被伤者愈前，其医疗及其间之饭食、诸事费用皆由加害方出。即使被伤者当时未死，亦依其伤而定罪。若其人死,夹打后,或流罪,或绞罪。

内阁文库藏《大清朝野问答》第26条载:

> 喧哗斗争时,处置之概况。
> 有依愤怒怨愤而争论斗殴者时,小事由邻佑乡长调和,及伤亡大事时诉官府。以手足、他物打毁眼耳鼻肢体者,依其差别,有笞杖徒流之刑法。如殴死,处绞罪,用刀物杀死者,斩罪等类是也。

内阁文库藏《大清朝野问答》中主要记载了斗殴时依作案手法,所处刑罚有不同,而《仕置方问答书》则关注被殴之人死亡或未死情况下的处刑方式。

(5)《仕置方问答书》第9条"卖毒药并下毒"中载:

> 毒药亦有种种。金蚕蛊毒、砒霜、断肠草、银鍒、盐卤、铅粉类皆为毒药。此内,砒霜、铅粉之外不可商卖。铅粉为常用之物,正常商卖。但卖砒霜,若有可靠保人,卖之则无罪。若妄卖,与下毒人同罪。总之,毒杀人,若被知,立刻打杀之,或处绞罪。

内阁文库藏《大清朝野问答》第61条载:

> 又间有造蛊毒或用毒药杀人者,被发现时,斩罪。知情买卖毒药者同罪。

两书对用毒药杀人之事暴露时所处刑罚的记载不相同,《仕置方问答书》中记载的是绞罪,而内阁文库藏《大清朝野问答》记载的是斩罪。《大清律例·刑律·人命》"造畜蛊毒杀人"条规定:"若用毒药杀人者斩(监候,或药而不死,依谋杀已伤律绞),买而未用者杖一百,徒三年。知情卖药者与(犯人)同罪(至死减等),不知者不坐。"从条文内容来看,用毒药杀人分两种情况:一是若毒死他人,处斩罪;二是毒而未死时,处绞罪。

(6)《仕置方问答书》第12条"奢侈"载:"奢侈为其地困穷之本,故官司之人常以节俭教示。"此后还记载了食品、衣服、家具等是否有规定之式。内阁文库藏《大清朝野问答》中亦有关于奢侈的条目,第59条载:

> 官员以下重视婚礼、葬礼吗?诸省之内,有依风仪简办之地吗?
> 官员婚礼、葬礼,随其品级而有定制。其以下农商庶民,即使富足者,亦不过分奢美。但江南之婚礼、葬礼比他省颇花丽。浙江之婚礼多好华美者。

可见,当时清朝官员的婚葬礼仪虽不过分追求奢侈,但江南、浙江一带的风气偏好华美。另外,内阁文库藏《大清朝野问答》第65条亦载有与奢侈相关的内容:

> 清朝五六十年、二三十年以前,风俗、人之气势变了吗?
> 当代风俗比昔年,有很大变化。至二三十年以前,人心好质朴。衣服着用绸、纱绫类。着皮袄者稀也。请客不过六簋(素朴碗类)。近来好奢华。衣服中,缎子、哆啰呢类为常服,或着貂裘、狐裘。来客时,必用十二碗。所谓家家尽积蓄、只争虚浮之风俗也。

可知,当时的清朝与以前相比,逐渐崇尚奢华之风。

(7)《仕置方问答书》第16条"贵贱衣服之差别"中记载"文武官员之朝服、补褂、帽顶、鞓带、珠数类详见于《大清会典》",但未展开叙述;关于庶民之服,也仅记载"满汉混杂,无服色规制,但不着朝服、补褂、五彩蟒衣、蟒套"。相较于此,内阁文库藏《大清朝野问答》的记载更为详细,第72条载:

> 官员、农商、职人之身份,易分吗?
> 文武官员,随其品级而饰冠顶。朝衣、补套有定制,丝毫不能混杂。然

常服，官员、平民无异，但帽上缀有红线制之厚穗，云纬帽。帽缘以貂鼠皮制者云貂帽，秀才、监生以上戴之。奴仆或优人（芝居役者之类也）着沙狐皮帽。乐户、水户（游女屋龟鸨之类）着黄鼠皮帽，或着绿绢带里帽。其外官民常服无差别，故难分其身份。

其中虽亦未对官员冠顶、朝服等展开叙述，但对庶民冠顶的叙述较为详实。

(8)《仕置方问答书》第19条"冠婚丧祭等轻重"中载有男子剃发留辫、女子剃发留总发以及民间的婚礼仪式、祭葬仪式。至于大官贵人的婚礼、祭葬之事，仅记载"见于《会典》(《大清会典》)"，并未详细阐述。

内阁文库藏《大清朝野问答》中有关冠礼的记载，仅1条，即第77条："大家之子，自十六岁剃发，留辫（留辫即剃头中央之发，使成圆形，编三股，是云辫发），戴帽。学进秀才时，留须不剃。小家之子无岁限。"《仕置方问答书》中则记载："清朝，无如明朝之冠礼。明朝，冠礼戴纲巾。而今，冠礼留鞭。儿女九岁或十、十一岁时，男儿为单年，女儿为双年，择吉日剃头，顶留发约七八寸。此时，招亲族近邻祝之。"两书记载的剃发时间并不一致。根据《清俗纪闻·冠礼》中记载："今之清代，冠礼之古旧仪式已绝世无传。既无男子于几岁加冠之制式，亦无于十三岁之间视其成长情形庆祝元服之事。"可知，清朝加冠并无岁数规定。

内阁文库藏《大清朝野问答》中有关婚礼的记载见于上述(6)，即"官员婚礼、葬礼，随其品级而有定制。其以下农商庶民，即使富足者，亦不过分奢美。但江南之婚礼、葬礼比他省颇花丽。浙江之婚礼多好华美者"。此处更加关注各地对婚礼的重视程度，对其仪式，则未提及。相较而言，《仕置方问答书》的记载更为细致："有幼年结亲者，亦有十六岁以后许嫁娶者。富家女子嫁时，女子之诸用具自不必说，甚至将一切家财持至夫家；贫家女子嫁时，只身前往。妆奁之厚薄多寡依贫富，无特别法制。"

除内阁文库藏本、宫内厅书陵部藏本之外，《清朝探事》诸本中有关丧祭的记载见于"祭葬之问"，包括"祭葬用儒礼，供鱼酒肉""祭先祖之事，有祠堂、家庙、坟墓三样""忌日""火葬""祠堂、家庙之差别"等5条。《仕置方问答书》则关注了送丧仪式、丧内是否食素、埋柩点主、满人是否服丧、官员服丧是否辞官等。

(9)《仕置方问答书》第21条"父兄等之敌讨乎"载：

　　君父之仇不共戴天。古人亦以不讨君之敌者为弑君之臣，以不讨父之敌者为忤逆之子。然若以律而论，难免其杀人罪；若以情而论，应怜其孝心。故减罪，责打三十板，后流二千里，遇赦而归。
　　问曰："报父之仇本是报其人杀我父之仇，何罪之有？"答曰："虽是为父报仇，然诉之官所，私自杀人是犯律蔑君，罪重。若有仇，诉官府而报之。"又问曰："报兄弟伯父之仇时，如何？"答曰："无报兄弟伯父之仇事。"又问曰："古语有云'兄弟之仇不返兵'，又云'衔君命而使，虽遇之，不斗'，古有报兄弟仇之法。又报从父兄弟之仇时，从'不为魁，主人能，则执兵，而陪其后'语可见，亦有报伯叔父仇之事，如何？"答曰："若依此等古书之说，知有报兄弟、伯叔父、从父兄弟仇之法。然今，此事不承，故律法亦未详载。"

内阁文库藏《大清朝野问答》第33条载：

　　杀人之父兄时，其子弟诉官，凶手偿命，有此刑法。若自力报仇，即使有不共戴天之仇，若不诉官而私自杀人，难逃蔑视朝政之罪。报其仇时，其者子弟又欲报仇，无限反复。故无赦免仇杀者之条例。若有权势威豪非理杀人时，其子弟必向上司诉冤情，求辨明。

两书均记载了虽然君父之仇不共戴天，但若报仇则是触犯律法、蔑视君主，罪责深重。《仕置方问答书》中还记载了此类犯罪的处刑方式，另外还问及兄弟、伯叔父、从父兄弟报仇之法，但法律中并未明确此事。

(10)《仕置方问答书》第22条"乱心者"中载：

　　乱心，毕竟为病。故虽妄杀人，亦减其罪，打三十板，后处流罪二千里。

乱心即发疯之意。《仕置方问答书》中记载的是疯者杀人的刑罚。而内阁文

库藏《大清朝野问答》第 30 条亦载有与乱心者相关的内容:

  殿中有忿争骂言者,其声彻御座,或有斗殴、杀伤者时,常罪加三等。殿中有宿卫、守卫等官,制止之。无其他官员处置之定法。若有乱心者,审查后,其者实患疯癫之病,照顾其人,令其归家。但守门直日之官未察觉其疯癫,有罚。

可知,内阁文库藏《大清朝野问答》关注的是疯者闯入宫殿时的刑罚。

三、小　　结

  综上,《仕置方问答书》《清朝探事》虽均为朱佩章在同一时间回答江户幕府的提问而作成的问答书,但两书本身的侧重点不同,《仕置方问答书》中的法律情报明显比《清朝探事》更为详细、深入且晦涩,而《清朝探事》中的法律情报浅显易懂,易为日本知识阶层所理解接受,且其情报领域不限于法律,涉及方方面面。如果说《清朝探事》是入门级的法律情报记录,那么《仕置方问答书》则是添加生动的实例,将当时的刑罚方式以类统括的法律情报记录,且《仕置方问答书》中有不少刑罚未见于当时的官修政典、法律书籍《大清会典》《大清律例》等,如果将其中的条文比照当时的官方或地方律例、刑案汇编等史料,可能会发现更为有趣的史实,进一步推动中国法律变迁研究的深化。由于笔者并非法学专业出身,对中国的法律发展史等涉猎不精,故本稿未能深入考证。期盼能为学界提供一份重要的参考史料,以便有识之士挖掘其蕴含的价值。

译注篇

《清朝探事》

问　　目①

清朝探事　卷之上②

　　　　　　奉命问：荻生总七郎、深见久太夫
　　　　　　通事③：彭城藤治右卫门
　　　　　　清人：　朱珮④章

问目总计二百余条⑤

器物之问　四十条

○　红衣砲发贡

○　射之一力二力

○　鸣金边

○　锡鳌

○　冠顶

○　项圈

○　圆月

○　明轿暗轿⑥

---

①　"问目"内容（目录及双松堂主人序文）仅载于筑波大学图书馆藏本②、东北大学图书馆藏本、国立国会图书馆藏本①、东京大学图书馆藏本①四种写本。此部分采用的底本为东北大学图书馆藏《清朝探事》（索书号为3-8047-2）。

②　卷之上：筑波大学图书馆藏本②、东京大学图书馆藏本①无。

③　通事：东京大学图书馆藏本①、国立国会图书馆藏本①作"通词"，当讹。江户时代的"通词"一般指荷兰语翻译，"通事"指中文翻译。

④　珮：筑波大学图书馆藏本②作"佩"。"珮"通"佩"。

⑤　问目总计二百余条：此前，筑波大学图书馆藏本②有"上之卷"三字，当讹。下文载有"上卷问目百二拾条"。

⑥　暗轿：诸本无。据正文问答补入。

- 兵拳
- 心红
- 马饲料之空草
- 潮①银
- 撒袋
- 戥
- 偷刨②
- 喇嘛
- 台吉
- 格③
- 精奇尼哈番
- 马法楼军
- 钦部
- 颜曾孟仲
- 档
- 云南妙安府
- 蘁章京
- 噶布昂邦④
- 摆牙剌
- 虾或作下字
- 法一屯大
- 包衣大
- 布打衣大
- 茶衣大

---

① 潮：底本、筑波大学图书馆藏本②、国立国会图书馆藏本①作"湖"，东京大学图书馆藏本①作"潮"。根据正文问答，可知"湖"应为"潮"之讹，故改为"潮"。

② 偷刨：原目录中，"偷刨"条在"喇嘛"条后，据正文调换至"喇嘛"前。

③ 格：东京大学图书馆藏本①、国立国会图书馆藏本①作"拾"，当讹。

④ 噶布昂邦：底本、筑波大学图书馆藏本②作"噶布昂邦噶布"。东京大学图书馆藏本①、国立国会图书馆藏本①作"噶布昂邦"，据此改之。正文问答中，除"噶布昂邦"之外，还有"噶布什贤"的问答。

- 阿木孙章京
- 阿敦大臣
- 阿敦大
- 衣杭①大
- 法克师大
- 乌林大
- 乌林人
- 拨什库

祭葬之问

- 祭葬儒法供鱼肉酒
- 祠堂、家庙、坟墓
- 忌日
- 火葬
- 家庙、祠堂之差别

衣服之问

- 着服之大体
- 袍
- 袄
- 短衫、长衫②
- 腰带、扣带
- 绵袜
- 单袜
- 裤
- 裹脚布
- 皮箱、折叠、钥匙
- 暖帽

---

① 杭：底本、筑波大学图书馆藏本②、东京大学图书馆藏本①、国立国会图书馆藏本①均作"枕"。据正文问答，可知"枕"为"杭"之讹，故改为"杭"。

② 衫：筑波大学图书馆藏本②作"衿"，当讹。

- 凉帽
- 雨伞
- 竹笠
- 雨衣
- 缎靴、油靴
- 缎鞋、布鞋、草心鞋
- 福州式木履、杭州式木套

政治并风俗之问①

- 雍正帝政务、平日之行仪、游猎、行幸、嗜好之品
- 雍正帝赐姓氏、称号、讳字等事
- 后妃并诸王妃母家世禄吗
- 王子封爵，王女嫁与鞑子吗
- 攻击他国以广疆域吗
- 专开垦新田吗
- 宰相及其外诸官员内，有才能卓著之人吗
- 何省为重要之所
- 日本之防，何处为要
- 自北京派遣巡察诸省之官员吗
- 有隐密监察之事吗
- 诸省各地依其风仪，处刑方法有异吗
- 官府之吏前往他处官府吗
- 自北京遣置诸省之官员外，有其地出身之官员吗②
- 北京近边有关口、往来并持武器等用文书吗
- 北京及其外建公示法令之布告牌吗
- 通船外国时，向官府申请、载物有分量、人数有定吗③

---

① 政治并风俗之问：原无，笔者补入。
② 东京大学图书馆藏本①中，此条问目与下条问目（"北京近边有关口、往来并持武器等用文书吗"）混为一条。
③ 载物有分量、人数有定吗：国立国会图书馆藏本①、东京大学图书馆藏本①作"载物并人数有定吗"。

- ○ 防外国之地大略事
- ○ 外国船漂着时，审查之事
- ○ 博弈、盗贼类审查之事
- ○ 恶党之内，当代专禁何事
- ○ 严格审查有无叛逆者吗①
- ○ 各处要害
- ○ 徒党之刑
- ○ 喧哗斗争之处置
- ○ 杀人逃跑
- ○ 殉死之禁
- ○ 官府有变时之事
- ○ 朝廷内争斗并乱心
- ○ 杀人之刚懦
- ○ 讨父兄之仇
- ○ 帮凶
- ○ 官员私自行刑
- ○ 亲类书、由绪书
- ○ 誓纸之有无
- ○ 碍先主者
- ○ 处置罪人之所
- ○ 死罪有轻重吗
- ○ 禁门出入之法②
- ○ 诉讼轻重
- ○ 山川及其外诸运上
- ○ 金银铜铁产地
- ○ 市中之法

---

① 严格审查有无叛逆者吗：国立国会图书馆藏本①、东京大学图书馆藏本①作"审查有无叛逆者吗"。
② 禁门出入之法：国立国会图书馆藏本①作"禁门出入"，东京大学图书馆藏本①作"禁门出"。

○ 称升之校验所①

○ 金银铸所

○ 官员旅行之法

○ 杂说、落书等之禁

○ 诸省风俗

○ 与鞑靼私下往来

○ 年年送鞑靼钱数

○ 北京城替代之地

○ 官员婚葬之定制②

○ 贿赂之有无

○ 毒杀之事

○ 武官之外武器之禁

○ 私造武器

○ 清朝五六十年前后风俗之异同③

上卷问目百二拾条④

清朝探事　卷之下⑤

　　　　　　奉命问：荻生总七郎、深见久太夫

　　　　　　通事⑥：彭城藤治右卫门

　　　　　　清人：　朱珮章

问目总计二百余条之内

---

① 校验所：国立国会图书馆藏本①、东京大学图书馆藏本①作"法"。
② 定制：国立国会图书馆藏本①、东京大学图书馆藏本①作"制"。
③ 清朝五六十年前后风俗之异同：国立国会图书馆藏本①、东京大学图书馆藏本①作"清朝五六十年风俗"。
④ 从"雍正帝政务、平日之行仪、游猎、行幸、嗜好之品"至"上卷问目百二拾条"的内容，筑波大学图书馆藏本②无。
⑤ 以下内容为卷之下的目录，原文系于卷之下前。今移植于此，以呈现所有目录。下卷目录仅见于东北大学图书馆藏本、东京大学图书馆藏本①、国立国会图书馆藏本①。
⑥ 通事：东京大学图书馆藏本①、国立国会图书馆藏本①作"通词"。

问 目

政治并风俗之问①

- 诸省往还之内，山川难所大略
- 自满洲附来之世家无断绝吗
- 官员私自使唤下属吗
- 诉讼类，官府处置大概
- 官员并农工商之身份
- 官员私人之诉，诉于何人
- 依生业之品，有贵贱之别吗
- 有乞食、秽多类吗，风俗有别吗
- 自几岁剃发，自几岁不剃须
- 刊行书籍时，诉官吗
- 诸官员往北京之年限并不在任之事
- 诸官员去宰相及其外大臣之宅诉公事吗
- 官员及其外有重代之职吗
- 神佛之开帐附有狂言、杂耍类吗
- 有食肉、蓄妻之宗门并尼寺吗
- 向寺社赠田地、山林吗
- 寺社有鸟兽、神木类吗
- 寺社初穗、赛钱之事
- 寺社有缘日类吗
- 何宗旨多
- 祭礼、佛事之异同②
- 出家人、社人任重官位吗
- 市中、村里镇守之社、祈祷之事
- 僧俗云游并往来之法
- 作为恩赏，赐田地、山林且永领之事

---

① 政治并风俗之问：东京大学图书馆藏本①作"风俗之问"。
② 祭礼、佛事之异同：东京大学图书馆藏本①、国立国会图书馆藏本①作"祭礼、佛事之事"。

《清朝探事》研究

- 以田地赐俸给
- 官位永宣旨之事
- 客来时，茶、烟类有固定之式吗①
- 客来时，坐席之饰
- 客来时，亲疏之事
- 高官待下辈之事
- 市中村里之玩事
- 晚上之礼
- 六月十六日之祝
- 官员之酒宴
- 艺术世家之传续②
- 家家之古例、吉例
- 刀剑之铭
- 游女町规定
- 歌舞伎、净琉璃、戏剧之类
- 歌舞伎、净琉璃、戏剧古今盛衰
- 讲释古书之事
- 古帝王之庙陵寄付之地
- 浴温泉吗
- 北京及其外村里地租
- 借金银，质物利息
- 各处名所游所
- 建寺社、民家之制
- 市中卖物之招牌
- 官员途中之礼式
- 下马牌之有无

---

① 客来时，茶、烟类有固定之式吗：东京大学图书馆藏本①、国立国会图书馆藏本①作"客来时，供应茶、烟类吗"。

② 艺术世家之传续：东京大学图书馆藏本①、国立国会图书馆藏本①作"艺术世家之事"。

- ○ 魔所之事
- ○ 天狗之说
- ○ 狐狸附身、同蛊惑人心并念咒驱除之事
- ○ 阴火之事
- ○ 火葬
- ○ 火灾之防
- ○ 驿路之法
- ○ 海陆之盗
- ○ 山师者
- ○ 诈骗之贼
- ○ 他处不见之病
- ○ 不患疱疮之所
- ○ 至长崎里数之虚实
- ○ 用反切取人名吗
- ○ 人名有定式吗
- ○ 名字有尊卑吗
- ○ 禁天主教吗
- ○ 以画影图形通缉罪人吗
- ○ 婚姻养子诉于官吗
- ○ 造大船、私自持有吗

附加问答①

- ○ 小说书目之事②

附录③

- ○ 清朝之事

---

① 附加问答：原无，笔者补入。
② 小说书目之事：原无"之事"2字，据正文补入。
③ 附录：原无，笔者补入。

《清朝探事》研究

○ 康熙帝座右联之事①
○ 小说书目②

下卷问目七十二条

　　享保初，深见久太夫（后云新兵卫，高玄岱之子）③奉命赴肥之崎阳监药草之事，因于来舶之唐人有问目之旨，清人朱珮章奉答，成此问答书。时金城儒官获生氏奉令和解。或人藏之，余恳望得之，誊写秘藏。

　　深见氏为书籍奉行也。

　　宝历甲申岁中秋，双松堂主人志。

---

① 康熙帝座右联之事：原无，据正文补入。
② 小说书目：原无，据正文补入。
③ 括号内的文字为原文小字双行夹注或单行小字注释，以下同。

类 别 问 答①

器物之问②

享保中③荻生总七郎奉令寻问清人朱佩章④之事及深见久太夫传达、朱佩章⑤回答内容呈送之抄本。⑥

○ 红衣砲发贡

皆石火矢⑦也。其制同，略有大小差别。大者为"红衣砲"，其次为"发贡"。"红衣发贡"⑧为"红衣砲"与"发贡"合称。红衣，红夷也。清朝忌夷字，用衣。

○ 射之一力二力⑨

如先前所言。

---

① 类别问答的全部内容，大庭修排印本附于全文末尾。此部分采用的底本为东京大学图书馆藏《享保笔话》(索书号为G30：565)。

② 器物之问：原无，据筑波大学图书馆藏本②、东北大学图书馆藏本、国立国会图书馆藏本①、东京大学图书馆藏本①补入。

③ 享保中：斯道文库藏本、关西大学图书馆藏本①③中，朱笔旁注"二十一年丙辰"。

④ 朱佩章：国立国会图书馆藏本②、筑波大学图书馆藏本①、早稻田大学图书馆藏本、东京大学东文研图书室藏本作"朱珮章"。斯道文库藏本、关西大学图书馆藏本①中，朱笔旁注"字端筎，擅鞑字"。

⑤ 朱佩章：国立国会图书馆藏本②、筑波大学图书馆藏本①、早稻田大学图书馆藏本、东京大学东文研图书室藏本作"朱珮章"。

⑥ 此句前，国立国会图书馆藏本②载"清人问答觉书"、筑波大学图书馆藏本①载"清人问答觉"、关西大学图书馆藏本②载"清朝杂事　上卷"。此句，筑波大学图书馆藏本②、东北大学图书馆藏本、国立国会图书馆藏本①、东京大学图书馆藏本①无，但载有"清朝探事卷之上/答　清人朱珮章/器物之问　四十条"(/为换行)，而国立国会图书馆藏本①、东京大学图书馆藏本①无"清人"二字。

⑦ 石火矢：16世纪经耶稣会传教士传到日本的一种大炮，实际就是中国火器史上所谓的佛郎机炮。

⑧ 红衣发贡：筑波大学图书馆藏本②、东北大学图书馆藏本、国立国会图书馆藏本①、东京大学图书馆藏本①作"红衣发"。国立国会图书馆藏本②、斯道文库藏本、关西大学图书馆藏本①无此，恐漏抄。

⑨ 一力二力：关西大学图书馆藏本③作"一万二力"，筑波大学图书馆藏本②作"一刀二刀"。关西大学图书馆藏本②作"万方"，头注"方方，一作'一力二力'误也"。

○ 鸣金边

敲铜锣之缘边①。

○ 锡鳖

以锡作成,装铁炮之火药。其形似鳖。清朝或有用之者。

○ 冠顶②

冠顶端之饰也。凉帽,夏秋之帽;暖帽,春冬之帽也。其制有差别。(凉帽、暖帽之图,如先年所言。)③

○ 项圈

官女项上之饰也。

○ 圆月

帽顶之座也。其形圆,如钱大。

○ 明轿暗轿

别纸有图。

○ 兵拳④

别纸有图。

○ 心红

银朱也。纸张⑤,料纸也。⑥

○ 马饲料之空草

仅藁也。草料,合藁⑦与豆也。

○ 潮⑧银

加⑨铜之劣银。

---

① 敲铜锣之缘边:大庭修排印本作"朝罗之缘"。
② 顶:筑波大学图书馆藏本①、早稻田大学图书馆藏本作"顷",当讹。
③ 括号中的内容,东北大学图书馆藏本无。
④ 兵拳:《皇朝通典》卷五十五载:"直省文官仪从。总督,杏黄伞、青扇、飞虎旗、兵拳、鴈翎刀、兽剑、金黄棍、桐棍、槊、回避牌·肃静牌各二,旗枪四、青旗八。"
⑤ 纸张:关西大学图书馆藏本①③作"纸帐"。
⑥ 此条,关西大学图书馆藏本②作两条,其一为"心红,银朱也",其二为"纸张,料纸也"。
⑦ 藁:筑波大学图书馆藏本②、东北大学图书馆藏本、国立国会图书馆藏本①、东京大学图书馆藏本①作"草"。
⑧ 潮:东北大学图书馆藏本作"湖",当讹。
⑨ 加:斯道文库藏本、关西大学图书馆藏本①、大庭修排印本作"如",恐讹。

○ 撒袋

盛弓、佩在腰间之袋。

○ 戥

同"等",银秤也。"秤",量斤也。

○ 偷刨

盗人参等事也。"刨"音"胞","㓼①"字之意也。

○ 喇嘛

僧也。如先前所言。

○ 台吉②

蒙古之王爵也。"塔布囊③",蒙古之公爵也。④

○ 格⑤

宗室之女也,如汉语之"姑娘"。

○ 精奇尼哈番⑥

此为清朝世袭之爵⑦名也。译语未详。

○ 马法⑧楼军

---

① 㓼:筑波大学图书馆藏本②、东北大学图书馆藏本、国立国会图书馆藏本①、东京大学图书馆藏本①作"究",关西大学图书馆藏本③作"空",当讹。关西大学图书馆藏本②"㓼"字朱笔旁注一作"窇",国立国会图书馆藏本②作"窇"。㓼,挖、刨之意。

② 台吉:关西大学图书馆藏本①作"台言",大庭修排印本作"舌吉",当讹。台吉,满语为"taiji",古时蒙古贵族的称号,源出汉语"太子"。成吉思汗时用于皇子,后渐成为成吉思汗后裔的通称。清朝沿用其名作为封爵之一,在王、贝勒、贝子、公之下,分四等,以封赠蒙古及西北边疆某些民族的贵族首领。

③ 塔布囊:底本、筑波大学图书馆藏本①②、早稻田大学图书馆藏本、东京大学东文研图书室藏本、东北大学图书馆藏本、关西大学图书馆藏本①②③、京都大学图书馆藏本、斯道文库藏本、国立国会图书馆藏本②、大庭修排印本作"搭布囊",国立国会图书馆藏本①、东京大学图书馆藏本①作"格布囊",当讹。塔布囊源于满语"tabunang",也写作"塔不囊",清代蒙古王公封爵名。

④ 此条,关西大学图书馆藏本②作两条,即其一"台吉,蒙古之王爵也",其二"塔布囊,蒙古之公爵也"。

⑤ 格:满语为"gege",汉语记为"格格",清代皇族女儿的称号。顺治十七年(1660)始把"格格"分为五等:亲王女称和硕格格,即郡主;郡王女称多罗格格,即县主;贝勒女亦称多罗格格,即郡君;贝子女称固山格格,即县君;镇国公、辅国公女称格格,即乡君。

⑥ 精奇尼哈番:满语为"jingkini hafan",汉译为子爵。

⑦ 爵:斯道文库藏本、关西大学图书馆藏本①③、大庭修排印本无。

⑧ 马法:满语为"mafa",内务府官职名。康熙朝《大清会典》卷一四九内务府"官制"条载:"凡官员、笔帖式、乌林人、马法、首领、诸陵尚膳·尚茶等人,俱由内务府总管具题补授。"

共①为守库人也。其内"马法"为小头也。

○ 钦部

非官名,钦件部件②事也,见《大清会典③》。

○ 颜④曾孟⑤仲

"仲",云仲由⑥。

○ 档⑦

满语也,云帐面。

○ 云南妙安府⑧

云南内,未闻妙安府⑨,应为姚安府。清朝之姚安府与明朝同地。

○ 纛章京⑩

章京,此言武官。纛章京,即是领大纛之官⑪。

○ 噶布昂邦⑫

噶⑬布,此言射箭⑭;昂邦,此言大臣。噶布昂邦即是管射箭大臣。⑮

---

① 共:国立国会图书馆藏本①旁注"兵"。
② 钦件部件:底本作"钦件部",斯道文库藏本、关西大学图书馆藏本①、大庭修排印本作"钦件都件",当讹。据筑波大学图书馆藏本②、东北大学图书馆藏本、东京大学图书馆藏本①、国立国会图书馆藏本①②、关西大学图书馆藏本②③、京都大学图书馆藏本改之。康熙朝《大清会典》卷十一吏部"钦件部件限期条"载:"国家惩官员之怠荒厥职,凡事下部议,及行查内外各衙门诸务,据勒限完结。若逾期不覆者,则治以迟延之罪,所以儆旷官也。"
③ 大清会典:国立国会图书馆藏本②、筑波大学图书馆藏本①作"大清令典"。斯道文库藏本、关西大学图书馆藏本①③、大庭修排印本作"大清典"。
④ 颜:国立国会图书馆藏本②作"愿",当讹。
⑤ 孟:大庭修排印本作"猛",当讹。
⑥ 由:大庭修排印本作"田",当讹。
⑦ 档:满语为"dangse",指档案、文书。
⑧ 云南妙安府:诸本原无,据意补入。
⑨ 妙安府:大庭修排印本作"妙府",当讹。
⑩ 纛章京:筑波大学图书馆藏本①无此三字。满语为"tui janggin",为统辖护军的武官。清初兵制,从每旗诸甲喇中选择精锐者组成护军,其首领初名为纛额真。天聪八年(1634)改称纛章京。《大清会典则例》卷一七一"八旗都统"条载:"纛章京,汉字称为护军统领。"
⑪ 官:东京大学图书馆藏本①作"宦"。
⑫ 噶布昂邦:噶布什贤噶喇衣昂邦(满语为"gabsihiyan gala i amban")的简称,汉译为"前锋统领"。
⑬ 噶:大庭修排印本作"喝",当讹。
⑭ 射箭:满语为"gabta",汉译为"噶布"。
⑮ "噶布昂邦"条:筑波大学图书馆藏本②、东北大学图书馆藏本、国立国会图书馆藏本①②、东京大学图书馆藏本①中,此条与下条"噶布什贤"条为一条。

类 别 问 答

○ 噶布①什贤

噶布,此言射箭;什贤,此言勇健。噶布什贤②即是管射箭之官③也。汉衔未详④。

○ 摆牙剌⑤

汉衔及译语未详。

○ 虾或作下字

汉衔⑥称为侍卫,译语未详。

○ 法一屯大⑦

此言管王府家务之官,汉衔⑧称为长史⑨。

○ 包衣大⑩

包衣,此言家里⑪;大,此言头目。包衣大即是一家管⑫事的总管官也。

○ 布打衣大

或作"布大衣大⑬"。布打,此言饭⑭;衣,此言之⑮。即是管饭食之头目,乃

---

① 布:国立国会图书馆藏本①、东京大学图书馆藏本①作"有",当讹。
② 噶布什贤:满语为"gabsihiyan",汉意为"前锋"。筑波大学图书馆藏本②、东北大学图书馆藏本、国立国会图书馆藏本①②、东京大学图书馆藏本①作"噶布贤",恐遗漏"什"字。大庭修排印本作"噶布贤汁",当讹。
③ 官:东京大学图书馆藏本①作"宦"。
④ 汉衔未详:大庭修排印本作"汉"。
⑤ 摆牙剌:满语为"bayara",护军之意。
⑥ 汉衔:关西大学图书馆藏本②作"汉语"。
⑦ 法一屯大:满语为"faidan i da",王府长史之意。
⑧ 此言管王府家务之官,汉衔:筑波大学图书馆藏本②作"此言管王府家务之汉官衔"。
⑨ 长史:底本、斯道文库藏本、关西大学图书馆藏本③、大庭修排印本作"长吏",其中关西大学图书馆藏本③朱笔旁注"吏疑史误"。据他本改为"长史"。
⑩ 包衣大:满语为"booi da",内管领(掌内廷洒扫、三仓出纳、酒菜器皿等事务)之意。清代内务府之职官,负责管理最下层的"包衣下人"。
⑪ 家里:筑波大学图书馆藏本①②、早稻田大学图书馆藏本、东北大学图书馆藏本、国立国会图书馆藏本①、东京大学图书馆藏本①作"家程",国立国会图书馆藏本②、东京大学东文研图书室藏本作"家裎"。关西大学图书馆藏本②"里"字旁朱笔注"一作程、一作裎"。
⑫ 管:大庭修排印本作"营"。"器物之问"内容中的"管""营"混用,不再一一注释。
⑬ 布大衣大:大庭修排印本作"布衣大",当讹。布大衣大或布打衣大,满语为"buda i da",尚膳总领,尚膳正(清代内务府御茶膳房总管大臣的属官,掌御膳之事)之意。
⑭ 饭:东北大学图书馆藏本、国立国会图书馆藏本①、东京大学图书馆藏本①作"饮"。关西大学图书馆藏本②朱笔旁注一作"饮"。
⑮ 布打,此言饭;衣,此言之:国立国会图书馆藏本②作"布打,此言饭衣"。

117

是厨房官也。

○ 茶衣大①

乃是管茶头目，即茶房官也。②

○ 阿木孙章京③

阿木孙，此言祭④祀器皿。即是管祭祀器皿之武官⑤。

○ 阿敦大臣⑥

阿敦，此言马圈。即是管马圈大臣⑦也。

○ 阿敦大⑧

即是管马的，乃是马房官。

○ 衣杭⑨大

衣杭，此言牛。即是管牛圈之官。

○ 法克师大⑩

法克师⑪，此言匠人。是管匠人的头目也。

○ 乌林大⑫

---

① 茶衣大：满语为"cai i da"，尚茶正（清代掌内务府茶食供应）之意。
② 此条，大庭修排印本作"'茶衣大'．'阿木孙'，此言祭祀器皿，即营祭祀器皿之武官"。"茶衣大"条与下条"阿木孙章京"合抄为一条，恐误抄。
③ 阿木孙章京：满语为"amsun i janggin"，司胙官（办理祭祀牺牲用品之官）之意。筑波大学图书馆藏本①作"阿本孙章京"。
④ 祭：国立国会图书馆藏本①、东京大学图书馆藏本①作"发"，前者旁注"祭"。
⑤ 武官：筑波大学图书馆藏本②、东北大学图书馆藏本、国立国会图书馆藏本①、东京大学图书馆藏本①作"官"。
⑥ 阿敦大臣：满语为"adun i amban"，上驷院卿（掌御马政令、供备皇帝及内廷用马诸事）之意。
⑦ 管马圈大臣：筑波大学图书馆藏本①作"马圈大臣"。筑波大学图书馆藏本②、东北大学图书馆藏本、国立国会图书馆藏本①、东京大学图书馆藏本①作"管马大臣"。
⑧ 阿敦大：满语为"adun i da"，汉译为"牧长"，掌放牧、繁衍、训练马匹等事。
⑨ 衣杭：筑波大学图书馆藏本①②、早稻田大学图书馆藏本、东京大学东文研究室藏本、东北大学图书馆藏本、国立国会图书馆藏本①、东京大学图书馆藏本①"衣杭"，国立国会图书馆藏本②作"衣犹"。关西大学图书馆藏本②"杭"字旁朱笔注有一作"枕"、一作"犹"。以下同。衣杭大，满语为"ihan i da"，管牧放诸王牛群之职。
⑩ 法克师大：底本作"衣克师大"，当讹。据其他诸本改为"法克师大"。法克师大满语为"faksi da"，清初汉译为"催总"，乾隆二十四年改为"司匠"，负责率匠役制作各种冠服、器物等。
⑪ 法克师：底本作"衣克师"，当讹。国立国会图书馆藏本②无。其他诸本作"法克师"。
⑫ 乌林大：筑波大学图书馆藏本②作"乌林木"，当讹。乌林大，满语为"ulin i da"。

类 别 问 答

乌林,此言财①帛。乌林大是管财②帛库之头目也。

○ 乌林人③

乌林人乃是管财④帛的人。

○ 拨什库⑤

旗下五十名兵有一名拨什库,即如管队百总之类也。译语未详。

如上荻生总七郎问目之中,为朱佩章⑥所知之答。其外十一条并木马子、木榔头⑦、前舍林⑧、后金花之义⑨,则因不知而未答。

深见久太夫⑩

祭葬之问⑪

享⑫保中询问清人葬⑬祭之事,深见久太夫所呈记录之抄本(但朱批⑭是荻生总七郎校正时所加并呈交的。)⑮

祭葬之事,唐人回答之记录⑯:

---

① 财:筑波大学图书馆藏本①、国立国会图书馆藏本①、东京大学图书馆藏本①、斯道文库藏本、关西大学图书馆藏本①作"射",当讹。
② 财:国立国会图书馆藏本①、筑波大学图书馆藏本①、东京大学图书馆藏本①作"射",当讹。
③ 乌林人:大庭修排印本作"乌林大",当讹。以下同。乌林人,满语为"ulin i niyalma"。
④ 财:筑波大学图书馆藏本①作"射",当讹。
⑤ 拨什库:满语为"boxokv"。拨什库,又名领催,八旗军队,衙署的低级官员,执掌文书、饷粮等事务。
⑥ 章:筑波大学图书馆藏本①②、早稻田大学图书馆藏本、东京大学东文研图书室藏本、东北大学图书馆藏本、国立国会图书馆藏本①、东京大学图书馆藏本①、关西大学图书馆藏本②无。
⑦ 木榔头:国立国会图书馆藏本②作"榔头"。
⑧ 舍林:满语为"xerin",原意是为了保护前额而在盔帽等上横钉的铁件饰品,也指保护马匹等前额用的护额。至清代,舍林演变为身份地位的象征。《大清会典则例》卷六十五礼部"冠服"载:"亲王冠服,崇德元年定冠顶三层,上衔红宝石、中饰东珠八、前舍林饰东珠四、后金花饰东珠三……顺治九年,题准冠顶三层,共饰六分以下东珠十、舍林饰东珠五、后花饰东珠四。"
⑨ 义:早稻田大学图书馆藏本、筑波大学图书馆藏本①藏本作"仪",当讹。
⑩ 深见久太夫:筑波大学图书馆藏本①②、早稻田大学图书馆藏本、东北大学图书馆藏本、国立国会图书馆藏本①②、东京大学图书馆藏本①、斯道文库藏本、关西大学图书馆藏本①③、大庭修排印本无。
⑪ 祭葬之问:诸本均无,据问目补入。
⑫ 享:筑波大学图书馆藏本②作"京",当讹。
⑬ 葬:筑波大学图书馆藏本②、东北大学图书馆藏本、国立国会图书馆藏本①、东京大学图书馆藏本①作"丧"。
⑭ 朱批:关西大学图书馆藏本②作"按书",朱笔旁注一作"朱批"。
⑮ 括号内的内容,国立国会图书馆藏本②混入正文,国立国会图书馆藏本①、东京大学图书馆藏本①无,筑波大学图书馆藏本②、东北大学图书馆藏本作"但朱批是询问荻生时所加并呈交的"。
⑯ 祭葬之事 唐人回答之记录:筑波大学图书馆藏本②、东北大学图书馆藏本作"祭葬之事问目",国立国会图书馆藏本①、东京大学图书馆藏本①作"祭葬之事"。

○ 清朝，如今士农工商祭葬专用儒礼。祭礼，供鱼肉①也。尤平日崇佛法者，祭葬②亦用儒礼。儒礼则国礼，人人用儒礼。若万人中一人用佛礼，至棺内之式、葬礼之仪式等亦为儒礼。祭礼之时，供斋菜、待僧读经，是用佛礼。（第一条）③

【不仅清朝，自明朝便如此。】④

○ 祭先祖之事，有祠堂、家庙、坟墓三样，日期稍有不同。无崇儒与不崇儒之分也。天下一统祭之。日期之事记于末。（第二条）

【自明朝便如此，但祠堂、家庙之事记于下。】⑤

○ 忌日云祥月⑥。非每月都有。即使祥月，亦不参诣墓所，而是在家庙祭之。尤主祭之人食素⑦。信佛法者亦同之。（第三条）

【忌日自古如此。但主祭之人食素，误也。具体为，祭时有饮福受胙⑧之做法，食供物之酒肉，此非素菜。但自祭之前日至当日，齐⑨之内，食素也。此事书违⑩，

---

① 鱼肉：筑波大学图书馆藏本①②、东北大学图书馆藏本、东京大学图书馆藏本①、国立国会图书馆藏本①②、斯道文库藏本、关西大学图书馆藏本①②③、京都大学图书馆藏本、大庭修排印本作"鱼肉酒"。
② 祭葬：国立国会图书馆藏本②作"祭礼"。
③ （第一条）：原无，为方便查阅而补入。下同。
④ 方头括号的内容为朱批内容，诸本中有旁注于条首，也有列于条末者。以下不再一一注释。
⑤ 关西大学图书馆藏本②句首有"按"字。国立国会图书馆藏本①、东京大学图书馆藏本①、大庭修排印本中无此条朱批。
⑥ 祥月：关西大学图书馆藏本①②③、筑波大学图书馆藏本②、东京大学图书馆藏本②作"祥"。祥，古丧祭名，有小祥、大祥之分。周年祭（十三个月）为小祥，两周年（二十五个月）祭为大祥。
⑦ 尤主祭之人食素：筑波大学图书馆藏本②、东北大学图书馆藏本、国立国会图书馆藏本①、东京大学图书馆藏本①无。
⑧ 饮福受胙：古代祭祀的礼仪之一。福，指祭酒；胙，指祭肉。凡举行重大祭祀完毕后，参加祀礼之君臣及执事人员，共饮祭酒吃祭肉。皇帝先饮酒受肉，然后赐群臣祭酒祭肉。经过祭献之酒及肉，已受神之福，故称饮福受胙。清沿古礼，凡郊祀大典，于三献完毕，即行饮福受胙之礼。京都大学图书馆藏本墨笔头注"亨按：《家礼·忌日祭》无饮福受胙之仪，获生说误"。胙，筑波大学图书馆藏本①作"祚"。受祚，接受天地神明的降福。
⑨ 齐：祭祀前戒绝嗜欲、洁净身心，以示虔诚。《庄子·达生》："臣将为鐻，未尝敢以耗气也，必齐以静心。""齐"字，通"斋"。
⑩ 违：筑波大学图书馆藏本①②、东北大学图书馆藏本、东京大学图书馆藏本①、东京大学东文研图书室藏本、早稻田大学图书馆藏本、京都大学图书馆藏本、国立国会图书馆藏本①②作"遗"，斯道文库藏本、关西大学图书馆藏本①作"遣"。书违，日语词汇，意为书写错误。

又应是庶民等理解有误。】①

○ 俗家不用火葬,即使信佛法者,亦不用。若贫穷而无法买葬地,葬于他人墓地旁,故其场所不大②。亦有用火葬者。又死于异乡时,其子贫穷,无法带其死骸归乡时,用火葬,将其齿骨带回本乡葬之。此事稀也,不得已为之。尽量土葬。尤不葬于寺院境内。于山野挑选土地,买而葬之。(第四条)
【明朝亦如此,明律中明也。】③

○ 如今,挑选、建造一族集会之场所,纳一族各先祖之神主④祭之,此云祠堂。四民皆在家宅内建身份相应之地祭先祖,今云家庙。据说朝廷对官府家庙并祭礼之供物等有规定。不知其仪式。农工商人中可建家庙者,人人在家宅内相应建之,不方便者则在家内建棚⑤祭先祖。祭礼之事:祠堂有四时之祭并正月三日、同十五日、七月十五日,一年七次也,供三牲并酒也,一族合祭之。尤一族之内轮番掌管每年祭事,照料之。家庙有四时之祭并元旦⑥、清明、端午、中元、重九⑦、除夕⑧、忌日并死者诞生日,共十二次祭之,供三牲并酒。建棚祭祖者亦相应在上述日期祭之。祭祀料理碗数⑨依其身份,家境优者大概八碗。正月晴

---

① 筑波大学图书馆藏本①②、早稻田大学图书馆藏本、东京大学东文研图书室藏本、东北大学图书馆藏本、东京大学图书馆藏本①、国立国会图书馆藏本①②、斯道文库藏本、关西大学图书馆藏本①③、京都大学图书馆藏本最后还有一句"明朝亦如此,明律中明也",即下条朱批内容。关西大学图书馆藏本②句首有"按"字,而且"此事书遗,又应是庶民等理解有误"一句作"此事书遗,又明朝亦如此,明律中明也。应是今之民等理解有误"。大庭修排印本无此朱批。
② 场所不大:东京大学图书馆藏本①作"场所无席"。
③ 此朱批内容,除底本外,他本均混入上条朱批末尾。
④ 神主:指供奉祖先或死者用的小木牌。
⑤ 棚:大庭修排印本作"栅",当讹。
⑥ 元旦:大庭修排印本作"之旦",当讹。筑波大学图书馆藏本①作"元日"。
⑦ 重九:筑波大学图书馆藏本①②、早稻田大学图书馆藏本、东京大学东文研图书室藏本、东北大学图书馆藏本、东京大学图书馆藏本①、国立国会图书馆藏本①②、京都大学图书馆藏本作"重阳"。重九,是重阳节的别称。
⑧ 夕:关西大学图书馆藏本②朱笔旁注一作"夜"。筑波大学图书馆藏本②、东北大学图书馆藏本、东京大学图书馆藏本①、国立国会图书馆藏本①、关西大学图书馆藏本③作"夜"。
⑨ 数:大庭修排印本作"类"。

《清朝探事》研究

天之日一日并清明前后一日、重阳前后一日①,三次参诣坟墓。供三牲并酒祭之。上述为民间之做法,官府之事不知。三牲,猪、羊、鸡也。(第五条)

【祠堂、家庙之差别有误。官员之云家庙,四民之云祠堂,此为通说。询问时,唐人不知其差别,说了谎言②。】③

【正月有三日,家庙、祠堂祭日分开之事有误。是来长崎唐人之谎言④。】⑤

【八碗,在所问唐人之故乡应为大概。康熙《齐家宝要》详载十碟。碟,皿也⑥。】⑦

深见久太夫、通事彭城藤治右卫门⑧

衣服之问⑨

享保中寻问清人衣服之事,深见久太夫所呈记录之抄本。⑩

来自长崎之记录。

○ 海边之唐人,头戴帽,下穿裤⑪(下带⑫),其上为衫(肌着⑬)⑭,衫外着袄

---

① 一日、重阳前后一日:筑波大学图书馆藏本①②、东北大学图书馆藏本、东京大学图书馆藏本①、国立国会图书馆藏本①②无,京都大学图书馆藏本、斯道文库藏本、关西大学图书馆藏本①②③作"一日、重阳前后"。其中关西大学图书馆藏本②第一个"一日"朱笔旁注一作"无"此二字。大庭修排印本作"一日、重阳之子复"。

② 京都大学图书馆藏本墨笔头注"家庙、祠堂当时民间俗称亦未可知也"。

③ 此朱批内容,关西大学图书馆藏本②中句首有"按"字,东京大学图书馆藏本①、国立国会图书馆藏本①、大庭修排印本无。

④ 京都大学图书馆藏本墨笔头注"是不必虚说"。

⑤ 此朱批内容,东京大学图书馆藏本①、国立国会图书馆藏本①、关西大学图书馆藏本③、大庭修排印本中无。

⑥ 京都大学图书馆藏本墨笔头注"丧祭称家之有亡,八碗十碟何定数之有,且《齐家宝要》亦大概言之耳,未可以彼律之也"。

⑦ 此朱批内容,东京大学图书馆藏本①、国立国会图书馆藏本①、大庭修排印本无。

⑧ 深见久太夫、通事彭城藤治右卫门:国立国会图书馆藏本①、东京大学图书馆藏本①、关西大学图书馆藏本①作"深见久太夫、彭城藤治右卫门",其中东京大学图书馆藏本①"彭城藤治右卫门"的"治"误写为"次"。

⑨ 衣服之问:原无,据问目补入。

⑩ 享保中寻问清人衣服之事,深见久太夫所呈记录之抄本:国立国会图书馆藏本①、东京大学图书馆藏本①作"衣服之事询问记录"。

⑪ 裤:筑波大学图书馆藏本①②、东北大学图书馆藏本、国立国会图书馆藏本①、东京大学图书馆藏本①作"袴"。袴,古代有裆的裤子。

⑫ 下带:日语词汇,直接接触皮肤的布。如兜裆布或和服围腰布。

⑬ 肌着:日语词汇,直接接触皮肤的内衣。关西大学图书馆藏本①③、大庭修排印本中为正文大字。其中,关西大学图书馆藏本③朱笔头注"ハダキ三字,疑当细书(小字)"。

⑭ 其上为衫(肌着):斯道文库藏本无。

(下着①),袄外着袍,束腰带。袍为外衣,其外为褂(有上下之分)。袄,着一二件。褂袍,礼服也,会客②时着之,有绵、袷、单。裹③脚布,自脚趾至膝盖裹之。其上着单袜④,单袜上又着绵袜。冬穿绵袜⑤。暖和穿夹袜。步行穿鞋。此为民间之服也。

○"褂⑥(又云外套)"

外衣,礼服也。有绵褂、袷褂、单褂。胸前有扣子,后有开衩。色绀,本色为黑,里⑦用各类皮制成,云皮套。(将灰鼠皮一枚五寸四寸⑧缝合。鼠色,白形⑨。袖长比袍短八九寸,衣长比袍短约一尺。)⑩

○"袍"

外衣也。衣长为人之身长。袖子长于指尖三四寸。窄袖,有开衩。自肩至腰处,有扣子。有绵袍、袷袍⑪、单袍。皮袍,里为羊皮。

○"袄"

内衣。衣长短于袍三四寸,袖子短于袍四五寸。⑫ 窄袖,有开衩。如袍,有扣子。均夹绵。有里为皮制者。

○"短衫、长衫"

---

① 下着:日语词汇,内衣之意。筑波大学图书馆藏本②、东北大学图书馆藏本、国立国会图书馆藏本①②、东京大学图书馆藏本①中为正文大字。

② 客:东京大学图书馆藏本①作"密",国立国会图书馆藏本①本作"密",旁注"客"。国立国会图书馆藏本②作"容"。

③ 裹:筑波大学图书馆藏本①②、东北大学图书馆藏本、国立国会图书馆藏本①②、东京大学图书馆藏本①作"聚"。

④ 单袜:东京大学图书馆藏本①作"袜"。

⑤ 冬穿绵袜:斯道文库藏本、关西大学图书馆藏本①无。

⑥ 褂:早稻田大学图书馆藏本、东京大学东文研图书室藏本、筑波大学图书馆藏本②、东北大学图书馆藏本、国立国会图书馆藏本①②、东京大学图书馆藏本①作"褂袜",恐讹。

⑦ 里:筑波大学图书馆藏本②、东北大学图书馆藏本、国立国会图书馆藏本①、东京大学图书馆藏本①无。

⑧ 五寸四寸:筑波大学图书馆藏本①②、东京大学东文研图书室藏本、东北大学图书馆藏本、国立国会图书馆藏本①、东京大学图书馆藏本①作"四寸",早稻田大学图书馆藏本、国立国会图书馆藏本②作"四寸九寸",斯道文库藏本、关西大学图书馆藏本①作"五寸四方"。

⑨ 白形:或为素地之意。

⑩ 筑波大学图书馆藏本①②、早稻田大学图书馆藏本、东京大学东文研图书室藏本、东北大学图书馆藏本、国立国会图书馆藏本①②、东京大学图书馆藏本①中,"褂(又云外套)"条与上条合写为一条。

⑪ 袷袍:夹袍,双层无絮的长袍。东京大学图书馆藏本①无。

⑫ 衣长短于袍三四寸,袖子短于袍四五寸:斯道文库藏本作"衣长短于袍四五寸"。

内衣。短衫、长衫均为平常所穿,窄袖。短衫长约二尺五寸①,长衫衣长同袄。均有开衩。冬为纱绫、绸之类;夏为纱罗②,或夏布③、葛布。

○"腰带、扣带"

袍之上束一层。腰带总长约七尺,黑绀色。经线为金线④,纬线为生丝。宽约二寸八分。三折用之。扣带由繻子⑤、无量⑥、金线制成,宽约一寸,长随肥瘦。两口以金属制品合之。

○"袋(云荷包)"

巾着⑦,表⑧为纱绫、繻子、缝入金线或黄金装饰之丝织物类;里为绵布、绫⑨。将染色金线类挽结,一端呈穗状。表置象牙挂扣,付于裤⑩带上。其内放入金银、文书等。⑪

○"绵袜⑫"

表用纱绫、绵布之类;里,用绵布。袜筒至膝。袷云夹袜。

○"单袜"

绵袜之下穿一层单袜。裤之下摆塞入单袜内。

○"裹⑬脚布"

---

① 二尺五寸:国立国会图书馆藏本①、东京大学图书馆藏本①作"一尺五寸"。
② 纱罗:底本作"罗纱",大庭修排印本作"沙罗",皆讹。据他本改之。纱罗织物一般采用细号纱和较低密度织制,布面纱孔清晰、均匀,织物较轻薄,透气性良好。
③ 夏布:以苎麻为原料编织而成的麻布。因麻布常用于夏季衣着,凉爽适人,又俗称夏布、夏物。
④ 金线:原文作"まがい",又称"ソフト金糸",指的是在市面上流通的普通金线,在透明膜表面涂银,而后涂黄色染料,使之呈金色。顶级金线,将黄金捶打成比纸还薄的金箔,然后再将金箔捻于棉线外。
⑤ 繻子:由五条以上经线、纬线织成,表面只能看到经线或纬线,密度高,有光泽。
⑥ 无量:类似于繻子的织物,但质量、光泽劣于繻子。斯道文库藏本、关西大学图书馆藏本①无。
⑦ 巾着:筑波大学图书馆藏本②、东北大学图书馆藏本作"着",其上有一字之空格,东京大学图书馆藏本①亦作"着",恐漏抄"巾"字。巾着,意为荷包。
⑧ 表:筑波大学图书馆藏本②作"衣",恐讹。
⑨ 绫:底本、关西大学图书馆藏本②③、京都大学图书馆藏本、东京大学图书馆藏本①、国立国会图书馆藏本②、大庭修排印本作"纽",斯道文库藏本、关西大学图书馆藏本①作"级",皆讹。其中,关西大学图书馆藏本②中,朱笔旁注一作"绫"。
⑩ 裤:筑波大学图书馆藏本①②、早稻田大学图书馆藏本、东京大学东文研图书室藏本、东北大学图书馆藏本、国立国会图书馆藏本①②、东京大学图书馆藏本①作"裈"。以下同。
⑪ "袋"(云荷包)条,筑波大学图书馆藏本①②、东北大学图书馆藏本、国立国会图书馆藏本①、东京大学图书馆藏本①中,与上条"腰带、扣带"为一条。
⑫ 绵袜:关西大学图书馆藏本②"袜"字后还写有"袜一作韈、韈"。
⑬ 裹:东京大学图书馆藏本①、国立国会图书馆藏本①无。

夏冬皆用。绵布，宽约六寸五分①，长约八九尺。②

○ "裤③"

冬为夹绵，夏为单。冬用纱绫、绉绸、绸、绵布；夏用纱罗、夏布。但也用绫子④、纱绫。裤口之缘、里用绸。无绳，另用束带缠一圈。

○ "皮箱、折叠、钥匙"

旅行持衣裳箱。以薄板为底，贴牛皮，涂黄色。无金属制品。用皮作合叶。前有锁。三面有皮绳。附于马上者云马包箱。

○ "暖帽"

夹绵帽子。表为缎子⑤、繻子、无量之类，绀黑色。里为绯绉绸、绯缎子。帽檐用貂鼠、臊鼠、海螺、狐狸皮。又有用天鹅绒者。帽顶覆红线以饰，线用花色金线⑥。

○ "凉帽"

暖暑之帽。竹编而成，表裹绫子，里为红底带金之绯缎子、绯绉绸。帽顶覆红线以饰。又将莉藤拧成细绳编成，帽顶覆赤熊毛，无里。线同暖帽，亦有编马尾为线者。

○ "帽箱"

装帽子之箱，两层，逐一放之，外以网束之。⑦

○ "雨伞"

如此方⑧，合四枚纸，一纸雕花鸟，贴于四枚纸上。手持雨伞、长柄雨伞均有。

---

① 五分：筑波大学图书馆藏本①②、东北大学图书馆藏本、国立国会图书馆藏本①②、东京大学图书馆藏本①、斯道文库藏本、关西大学图书馆藏本①②③、京都大学图书馆藏本作"五六分"。
② 此条，筑波大学图书馆藏本①②、早稻田大学图书馆藏本、东京大学东文研图书室藏本、东北大学图书馆藏本、国立国会图书馆藏本①②、东京大学图书馆藏本①、京都大学图书馆藏本中与下条位置颠倒。
③ 裤：关西大学图书馆藏本②载"裤字，书不载，或为裈字，袴"；且朱笔头注"诸本此条作'裈'"。
④ 绫子：类似于缎子，但与使用熟丝的缎子不同，绫子经纬线均用生丝，织成后精炼、染色，比缎子更软。
⑤ 缎子：筑波大学图书馆藏本②、东北大学图书馆藏本、东京大学图书馆藏本①无。
⑥ 花色金线：斯道文库藏本、关西大学图书馆藏本①作"花线、金线"。
⑦ "帽箱"条的文字内容，筑波大学图书馆藏本②、东北大学图书馆藏本、东京大学图书馆藏本①、国立国会图书馆藏本①无。
⑧ 此方：国立国会图书馆藏本②作"日本"。

○"竹笠"

此方①之笋笠也。表由竹皮交织而成,里由竹身交织而成,共②放入幼竹之叶。

○"雨衣"

绵制,涂桐油。

○"缎靴、油靴"

至膝。表为缎子、繻子③之类,里为绵布,底为皮。油靴整体为牛皮,外涂桐油。

○"缎鞋④、布鞋、草心鞋"

缎鞋⑤,表为缎子,里为绵布,底为皮;布鞋,表为黑绵布,里为白绵布,底为白绵布,多层叠加⑥,皆以麻线缝制而成⑦。草心鞋由完草⑧编成,里缝入白绵布,底中央加入藁,此如衬里,其下加皮,中间空,两寸四分⑨,是为步行轻快舒适。布即绵布,晒布类为夏布。

○"福州式木履⑩、杭州式木套⑪"

福州式,由柯树制成,其上为赤皮,云红皮舌头;杭州式,由黄梓木制成,其上为黄皮,齿中打入十根子母钉。

---

① 此方:国立国会图书馆藏本②作"日本"。
② 共:底本、关西大学图书馆藏本①、京都大学图书馆藏本、大庭修排印本作"其";关西大学图书馆藏本②朱笔改为"共"。关西大学图书馆藏本③墨笔头注"'其'后疑有脱、误"。
③ 缎子、繻子:斯道文库藏本、关西大学图书馆藏本①③、大庭修排印本作"缎子"。国立国会图书馆藏本①、东京大学图书馆藏本①作"繻子"。
④ 缎鞋:国立国会图书馆藏本①、东京大学图书馆藏本①作"鞋",国立国会图书馆藏本②作"纹鞋"。
⑤ 缎鞋:国立国会图书馆藏本①、东京大学图书馆藏本①作"鞋",早稻田大学图书馆藏本作"纹鞋",国立国会图书馆藏本②作"纹"。
⑥ 布鞋,表为黑绵布,里为白绵布,底为白绵布,多层叠加:东京大学图书馆藏本①作"布鞋,表黑"。
⑦ 多层叠加,皆以麻线缝制而成:斯道文库藏本、关西大学图书馆藏本①③中为双行小字夹注。
⑧ 完草:底本、筑波大学图书馆藏本①、早稻田大学图书馆藏本、东京大学东文研图书室藏本、国立国会图书馆藏本②、斯道文库藏本、关西大学图书馆藏本②③、京都大学图书馆藏本、大庭修排印本作"光草"。其中,关西大学图书馆藏本②朱笔旁注"一作完"。关西大学图书馆藏本③墨笔头注"光疑先"。关西大学图书馆藏本①作"先草"。完草,即莞草,是指河滩及草田专门种植的三棱草。莞草编织品以生产床席和地席的草席类为主。
⑨ 分:底本、筑波大学图书馆藏本①②、早稻田大学图书馆藏本、东京大学东文研图书室藏本、东北大学图书馆藏本、国立国会图书馆藏本①②、东京大学图书馆藏本①、京都大学图书馆藏本、斯道文库藏本、关西大学图书馆藏本②作"方"。依据关西大学图书馆藏本①③、大庭修排印本改之。
⑩ 木履:斯道文库藏本、关西大学图书馆藏本①②③、京都大学图书馆藏本、大庭修排印本作"木屐"。
⑪ 木套:国立国会图书馆藏本②作"木履","履"字旁注一本作"套"。斯道文库藏本、关西大学图书馆藏本①作"木屐"。

分 条 问 答①

大清朝野问答上②
　　○ 当今雍正帝③政务之事,附平日之行仪、狩野、游幸等嗜好之品传闻、物语之事。④（第1条）⑤
　　雍正帝,康熙帝第四之皇子⑥也。康熙帝之皇子⑦有四十余人⑧。最初⑨,立第一皇子为东宫⑩。其后⑪,赋性残暴昏乱⑫,故废之。其后无东宫消息。康熙六十一年,帝得重病⑬,时俄有当今皇四子⑭嗣位之遗诏,不久康熙帝驾崩。先帝仁厚温恭,数十年间天下静谧也。当今帝⑮聪明睿智,远近无所不通。即位之初⑯,

---

　①　此部分采用的底本为内阁文库藏本①《大清朝野问答》(索书号:184-342)。
　②　大清朝野问答上:底本无"上"字,据内阁文库藏本②、宫内厅书陵部藏本补入。国立国会图书馆藏本②作"因答句明白,故问句略记之。问曰清朝探事";筑波大学图书馆藏本①、东京大学图书馆藏本②、斯道文库藏本、关西大学图书馆藏本①②③、京都大学图书馆藏本作"清朝探事"。
　③　雍正帝:内阁文库藏本③中朱笔旁注"年号"两字。关西大学图书馆藏本③中朱笔旁注"讳胤禛"。
　④　此问,除底本、内阁文库藏本②、宫内厅书陵部藏本外,其余诸本作"雍正帝政务,平日之行仪、游猎、行幸、嗜好之品"。其中"政务",大庭修排印本作"正务"。
　⑤　(第1条):原无,为方便查阅而补入。下同。
　⑥　第四之皇子:除底本、内阁文库藏本②外,宫内厅书陵部藏本,其余诸本作"第四子"。
　⑦　皇子:除底本、内阁文库藏本②、宫内厅书陵部藏本、东京大学图书馆藏本①外,其余诸本作"王子"。下同。
　⑧　四十余人:内阁文库藏本②、宫内厅书陵部藏本"余"字旁朱笔注有小字"一作四"。除底本、内阁文库藏本②、宫内厅书陵部藏本外,其余诸本作"四十四人"。
　⑨　最初:除底本、内阁文库藏本②、宫内厅书陵部藏本外,其余诸本无。
　⑩　东宫:内阁文库藏本③中,朱笔头注"太子居东宫,故太子曰东宫"。
　⑪　后:内阁文库藏本②、宫内厅书陵部藏本"后"字旁朱笔注有小字"一作人"。除底本、内阁文库藏本②、宫内厅书陵部藏本外,其余诸本作"人"。
　⑫　赋性残暴昏乱:除底本、内阁文库藏本②、宫内厅书陵部藏本外,其余诸本作"残暴昏乱"。
　⑬　帝得重病:除底本、内阁文库藏本②、宫内厅书陵部藏本外,其余诸本无。
　⑭　当今皇四子:除底本、内阁文库藏本②、宫内厅书陵部藏本外,其余诸本作"当今"。
　⑮　当今帝:除底本、内阁文库藏本②、宫内厅书陵部藏本外,其余诸本作"当今"。
　⑯　初:国立国会图书馆藏本②作"时";除底本、内阁文库藏本②、宫内厅书陵部藏本、国立国会图书馆藏本②外,其余诸本皆作"日"。另外,内阁文库藏本②、宫内厅书陵部藏本"初"字旁朱笔注有小字"一作日"。

臣民之心①未稳。其时，连枝之内，阿其那、赛思黑②、允禵③，又大臣之内，隆科多④、年羹尧、鄂伦岱、阿尔松阿⑤等皆有叛逆罔欺之阴谋，雍正帝杀之，屡示威权。又贪官污吏之辈荼毒百姓，雍正帝详⑥察之，行严刑。其时，天下诸人或恐或恨，多诽谤者⑦。此三、五年以来，专行仁政、薄刑罚、纳忠言、施恩恤。故官吏自廉洁，百姓普沾德泽，天下大安宁⑧也。

当今帝⑨日夜竭心力于万机之政务，不好一切游兴之事，出御之事稀也。狩猎亦有定期，春季四月、秋季九月、冬季十二月⑩，不过三次也。虽或行幸于口外⑪

---

① 臣民之心：筑波大学图书馆藏本②作"臣之"，东北大学图书馆藏本作"诸臣之心"，国立国会图书馆藏本①②、筑波大学图书馆藏本①、早稻田大学图书馆藏本、东京大学东文研图书室藏本、东京大学图书馆藏本①作"臣之心"。

② 阿其那、赛思黑：筑波大学图书馆藏本①②、早稻田大学图书馆藏本、东京大学东文研图书室藏本、东北大学图书馆藏本、国立国会图书馆藏本①、东京大学图书馆藏本①作"何具郡、塞思里"，国立国会图书馆藏本②作"何具郡、塞思"，斯道文库藏本、关西大学图书馆藏本①②③、京都大学图书馆藏本、东京大学图书馆藏本②、内阁文库藏本③、大庭修排印本作"阿其郡、塞思里"，其中，关西大学图书馆藏本②"阿"字旁朱笔注一作"何"，内阁文库藏本③中，"塞、思里"，朱笔头注"塞，境也；思里，村里也"。阿其那、赛思黑，满文应分别为"akina"和"seshe"。此处分别指胤禩（康熙第八子）、胤禟（康熙第九子）。"akina"作为人名，应该源于"akiyan"，为"狗"之讹言。"seshe"源于"seshembi"，为"猪"之讹言，是指痴肥臃肿、娇柔妄作、粗率狂谬、卑污无耻的人。

③ 允禵：原名爱新觉罗·胤祯（1688—1755），康熙帝第十四子，雍正帝的同母兄弟。皇位争夺失败后，被幽禁直至雍正帝去世。

④ 隆科多：关西大学图书馆藏本②作"降科多"，"降"字朱笔旁注一作"隆"。斯道文库藏本、关西大学图书馆藏本①作"隆料多"，当讹。内阁文库藏本③中，朱笔头注"隆科，疑称号手"。

⑤ 阿尔松阿：诸本均作"阿尔松"，应为"阿尔松阿"之讹。阿尔松阿，满洲镶黄旗人，阿灵阿之子，遏必隆之孙。《世宗宪皇帝上谕内阁》卷四十四载："伊今供称，苏努、七十、阿灵阿、揆叙、鄂伦岱、阿尔松阿结为朋党，协力欲将阿其那致之大位。"《清史稿·阿灵阿传》载："雍正二年，世宗召诸大臣谕曰：'本朝大臣中，居心奸险，结党营私，惟阿灵阿、揆叙为甚。当年二阿哥之废，断自圣衷。岂因臣下蜚语遂行废立。乃阿灵阿、揆叙攘为己力，要结允禩等，造作无稽之言，转相传播，致皇考愤懑，莫可究诘。阿灵阿子阿尔松阿柔奸狡猾，甚于其父。令夺官，遣往奉天守其祖墓……四年，命诛阿尔松阿，妻子没入官。'"

⑥ 详：国立国会图书馆藏本②、斯道文库藏本、关西大学图书馆藏本①③、京都大学图书馆藏本、东京大学图书馆藏本②、内阁文库藏本③、大庭修排印本作"群"，关西大学图书馆藏本②本作"群"，朱笔改为"详"。

⑦ 多诽谤者：除底本、内阁文库藏本②、宫内厅书陵部藏本外，其余诸本无。

⑧ 百姓普沾德泽，天下大安宁：除底本、内阁文库藏本②、宫内厅书陵部藏本外，其余诸本作"天下太平"。

⑨ 当今帝：除底本、内阁文库藏本②、宫内厅书陵部藏本外，其余诸本作"当今"。

⑩ 春季四月、秋季九月、冬季十二月：除底本、内阁文库藏本②、宫内厅书陵部藏本外，其余诸本作"四月、九月、十二月"。

⑪ 口外：筑波大学图书馆藏本②、东北大学图书馆藏本作"郊外"，国立国会图书馆藏本①、东京大学图书馆藏本①作"邦外"。

分条问答

（长城之外①）、盛京②，不过停留数日。常选人才，惜爱勇士，应其器各授职务。其中称为惠政③者，近年蠲免诸省旧欠钱粮，及千万两。又江南、江西④、浙江之浮粮⑤，每年减免额赋银六十余万⑥两。若诸处有旱涝⑦灾伤时，或缓征赋税，或发官银，赈恤其地。常明察下民之情，专仁慈之政也。

○ 有下赐姓氏、称号、讳字等事吗？（第2条）

在唐国，此事尤稀也⑧。汉高祖赐臣⑨娄敬⑩姓刘，唐懿宗赐朱邪赤心⑪姓李名国昌，唐僖宗赐朱温⑫名全忠。皆依赏功。此事载于史册⑬。当代清朝⑭满洲家本无姓氏。但极品大臣卒去之时，有赐谥号之例。雍正二年，云南省曲靖府⑮知府雷知章⑯

---

① 长城之外：除底本、内阁文库藏本②、宫内厅书陵部藏本外，其余诸本无。
② 盛京：内阁文库藏本③作"盛束"，当讹。
③ 惠政：斯道文库藏本、关西大学图书馆藏本①作"专政"，当讹。
④ 江西：除底本、内阁文库藏本②、宫内厅书陵部藏本外，其余诸本无。
⑤ 浮粮：定额之外的钱粮税款。
⑥ 六十余万：东京大学图书馆藏本②作"六千万"，除底本、内阁文库藏本②、宫内厅书陵部藏本、东京大学图书馆藏本②外，其余诸本作"六十万"。
⑦ 旱涝：筑波大学图书馆藏本②、东北大学图书馆藏本、国立国会图书馆藏本①、东京大学图书馆藏本①作"旱坊"，筑波大学图书馆藏本①作"旱陷"，国立国会图书馆藏本②、斯道文库藏本、关西大学图书馆藏本①、内阁文库藏本③、大庭修排印本作"旱防"，关西大学图书馆藏本②、京都大学图书馆藏本、东京大学图书馆藏本②作"旱泞"。
⑧ 在唐国，此事尤稀也：除底本、内阁文库藏本②、宫内厅书陵部藏本外，其余诸本无。
⑨ 臣：除底本、内阁文库藏本②、宫内厅书陵部藏本外，其余诸本无。
⑩ 娄敬：汉高祖刘邦的重要谋士之一，对于汉初政策的制定及定都长安发挥了很大作用。《史记》卷九十九《刘敬传》载："于是上曰：'本言都秦地者娄敬。娄者，乃刘也'。赐姓刘氏，拜为郎中，号为奉春君。"
⑪ 朱邪赤心：筑波大学图书馆藏本②、东北大学图书馆藏本、国立国会图书馆藏本①、东京大学图书馆藏本①作"朱邸志"，筑波大学图书馆藏本①、早稻田大学图书馆藏本、东京大学东文研图书室藏本、国立国会图书馆藏本②、斯道文库藏本、关西大学图书馆藏本①②③、京都大学图书馆藏本、内阁文库藏本③、大庭修排印本作"朱邪志"，当讹。《新五代史》卷四《唐本纪》："懿宗咸通十年，神策大将军康承训统十八将讨庞勋于徐州，以朱邪赤心为太原行营招讨沙陀三部落军使。以从破勋功，拜单于大都护、振武军节度使，赐姓名李国昌。"
⑫ 朱温：早年参与黄巢起义，后脱离黄巢大齐政权而归唐。因镇压黄巢起义有功，被唐僖宗赐名朱全忠，篡唐建梁后，改名朱晃。
⑬ 此事载于史册：除底本、内阁文库藏本②、宫内厅书陵部藏本外，其余诸本无。
⑭ 清朝：除底本、内阁文库藏本②、宫内厅书陵部藏本外，其余诸本皆无。
⑮ 曲靖府：内阁文库藏本③作"曲倩府"，关西大学图书馆藏本③、东大学图书馆藏本②作"曲请府"，当讹。关西大学图书馆藏本②作"曲阳府"，"阳"字旁朱笔注"靖"。
⑯ 雷知章：筑波大学图书馆藏本①②、早稻田大学图书馆藏本、东京大学东文研图书室藏本、东北大学图书馆藏本、国立国会图书馆藏本②、东京大学图书馆藏本①作"雷府知章"，国立国会图书馆藏本①作"雷府知童"。

129

升进布政使①，于帝都陛见时，被赐名为丰。

○ 帝王之后妃是自何身份立之？诸王之妃同前。后妃之母家世世赐官禄吗？②（第3条）

当朝③后妃④，皆择满洲诸王家⑤或在京大臣家之女婚仪。诸王之妃多满洲大臣之女。后妃母家，本有职之人加封之。但满洲家大臣世袭之人多，皆有官禄。无当今帝以私亲而越制赏赐等事，皆依定制之礼法⑥。

○ 皇子、连枝与俸禄吗⑦？皇女⑧嫁与鞑子⑨吗？亦嫁与汉人吗？其家与俸禄吗？（第4条）

凡皇族，有九等封爵。一等和硕亲王⑩，二等多罗郡王，三等多罗贝勒，四等固山贝子，五等镇国公⑪，六等辅国公，七等镇国将军，八等辅国将军⑫，九等奉国

---

① 布政使：斯道文库藏本、关西大学图书馆藏本①作"布政司"，国立国会图书馆藏本①、东京大学图书馆藏本①作"布政"，当讹。
② 此问，筑波大学图书馆藏本②、东北大学图书馆藏本、国立国会图书馆藏本①②、东京大学图书馆藏本①作"后妃并诸王妃。后妃之母家世禄吗"，斯道文库藏本、关西大学图书馆藏本①②③、京都大学图书馆藏本、东京大学图书馆藏本②、内阁文库藏本③、大庭修排印本作"后妃并诸王之妣，后妃之母家世禄吗"。
③ 朝：内阁文库藏本②中，"朝"字旁朱笔注"代"。大庭修排印本作"世"，除底本、内阁文库藏本②、宫内厅书陵部藏本、大庭修排印本外，其余诸本作"代"。
④ 妃：大庭修排印本作"妣"。以下同。
⑤ 诸王家：除底本、内阁文库藏本②、宫内厅书陵部藏本外，其余诸本作"诸家"。
⑥ 皆依定制之礼法：除底本、内阁文库藏本②、宫内厅书陵部藏本外，其余诸本均无。
⑦ 皇子、连枝与俸禄吗：筑波大学图书馆藏本①②、早稻田大学图书馆藏本、东京大学东文研图书室藏本、东北大学图书馆藏本、斯道文库藏本、关西大学图书馆藏本①②③、京都大学图书馆藏本、东京大学图书馆藏本②、国立国会图书馆藏本②、内阁文库藏本③、大庭修排印本作"王子封爵，王子与禄吗"。国立国会图书馆藏本①、东京大学图书馆藏本①作"后妃并爵，王子与禄吗"，其中，国立国会图书馆藏本①中，"后妃并"朱笔改为"王子封"。
⑧ 皇女：斯道文库藏本、关西大学图书馆藏本①作"王子"。除底本、内阁文库藏本②、宫内厅书陵部藏本、斯道文库藏本、关西大学图书馆藏本①外，其余诸本作"王女"。
⑨ 鞑子：旧时汉人对北方少数民族的称呼，此处应指蒙古族人。
⑩ 和硕亲王：内阁文库藏本③本作"和硕亲"，朱笔头注"王"字。大庭修排印本作"和硕亲"，当讹。
⑪ 镇国公：筑波大学图书馆藏本②、东北大学图书馆藏本、国立国会图书馆藏本①、东京大学图书馆藏本①作"镇国"。
⑫ 八等辅国将军：筑波大学图书馆藏本①②、早稻田大学图书馆藏本、东京大学东文研图书室藏本、东北大学图书馆藏本、国立国会图书馆藏本①、东京大学图书馆藏本①无。国立国会图书馆藏本②作"第八（因唐人遗忘，今后言之）"。

将军是也。

皇族女子亦有封爵。中宫所生之女称固伦公主①，庶妃②之女称和硕公主，亲王之女称郡主，郡王之女称县主，贝勒之女称郡君，贝子之女称县君，镇国公、辅国公之女称乡君。其下无封爵。有公主等嫁与满洲、蒙古诸王家，但未闻嫁与汉人之事③。俸禄皆随封爵高低而有多少。和硕亲王银一万两（日本的百贯目），米五千石（约日本的二千九百石）。以下，三等奉国将军④银百六十⑤两（日本的一贯六百目⑥），米八十⑦石（约日本的四十七石）。各不同也⑧。固伦公主⑨银四百两（日本的四贯目），米二百⑩石（约日本的百七十⑪石）。以下，乡君银百三十两（日本的一贯三百目⑫），米六十五石⑬（约日本的三十八石）。各不同也。公主所嫁之家称驸马，当侯王之位也。皆随公主、郡主等之爵而赐予俸禄。

---

① 固伦公主：内阁文库藏本③、大庭修排印本作"国伦公主"，当讹。筑波大学图书馆藏本②、东北大学图书馆藏本、早稻田大学图书馆藏本、国立国会图书馆藏本①②、东京大学图书馆藏本①作"固偏公主"，当讹。关西大学图书馆藏本②中"伦"字旁朱笔注有一作"偏"。

② 庶妃：内阁文库藏本③旁朱笔注"妾"字。大庭修排印本作"庶妾妃"。庶妃，中国古代内宫对除内廷主位外的妃子的通称。

③ 未闻嫁与汉人之事：除底本、内阁文库藏本②、宫内厅书陵部藏本、国立国会图书馆藏本②外，其余诸本作"无嫁与汉人之事"。

④ 奉国将军：筑波大学图书馆藏本②、东北大学图书馆藏本、东京大学图书馆藏本①作"奉将军"，当讹。国立国会图书馆藏本①作"俸将军"，"俸"字旁注"奉国"。

⑤ 六十：关西大学图书馆藏本③作"五十"。

⑥ 一贯六百目：筑波大学图书馆藏本②、东北大学图书馆藏本、东京大学图书馆藏本①、国立国会图书馆藏本①作"一之六十目"，旁注"本如此"。据下文"乡君银百三十两（日本的一贯三百目）"可推测"六十目"当讹。大庭修排印本作"十一贯六百目"，也当讹。

⑦ 八十：底本、内阁文库藏本②③、宫内厅书陵部藏本作"八千"，当讹。其余诸本作"八十"。《大清会典》（康熙朝）卷三十六载："三等奉国将军，岁支银一百六十两，米八十石。"

⑧ 各不同也：除底本、内阁文库藏本②、宫内厅书陵部藏本外，其余诸本无。

⑨ 固伦公主：内阁文库藏本③、大庭修排印本作"国伦公主"，国立国会图书馆藏本①②、东京大学图书馆藏本①作"固偏公主"，当讹。

⑩ 二百：筑波大学图书馆藏本②、东北大学图书馆藏本、国立国会图书馆藏本①、东京大学图书馆藏本①作"三百"，当讹。关西大学图书馆藏本②、国立国会图书馆藏本②本作"二百"，"二"字改为"三"。《大清会典》（康熙朝）卷三十六载："固伦公主，岁支银四百两，米二百石。"

⑪ 百七十：东京大学图书馆藏本②作"百十七"。

⑫ 一贯三百目：国立国会图书馆藏本①作"一之二百目"，内阁文库藏本③作"一贯百目"。

⑬ 六十五石：筑波大学图书馆藏本①②、早稻田大学图书馆藏本、东京大学东文研图书室藏本、东北大学图书馆藏本、东京大学图书馆藏本①作"六十石"。《大清会典》（康熙朝）卷三十六载："乡君，岁支银百三十两，米六十五石。"

○ 唐国治理本有疆土，无使他国屈从以广疆域之事吗？①（第5条）

明代以南北二京为直隶，治十三省。因辽东为清朝开创②之地，一统后推尊称盛京，与北京并称直隶。改南京为江南省，自此成十四省。其后，西北口外③蒙古④诸部落悉归附，入中华之版籍。又康熙二十年⑤征伐台湾，克塽⑥（国姓爷郑成功之孙）遂降。自此台湾隶属福建省，开设一府二县，入中华之版籍。又先帝时，曾征伐西藏⑦之地。近年，无攻击他国之消息。

○ 专开垦新田吗？（第6条）

诸处无主荒地分给官兵或流民。有主之地，由官府助与牛种，以劝开垦。但为垦荒而召集之民人数⑧多也。又随垦地顷数多少，其地方官有纪录、加级⑨之议叙⑩。当今帝即位以来，发官禄，广招民，劝垦北京、山西、陕西等之荒地数万顷。近年，其地皆成垦田。

○ 宰相及其外重臣⑪中，有才能卓著之人吗？（第7条）

---

① 此问，除底本、内阁文库藏本②、宫内厅书陵部藏本外，其余写本作"攻击他国。唐国治理本有疆土吗？无攻击他国使之屈从以广疆域之事吗"。

② 开创：筑波大学图书馆藏本②、早稻田大学图书馆藏本、东北大学图书馆藏本、国立国会图书馆藏本①、东京大学图书馆藏本①作"关剑"，国立国会图书馆藏本②作"开剑"，当讹。

③ 口外：早稻田大学图书馆藏本作"昇"，旁注"作曰外，外"。

④ 蒙古：内阁文库藏本③旁朱笔注有"韃靼"二字。

⑤ 康熙二十年：内阁文库藏本②"二十"旁朱笔改为"二"。除底本、内阁文库藏本②、宫内厅书陵部藏本外，其余诸本作"康熙二年"，当讹。《钦定平定台湾纪略》卷一载："康熙二十年七月，特命施琅为福建提督，集兵申讨。时郑锦已死，其子克塽犹恃险负固。大兵由铜山进发，直取澎湖，克塽等穷蹙请降。遂定台湾，始设立郡县。"郑锦，即郑经，郑成功长子，袭封其父延平王爵位。

⑥ 塽：内阁文库藏本②③、宫内厅书陵部藏本、关西大学图书馆藏本①②③、京都大学图书馆藏本、国立国会图书馆藏本②、东京大学图书馆藏本②、东京大学东文研图书室藏本、早稻田大学图书馆藏本、筑波大学图书馆藏本①、斯道文库藏本"塽"字旁注"所两反"。

⑦ 西藏：斯道文库藏本、关西大学图书馆藏本①③作"西域"，东京大学图书馆藏本②作"西番"。国立国会图书馆藏本①"藏"字旁注"域"。

⑧ 人数：除底本、内阁文库藏本②、宫内厅书陵部藏本外，其余诸本无。

⑨ 纪录、加级：清制，凡官员立有功绩或经考核成绩优良者，可交部议叙，给予纪录或加级的奖励，此为议叙之法。纪录计以次，有纪录一次、二次、三次之别。每加一级相当于纪录四次。加级共分三等，即：加一级、加二级、加三级。

⑩ 议叙：清代对考核优异的官员，交部核议，奏请给予纪录、加级之奖励。

⑪ 重臣：除底本、内阁文库藏本②、宫内厅书陵部藏本外，其余诸本作"诸官员"。

分条问答

当代宰相之内，保和殿大学士兼户部尚书马齐①、文华殿大学士兼吏部尚书朱轼②、保和殿大学士兼翰林院掌院③学士④张廷玉⑤、文华殿大学士兼户部尚书蒋廷锡⑥，又外省之浙江总督李⑦卫、河南总督⑧田文镜⑨、陕西总督岳钟琪⑩，是等皆才能卓越，厚蒙朝廷眷恩。天下有益之人中，其名最著明⑪。

○ 总督之内，何省为重要之所？选有才之人吗？（第8条）

总督，重职也。故升选智勇文武兼备之人任职于要害之地。各省总督皆选英杰之人才。⑫

○ 鞑靼之防，何处为要？（第9条）

秦始皇命蒙恬发兵三十万伐匈奴，筑长城，西起陕西临洮，东至北京山海关，

---

① 马齐：富察氏，满洲镶黄旗人，顺治朝内大臣哈什屯之孙，康熙朝户部尚书米思翰次子。康熙二十四年(1685)，任山西布政使，擢巡抚，后历任左都御史、兵部尚书、户部尚书、武英殿大学士，康熙五十五年(1716)，复授武英殿大学士。雍正元年(1723)，任保和殿大学士，进太保。

② 朱轼：字若瞻，江西高安人。雍正三年(1725)，拜文华殿大学士兼吏部尚书。

③ 翰林院掌院：国立国会图书馆藏本②作"林院掌院学院"，筑波大学图书馆藏本①作"翰林院掌"，当讹。

④ 学士：除底本、内阁文库藏本②、宫内厅书陵部藏本外，其余诸本无。

⑤ 张廷玉：字衡臣，大学士张英次子。雍正四年(1726)，授文渊阁大学士，仍兼户部尚书、翰林院掌院学士。雍正五年(1727)，进文华殿大学士。雍正六年(1728)，进保和殿大学士，兼吏部尚书。

⑥ 蒋廷锡：清文献学家、藏书家、画家。雍正六年，拜为文华殿大学士，兼领户部。

⑦ 李：筑波大学图书馆藏本②、东北大学图书馆藏本、国立国会图书馆藏本作"季"，当讹。国立国会图书馆藏本①本作"季"，旁注"李"。李卫，雍正三年，擢浙江巡抚；雍正五年，授浙江总督；雍正七年(1729)，加兵部尚书；雍正十年(1732)，署理刑部尚书、直隶总督等。

⑧ 李卫、河南总督：东京大学图书馆藏本②无，旁注"六字"，应为缺此六字之意。

⑨ 田文镜：雍正元年，署山西布政使。次年调任河南布政使，擢升巡抚。雍正五年，任为河南总督，加兵部尚书衔。雍正六年，任河南山东总督。

⑩ 岳钟琪：雍正三年，授川陕总督，加兵部尚书衔。雍正十年，被夺官下狱。乾隆二年(1737)，得释，任四川提督。

⑪ 著明：筑波大学图书馆藏本①②、早稻田大学图书馆藏本、东京大学东文研图书室藏本、东北大学图书馆藏本、国立国会图书馆藏本②、国立国会图书馆藏本①、东京大学图书馆藏本①作"等明"，当讹。

⑫ 除底本、内阁文库藏本②、宫内厅书陵部藏本外，其余诸本中此条与下条问目、回答内容写为一条。即问："何省为重要之所？鞑靼之防，何处为要？"答："总督，重职也。故升选智勇文武兼备之人任职于要害之地。各省总督皆选英杰之人才。秦始皇命蒙恬发兵三十万伐匈奴，筑长城，西起陕西临洮，东至北京山海关，凡五千余里(约日本路的千百七十五里)。是抵御西北鞑靼之要害。此长城之内，若有溃坠之处，于其地设关塞、备官兵。"

凡万余里（约日本路的千百七十五里①）。是抵御西②北鞑靼之要害。此长城之内，若有溃坠之处，于其地设关塞、备官兵。

○ 日本之防，何处为要？（第 10 条）
山东、江南、浙江、福建沿海之地及岛屿各所，设备倭台③，以防日本④，建哨堡，筑炮台，备官兵。

○ 自北京派遣巡察诸省之官员吗？（第 11 条）
明代派遣巡察诸省之官员。清朝一统之初，仍有遣官员察访其地驻扎文武官员之事。然至先帝、当今帝，明敏通彻万里之外，诸省小事亦无隐瞒。故近年无其事。

○ 有隐密监察之事吗？（第 12 条）
自北京往诸省各处遣秘密探听之人。其人不为他所知，为要也。故或佯装商人贱夫等往来。间有在官所详闻大臣论议民间⑤小事，并对此裁决者。

○ 诸省各地依其风仪，处刑方法有异吗？（第 13 条）
处刑方法之事，依天下一定之法律，毫发不偏倚。其名义条例著于《大清律》之书，明白也。即使天子，亦无依自己喜怒而变改法律之事。无依地方风仪而差别处置之事。⑥

---

① 千百七十五里：除底本、内阁文库藏本②、宫内厅书陵部藏本外，其余诸本作"千七百里"。内阁文库藏本②、宫内厅书陵部藏本中，朱笔旁注"约千七百里"。京都大学图书馆藏本墨笔头注"疑日本之七百里，'千'字或为衍文。《士商类要》中为七千里，万里为大数"。《士商类要》是明天启六年（1626）文林阁唐锦池刻印的士商用书。
② 西：内阁文库藏本②原阙，朱笔补入。底本亦无，据他本补之。
③ 备倭台：内阁文库藏本③作"备和台"。
④ 以防日本：除底本、内阁文库藏本②、宫内厅书陵部藏本外，其余诸本无。
⑤ 民间：内阁文库藏本③、国立国会图书馆藏本③作"民问"。
⑥ 即使天子，亦无依自己喜怒而变改法律之事。无依地方风仪而差别处置之事：除底本、内阁文库藏本②、宫内厅书陵部藏本外，其余诸本无。

○ 官府官员因公私用①前往他处官府吗？（第 14 条）

诸官员因公用而相会、集议之事多。或平日交亲之人因私赴宴之事亦常有之。

○ 自北京遣置诸省之官员外，有其地出身之官员吗？（第 15 条）

湖广、四川②、广西③、云南、贵州④、陕西之内，自昔年居住深山僻地之土民⑤多苗蛮、黎峒⑥类生熟户，不知何时盘居其地⑦。清朝一统后，皆投诚。故授其酋长之土司土官⑧本职，世世承袭。知⑨府、同知、通判、推官、知州、知县、县丞⑩、巡检等职属吏部。指挥使、宣慰使、宣抚使、千户、安⑪抚使、招讨、长官、百户等职属兵部。

○ 北京近边及其外⑫有关口吗？往来关口凭文书通行吗？持武器之类可通行吗？⑬（第 16 条）

---

① 公私用：除底本、内阁文库藏本②、宫内厅书陵部藏本外，其余诸本作"公用"。

② 四川：筑波大学图书馆藏本②、东北大学图书馆藏本、国立国会图书馆藏本①、东京大学图书馆藏本①作"四州"，当讹。

③ 广西：筑波大学图书馆藏本①②、早稻田大学图书馆藏本、东北大学图书馆藏本、国立国会图书馆藏本①作"广四"，当讹。

④ 贵州：筑波大学图书馆藏本①②、早稻田大学图书馆藏本、东京大学东文研图书室藏本、东北大学图书馆藏本、国立国会图书馆藏本①②、东京大学图书馆藏本①作"遗州"，当讹。

⑤ 土民：筑波大学图书馆藏本②作"主民"，东北大学图书馆藏本、早稻田大学图书馆藏本、国立国会图书馆藏本①、东京大学图书馆藏本①作"王民"，恐讹。

⑥ 黎峒：内阁文库藏本③作"黎山"，筑波大学图书馆藏本①作"黎山洞"，当讹。黎峒，海南岛五指山周围黎人居住的部落。《大清一统志》卷三五〇载："本朝德威所至，黎人向化。雍正八年，琼山、定安、陵水、崖州诸生黎二千九百四十六人，相率愿入版图。"

⑦ 生熟户，不知何时盘居其地：除底本、内阁文库藏本②、宫内厅书陵部藏本外，其余诸本无。

⑧ 土司土官：筑波大学图书馆藏本②、东北大学图书馆藏本、东京大学图书馆藏本①作"土司官"，当讹。国立国会图书馆藏本①作"土司官"，"官"字旁添加"土"字。

⑨ 知：筑波大学图书馆藏本②、早稻田大学图书馆藏本、东京大学东文研图书室藏本、东北大学图书馆藏本、国立国会图书馆藏本①②、东京大学图书馆藏本①作"智"。

⑩ 县丞：底本、内阁文库藏本②、宫内厅书陵部藏本作"丞"。内阁文库藏本②"丞"字上方朱笔添加"县"字。据其余诸本改之。

⑪ 安：筑波大学图书馆藏本②、东北大学图书馆藏本、国立国会图书馆藏本①、东京大学图书馆藏本①作"按"。

⑫ 北京近边及其外：除底本、内阁文库藏本②、宫内厅书陵部藏本外，其余诸本作"北京近边"。

⑬ 此问，国立国会图书馆藏本②无。

直隶诸省、地方各所为究奸稽察而设之关口尤多。又有为收税而设之关口，朝廷遣官员往其所①征收监督商税、船料②，是云关税③。其税银解④户部或拨付兵饷、河工⑤等。又往来中华诸省，无带牌照⑥之事。往来西北口外、东南海外⑦诸蕃国者，领商照⑧、船票等。若携武器，在其牌照上写何品几件，关口审查。其数有违时，坚决戒之⑨，不许通过。

〇 北京及其外诸所，建公示法令之布告牌吗？（第17条）

民间将永久可成例之告示之旨雕刻于石碑⑩，竖置街上。

〇 往外国他国⑪商卖及其外诸用时，向官府申请吗？载物有分量吗？日本渡海之船，有人数、粮米之定吗？（第18条）

如前条⑫，往来外国者诉官府，领照票。无称量载物分量之事。往来日本及其外海洋⑬之船，应其尺寸，人数有定。计海路远近、人数多少、逗留日数等，每

---

① 朝廷遣官员往其所：除底本、内阁文库藏本②、宫内厅书陵部藏本外，其余诸本作"其所朝遣官员"。
② 船料：明清时期，政府向内河商船征收的税。
③ 关税：内阁文库藏本②、宫内厅书陵部藏本中，"税"字旁朱笔注有"一作札"。东北大学图书馆藏本、国立国会图书馆藏本①、东京大学图书馆藏本①作"关礼"。除底本、内阁文库藏本②、宫内厅书陵部藏本、东北大学图书馆藏本、国立国会图书馆藏本①、东京大学图书馆藏本①外，其余诸本作"关札"。关札，过关口时提交的身份证明书。
④ 解：内阁文库藏本②、宫内厅书陵部藏本中，"解"字旁朱笔注有"一作渡"。
⑤ 河工：指修筑河堤、开浚河道等治河工程。筑波大学图书馆藏本①②、早稻田大学图书馆藏本、东京大学东文研图书室藏本、东北大学图书馆藏本、国立国会图书馆藏本①②作"何士"，东京大学图书馆藏本①作"何土"，关西大学图书馆藏本②、京都大学图书馆藏本作"何工"，斯道文库藏本、关西大学图书馆藏本①、内阁文库藏本③、大庭修排印本作"何"，关西大学图书馆藏本③作"何二"，当讹。
⑥ 牌照：内阁文库藏本③中，旁朱笔注有"通手形往来之"。
⑦ 东南海外：除底本、内阁文库藏本②、宫内厅书陵部藏本外，其余诸本作"南北海外"。
⑧ 商照：筑波大学图书馆藏本②、早稻田大学图书馆藏本、东北大学图书馆藏本、国立国会图书馆藏本①②、东京大学图书馆藏本①作"为照"，关西大学图书馆藏本③作"商牌照"。
⑨ 坚决戒之：除底本、内阁文库藏本②、宫内厅书陵部藏本外，其余诸本无。
⑩ 碑：筑波大学图书馆藏本②、东北大学图书馆藏本、国立国会图书馆藏本①、东京大学图书馆藏本①作"牌"。
⑪ 他国：除底本、内阁文库藏本②、宫内厅书陵部藏本外，其余诸本无。
⑫ 如前条：除底本、内阁文库藏本②、宫内厅书陵部藏本外，其余诸本无。
⑬ 海洋：筑波大学图书馆藏本②、东北大学图书馆藏本、东京大学图书馆藏本①、国立国会图书馆藏本①②、京都大学图书馆藏本作"海岸"；筑波大学图书馆藏本①作"海崖"。

日一人食米一升（约日本的五合八勺）、余米一升，然诸船非必符合其定数。

○ 防备日本及其余他国外国①场所大略之事。②（第 19 条）

唐国之形势，东南有大洋，通日本及其外世界万国濒海之所，皆备有防御。③上海、崇明、舟山、厦门、台湾、琼州④、雷州等为要害之地，西北则鞑靼诸部落之地外⑤，有山海关、张家口、杀虎口⑥、宁夏、甘肃等为要害之地。

○ 外国他国⑦之船漂着时审查之事。（第 20 条）

中华之船漂着诸省各处时，若无异情，不必诉官府。若海外诸藩之船来着时，即刻诉官府。若其船无奸细行为，则书述其船来着始末，出文书，验船中。或粮米薪水等用尽时，或因风浪损坏船具、请求修复时，皆应其望。诸用毕，令从其地出船。不许⑧无故⑨滞船。

○ 博弈、盗贼、恶党审查之事。⑩（第 21 条）

犯博弈者处杖罪，其座之金银由官府没收。设会所⑪者同罪。若官员博弈，罪加一等。盗贼，依劫掠抢夺之方略、赃物之多少，有罪科之轻重。十家民户组成一甲⑫，十甲⑬合为一保。若有藏匿逃犯，或留住盗贼者，则十家共受责板、枷

---

① 他国：除底本、内阁文库藏本②、宫内厅书陵部藏本外，其余诸本无。
② 此问，除底本、内阁文库藏本②、宫内厅书陵部藏本外，其余诸本作"防外国之地大略事"。
③ 此句，除底本、内阁文库藏本②、宫内厅书陵部藏本外，其余诸本无。
④ 台湾、琼州：斯道文库藏本、关西大学图书馆藏本①③作"台湾州"。
⑤ 则鞑靼诸部落之地外：除底本、内阁文库藏本②、宫内厅书陵部藏本外，其余诸本无。
⑥ 杀虎口：筑波大学图书馆藏本②、东北大学图书馆藏本、国立国会图书馆藏本①、东京大学图书馆藏本①中无。
⑦ 他国：除底本、内阁文库藏本②、宫内厅书陵部藏本外，其余诸本无。
⑧ 许：斯道文库藏本、关西大学图书馆藏本①、国立国会图书馆藏本②作"详"，恐讹。
⑨ 无故：除底本、内阁文库藏本②、宫内厅书陵部藏本外，其余诸本无。
⑩ 此问，国立国会图书馆藏本①、东京大学图书馆藏本①作"博弈、盗贼之审查"。
⑪ 会所：筑波大学图书馆藏本②作"令所"，当讹。
⑫ 甲：筑波大学图书馆藏本①②、早稻田大学图书馆藏本、东京大学东文研图书室藏本、东北大学图书馆藏本、国立国会图书馆藏本①②、东京大学图书馆藏本①、京都大学图书馆藏本作"里"，当讹。
⑬ 甲：筑波大学图书馆藏本②、东北大学图书馆藏本、国立国会图书馆藏本①、东京大学图书馆藏本①作"里"，当讹。

号之辱。是云株连。家家相互稽察，若有可疑之事，详查内情，如确有疑①，则诉官。又寺院、饭店、酒肆等，人之审查愈严密。

○ 恶党之内，当代专禁何事？（第 22 条）

律书最初载十恶之条。所谓谋反、谋大逆、谋叛、恶逆、不道、大不敬、不孝、不睦、不义、内乱是也。犯此等罪者，逆天道人伦，背礼义，故诛罚之。② 其中，谋反、恶逆者即使遇恩赦之时，亦无宥免之事。

○ 有无叛逆者审查严格吗？（第 23 条）

如前条③，有叛逆者时，必诛罚之。其徒不分首从④，凌迟处死。其祖父、父、子孙⑤、兄弟、伯叔父⑥、甥侄十六岁以上者皆斩罪。十五岁以下男⑦并母女、妻⑧、姐妹等，遣功臣之家为奴婢。其极刑之事，天下臣民普遍知悉。平日无特别审查叛逆之事。

○ 古今所传要害之地之事。（第 24 条）

---

① 详查内情，如确有疑：除底本、内阁文库藏本②、宫内厅书陵部藏本外，其余诸本均无。
② 所谓谋反、谋大逆、谋叛、恶逆、不道、大不敬、不孝、不睦、不义、内乱是也。犯此等罪者，逆天道人伦，背礼义，故诛罚之：筑波大学图书馆藏本①②、早稻田大学图书馆藏本、东京大学东文研图书室藏本、东北大学图书馆藏本、国立国会图书馆藏本①②、东京大学图书馆藏本①②、斯道文库藏本、关西大学图书馆藏本①②③、京都大学图书馆藏本、内阁文库藏本③、大庭修排印本无。
③ 如前条：除底本、内阁文库藏本②、宫内厅书陵部藏本外，其余诸本无。
④ 首从：筑波大学图书馆藏本②、东北大学图书馆藏本、国立国会图书馆藏本①、东京大学图书馆藏本①无。首从，即主犯与从犯。
⑤ 子孙：斯道文库藏本作"兄"。除底本、内阁文库藏本②、宫内厅书陵部藏本、斯道文库藏本外，其余诸本作"子"。
⑥ 伯叔父：除底本、内阁文库藏本②、宫内厅书陵部藏本、东京大学图书馆藏本②外，其余诸本作"伯长父"。
⑦ 十五岁以下男：筑波大学图书馆藏本②、东北大学图书馆藏本、国立国会图书馆藏本①②、东京大学图书馆藏本①作"十五岁以下"，关西大学图书馆藏本①作"十岁以下男"，东京大学图书馆藏本②作"十五岁以下男女"。
⑧ 妻：除底本、内阁文库藏本②、宫内厅书陵部藏本外，其余诸本作"妻妾"。

分条问答

直省要害之地①,量其地势之险易,酌配八旗官兵②并绿旗官兵③驻防之事多少有之。统驭其官军者称提督总兵官④,总镇一方者称镇守总兵。其次为副将、参将⑤、游击、都司、守备,又次为千总、把总等武官,皆统辖其军兵⑥。要害之地大略如下所记:

北京(天津州、宣化府、古北口)

盛京(宁古塔、鸟剌⑦、墨尔根⑧、黑龙江⑨)⑩

山东(兖州府、登州府)

江南(苏州府、松江府、镇江府、淮安府⑪、通州、崇⑫明县、江阴县)⑬

浙江(杭州府、处州府⑭、温州府、宁波府、黄岩⑮县、舟山)

---

① 直省要害之地:筑波大学图书馆藏本②作"要害之地"。东北大学图书馆藏本、国立国会图书馆藏本①、东京大学图书馆藏本①作"直隶要害之地"。

② 八旗官兵:内阁文库藏本③作"官兵"。除底本、内阁文库藏本②③、宫内厅书陵部藏本外,其余诸本作"旗官兵"。

③ 绿旗官兵:内阁文库藏本②、宫内厅书陵部藏本"绿"字旁朱笔注有小字"一作旒"。东京大学图书馆藏本①作"旗旗官兵",当讹。除底本、内阁文库藏本②、宫内厅书陵部藏本、东京大学图书馆藏本①外,其余诸本作"旒旗官兵"。绿旗官兵,指清军在作战中陆续收降的明军。

④ 提督总兵官:底本、内阁文库藏本②、宫内厅书陵部藏本作"撮督总兵官",其中内阁文库藏本②"撮"字旁朱笔注有"一作提"。国立国会图书馆藏本②作"提督"。其余诸本作"提督总兵"。《大清会典》(康熙朝)卷八十六载:"凡天下要害地方,皆设官兵镇戍,其统驭官军者,曰提督总兵官。"

⑤ 参将:底本、内阁文库藏本②、宫内厅书陵部藏本无,据其余诸本补之。据《大清会典》(康熙朝)卷八十六亦可知,"副将"之下、"游击"之上还有"参将"一职。

⑥ 又次为千总、把总等武官,皆统辖其军兵:除底本、内阁文库藏本②、宫内厅书陵部藏本外,其余诸本作"又次为千总、把总"。

⑦ 宁古塔、鸟剌:筑波大学图书馆藏本②、东北大学图书馆藏本作"宁古、路鸟剌",筑波大学图书馆藏本①、国立国会图书馆藏本②作"宁古、塔鸟剌",关西大学图书馆藏本②作"宁古塔、岛",内阁文库藏本③、大庭修排印本作"宁古、塔鸟",当讹。

⑧ 墨尔根:筑波大学图书馆藏本②、早稻田大学图书馆藏本、东北大学图书馆藏本、国立国会图书馆藏本②无。筑波大学图书馆藏本①、内阁文库藏本③、大庭修排印本作"黑尔根"。墨尔根,今名嫩江,是边陲进入内地咽喉要道,曾是黑龙江将军和墨尔根副都统驻地。《盛京通志》称其"北负群山,南临沃野,江河襟带,上下要枢"。墨尔根满语作"mergen",意为贤人、智者。

⑨ 黑龙江:内阁文库藏本②、宫内厅书陵部藏本"江"字旁朱笔注有小字"一作口"。除底本、内阁文库藏本②、宫内厅书陵部藏本、关西大学图书馆藏本②作"黑龙江"外,国立国会图书馆藏本①、东京大学图书馆藏本①无此内容,其余诸本作"黑龙口"。

⑩ "盛京"条,国立国会图书馆藏本①、东京大学图书馆藏本①无。

⑪ 淮安府:除底本、内阁文库藏本②、宫内厅书陵部藏本外,其余诸本作"淮南府"。

⑫ 崇:筑波大学图书馆藏本②、东北大学图书馆藏本、国立国会图书馆藏本②作"宗",当讹。

⑬ "江南"条,国立国会图书馆藏本①、东京大学图书馆藏本①作"江南(苏州府、松江府、镇江府、淮南府)",无"通州、崇明县、江阴县"。

⑭ 府:国立国会图书馆藏本②无。

⑮ 黄岩:底本、内阁文库藏本②、宫内厅书陵部藏本作"黄严",当讹。据其余诸本改之。

江西(南昌府、赣州府①)

福建(福州府、兴化府、泉州府、漳州府②、漳浦县、台湾府、厦门、金门)③

广东(广州府、潮州府④、惠⑤州府、韶州府、高州府、琼州府、碣石卫⑥、南澳⑦)

广西(桂林府、南宁府)

湖广(武昌府⑧、长沙府、永州府⑨、常德⑩府、荆州府、彝陵府⑪、谷城县⑫)

河南(怀庆府、南阳府⑬)

山西(太原府、大同府、雁门关)

陕⑭西(西安府、宁夏府、西宁⑮府、凉州府、甘州府、肃州府⑯、榆林卫⑰、延

---

① 赣州府：筑波大学图书馆藏本②无。
② 漳州府：关西大学图书馆藏本③无。
③ "福建"条，国立国会图书馆藏本①、东京大学图书馆藏本①作"福建(福州府、泉州府、兴化府、漳浦县、厦门)"，无"台湾府、金门"。
④ 广州府、潮州府：东京大学图书馆藏本②无。
⑤ 惠：内阁文库藏本③、大庭修排印本作"云"。
⑥ 碣石卫：筑波大学图书馆藏本①②、东北大学图书馆藏本作"砚石营"。筑波大学图书馆藏本①、早稻田大学图书馆藏本、东京大学东文研图书室藏本、国立国会图书馆藏本②、京都大学图书馆藏本作"碣石营"。国立国会图书馆藏本①、东京大学图书馆藏本①作"砚石府"。斯道文库藏本、关西大学图书馆藏本①、内阁文库藏本③、大庭修排印本作"碣石府"。
⑦ 南澳：内阁文库藏本②、宫内厅书陵部藏本中，朱笔头注"澳，通作隩，一音奥"。国立国会图书馆藏本①、东京大学图书馆藏本①中无。筑波大学图书馆藏本①②、早稻田大学图书馆藏本、东京大学东文研图书室藏本、东北大学图书馆藏本、斯道文库藏本、关西大学图书馆藏本①、京都大学图书馆藏本、国立国会图书馆藏本②作"南湾"，当讹。
⑧ 府：关西大学图书馆藏本③无。
⑨ 永州府：内阁文库藏本③、大庭修排印本作"水州府"，当讹。关西大学图书馆藏本①中无。
⑩ 德：内阁文库藏本③、大庭修排印本作"能"，当讹。
⑪ 彝陵府：筑波大学图书馆藏本②本作"彝陆府"，"陆"字朱笔改为"陵"。国立国会图书馆藏本①、东京大学图书馆藏本①中无。京都大学图书馆藏本、关西大学图书馆藏本③、内阁文库藏本③、大庭修排印本作"彝陵州"。关西大学图书馆藏本①作"寻陵府"，当讹。
⑫ 县：内阁文库藏本③、大庭修排印本作"府"。
⑬ 南阳府：国立国会图书馆藏本①、东京大学图书馆藏本①中无。
⑭ 陕：内阁文库藏本②、宫内厅书陵部藏本"陕"字右侧朱笔注有日语读音"セン"，头注有"陕音洽，《说文》：隘也。陕音闪，《说文》：弘农陕也"。
⑮ 宁：底本、内阁文库藏本②、宫内厅书陵部藏本作"安"，内阁文库藏本②、宫内厅书陵部藏本"安"字旁朱笔注有小字"一作宁"。据其余诸本改之。
⑯ 府：斯道文库藏本、关西大学图书馆藏本①③、东京大学图书馆藏本②、京都大学图书馆藏本、内阁文库藏本③作"卫"。
⑰ 卫：内阁文库藏本③、东京大学图书馆藏本①、大庭修排印本作"府"。

绥镇①)②

四川(成都府、重庆府、建昌卫③、松潘卫④)

云南(云南府⑤、曲靖府⑥、开化府、楚雄府、鹤庆府⑦、永昌⑧府、永北府、临安府⑨)

贵州(贵阳府、安顺府、威⑩宁府、安笼所⑪)

○ 不依何事,一味施刑罚于徒党吗?人数多少以上⑫云徒党?(第25条)

凡三人以上云党,其刑法依犯科而有差别。叛党,指集数人歃血立誓、企逆心之辈。是等不分首从,斩罪。又有盗党、贼党,依其劫掠诓骗⑬之所为,刑罚有

---

① 延绥镇:国立国会图书馆藏本①、东京大学图书馆藏本①中无。国立国会图书馆藏本②作"延安府"。京都大学图书馆藏本、东京大学东文研图书室藏本作"延妥镇",当讹。筑波大学图书馆藏本①②、早稻田大学图书馆藏本、东北大学图书馆藏本、东京大学图书馆藏本②、斯道文库藏本、关西大学图书馆藏本①②③、内阁文库藏本③、大庭修排印本作"延安镇"。延绥镇又称榆林镇,总兵府驻榆林城。

② "陕西"条中,大庭修排印本还有"渭州卫"。

③ 卫:除底本、内阁文库藏本②、宫内厅书陵部藏本外,其余诸本作"府"。

④ 松潘卫:国立国会图书馆藏本①②、早稻田大学图书馆藏本、东京大学东文研图书室藏本、斯道文库藏本、关西大学图书馆藏本②③作"松潘府",筑波大学图书馆藏本①作"松潜府"。

⑤ 云南府:关西大学图书馆藏本③作"南云府",当讹。

⑥ 曲靖府:除底本、内阁文库藏本②、宫内厅书陵部藏本外,其余诸本无。

⑦ 鹤庆府:国立国会图书馆藏本①、东京大学图书馆藏本①中无。筑波大学图书馆藏本①、早稻田大学图书馆藏本、东京大学东文研图书室藏本、斯道文库藏本作"崔庆府",当讹。

⑧ 昌:除底本、内阁文库藏本②、宫内厅书陵部藏本、关西大学图书馆藏本①③外,其余诸本作"富"。

⑨ 临安府:国立国会图书馆藏本②、早稻田大学图书馆藏本、筑波大学图书馆藏本②作"监安府",关西大学图书馆藏本③作"虽安府",当讹。国立国会图书馆藏本①、东京大学图书馆藏本①中无。

⑩ 威:内阁文库藏本③、大庭修排印本作"盛"。除底本、内阁文库藏本②③、宫内厅书陵部藏本、大庭修排印本外,其余诸本作"成"。

⑪ 所:内阁文库藏本②旁朱笔注有小字"一作州"。国立国会图书馆藏本①、东京大学图书馆藏本①中无。国立国会图书馆藏本②、筑波大学图书馆藏本①、早稻田大学图书馆藏本、东京大学东文研图书室藏本、关西大学图书馆藏本①、京都大学图书馆藏本作"州"。筑波大学图书馆藏本②、东北大学图书馆藏本、东京大学图书馆藏本②、斯道文库藏本、关西大学图书馆藏本②③、内阁文库藏本③、大庭修排印本作"府"。

⑫ 以上:筑波大学图书馆藏本①②、东北大学图书馆藏本、国立国会图书馆藏本①②、东京大学图书馆藏本①无。

⑬ 诓骗:筑波大学图书馆藏本②、东北大学图书馆藏本、国立国会图书馆藏本①、东京大学图书馆藏本①作"驱骄",关西大学图书馆藏本②、京都大学图书馆藏本、内阁文库藏本③、大庭修排印本作"诓骄",东京大学图书馆藏本②作"诓骍",国立国会图书馆藏本②、筑波大学图书馆藏本①作"讴骄"。

《清朝探事》研究

差别。又有凶勇党①，结党营非②义之事，或劝诱、协助他人诬告，令殴打他人等类也。皆案例定罪。

○ 喧哗斗争时，处置之概况。（第 26 条）

有依愤怒怨愤而争论斗殴者时③，小事由邻佑④乡长调和，及伤亡大事时诉官府。以手足、他物打毁眼⑤耳⑥鼻肢体⑦者，依其差别，有笞杖徒流⑧之刑法。如殴死，处绞罪，用刀物杀死者，斩罪等类是也。

○ 杀人逃跑或潜入他家时，处置之事。（第 27 条）

杀人者必偿命，此为古今通例。在唐国⑨，若杀人者逃走潜入他家，其者知其为杀人罪人时，不会窝藏。

○ 有殉死之者吗？有禁制吗？（第 28 条）

古昔帝王崩御之时，有妃嫔、近臣殉葬之事。⑩ 明英宗天顺八年，此事停止。此为盛德之事⑪。今代殉死之事虽无禁制，但甚稀也。若妻妾为丈夫守节而死，奴仆为家主讲义而死，官府书节妇、烈女、义士⑫等字于匾额上，挂其家门、

---

① 凶勇党：斯道文库藏本、关西大学图书馆藏本①作"凶事党"，关西大学图书馆藏本③作"凶旁党"。关西大学图书馆藏本②作"凶　党"，即中间有一字之空。
② 非：筑波大学图书馆藏本②、早稻田大学图书馆藏本、东京大学东文研图书室藏本、东北大学图书馆藏本、京都大学图书馆藏本、关西大学图书馆藏本②③、国立国会图书馆藏本②作"辈"，斯道文库藏本、关西大学图书馆藏本①作"□"。
③ 有依愤怒怨愤而争论斗殴者时：除底本、内阁文库藏本②、宫内厅书陵部藏本外，其余诸本无。
④ 佑：筑波大学图书馆藏本①作"佐"。国立国会图书馆藏本①作"伍"，当讹。
⑤ 眼：国立国会图书馆藏本①作"罪"，当讹。
⑥ 耳：东京大学图书馆藏本①作"目"，当讹。
⑦ 肢体：除底本、内阁文库藏本②、宫内厅书陵部藏本外，其余诸本作"肢"。
⑧ 笞杖徒流：指古代的四种刑罚。与死刑一起构成了作为中国封建法律刑罚制度的"五刑"，即"笞杖徒流死"。
⑨ 在唐国：除底本、内阁文库藏本②、宫内厅书陵部藏本外，其余诸本无。
⑩ 古昔帝王崩御之时，有妃嫔、近臣殉葬之事：除底本、内阁文库藏本②、宫内厅书陵部藏本外，其余诸本无。
⑪ 此为盛德之事：除底本、内阁文库藏本②、宫内厅书陵部藏本外，其余诸本无。
⑫ 烈女、义士：除底本、内阁文库藏本②、宫内厅书陵部藏本、国立国会图书馆藏本②外，其余诸本仅作"烈女"。国立国会图书馆藏本②作"烈夫"，当讹。

街上①,感动诸人,是云旌表。

○ 近邻之官府有骚乱时,他处官府不干预吗?有无定法?(第29条)

官府之事务各自管理②。他处官府不时有骚动时,若小事,不必往;若大事,协议之。

○ 朝廷内若有争斗时,由特定官员处置,其他官员不干预吗?处置乱心者之事。③(第30条)

殿中有忿争骂言④时,其声彻御座,或有斗殴、杀伤者时,常罪加三等。⑤ 殿中有宿卫、守卫等官,制止之。无其他官员处置之定法⑥。若有乱心者,审查后,其者实患疯癫之病,照顾其人,令其归家。但守门直日⑦之官未察觉其疯癫,有罚。

○ 依杀人方法,有刚勇、怯懦之分吗?(第31条)

杀人,有七死之别。劫杀、谋杀、故杀、过失杀、斗殴杀、戏杀、逼杀是也。随其情由、谋略之轻重而定罪。在唐国,无因其场所刚勇、怯懦或用大刀小刀而审查有别之事。

○ 附决斗书等决斗之事。又在何处相会?或有留下遗书决斗之事吗?(第32条)

杀人者多因一时愤激,不顾前后利害,多不意为之。在唐国,无附决斗书、留

---

① 挂其家门、街上:筑波大学图书馆藏本②、东北大学图书馆藏本、东京大学图书馆藏本①、国立国会图书馆藏本①作"挂其家门上",其中筑波大学图书馆藏本②、东北大学图书馆藏本、国立国会图书馆藏本①"门"与"上"间有省略。内阁文库藏本③作"挂于其家街上"。
② 官府之事务各自管理:除底本、内阁文库藏本②、宫内厅书陵部藏本外,其余诸本无。
③ 此问,除底本、内阁文库藏本②、宫内厅书陵部藏本外,其余诸本作"朝廷内有争斗时处置并处置乱心者之事"。
④ 忿争骂言:除底本、内阁文库藏本②、宫内厅书陵部藏本外,其余诸本作"争骂"。
⑤ 此句,国立国会图书馆藏本②作"殿中有争骂时,常罪加三等"。
⑥ 无其他官员处置之定法:除底本、内阁文库藏本②、宫内厅书陵部藏本外,其余诸本无。
⑦ 守门直日:筑波大学图书馆藏本②、东北大学图书馆藏本、国立国会图书馆藏本①、东京大学图书馆藏本①作"守门直",国立国会图书馆藏本②作"守门直宿"。

下遗书等、在何处相会决斗等事。①

○ 有讨父兄仇之事吗？有定法吗？报仇方法等事。（第 33 条）

杀人之父兄时，其子弟诉官，凶手偿命，有此刑法。若自力报仇，即使有不共戴天之仇，若不诉官而私自杀人，难逃蔑视朝政②之罪。报其仇时，其者子弟又欲报仇，无限反复。故无赦免仇杀者之条例③。若有权势威豪非理杀人时，其子弟必向上司诉冤情，求辨明④。

○ 帮凶之事，报仇及其外争斗时亦有之事。⑤（第 34 条）

杀人，造意者斩之，加功者绞之。造意，即企图谋杀之本人。加功，即随从、助力之帮凶之事。杀伤斗殴时，加功者较本人罪减一等。⑥

○ 官员之外，农民、商人等自处奴婢死刑吗？（第 35 条）

律中人命之条最重。无论官员、农民、商人，其奴婢有罪时，送地方官，诉而究治。纵犯重罪，主人亦不任意拷问、杀伤。若主人随心处置，则罚主人，有法如此。⑦

○ 官员之奴婢，有依情而由朝廷裁断之事吗？（第 36 条）

如前条，奴婢犯罪时，送地方官。其罪之科断依天下颁行之法律，无朝廷裁

---

① 除底本、内阁文库藏本②、宫内厅书陵部藏本外，其余诸本中，本条与上条问目、回答为一条。
② 朝政：斯道文库藏本、关西大学图书馆藏本①作"朝廷"。
③ 故无赦免仇杀者之条例：筑波大学图书馆藏本②、东北大学图书馆藏本、国立国会图书馆藏本①、东京大学图书馆藏本①作"故为赦免仇杀者之条例"，当讹。
④ 辨明：筑波大学图书馆藏本②、东北大学图书馆藏本、国立国会图书馆藏本①作"骑明"，东京大学图书馆藏本①作"验明"，斯道文库藏本、关西大学图书馆藏本①作"明"。关西大学图书馆藏本②③、京都大学图书馆藏本、国立国会图书馆藏本②、筑波大学图书馆藏本①、早稻田大学图书馆藏本①、东京大学东文研图书室藏本①、内阁文库藏本③、大庭修排印本作"驿明"，其中关西大学图书馆藏本③墨笔头注"驿，疑辨"。
⑤ 此问，除底本、内阁文库藏本②、宫内厅书陵部藏本外，其余诸本作"帮凶之事"。
⑥ 此答，除底本、内阁文库藏本②、宫内厅书陵部藏本外，其余诸本作"杀人，造意者斩之，加功者绞之。加功者较本人罪减一等"。
⑦ 此答，除底本、内阁文库藏本②、宫内厅书陵部藏本外，其余诸本作"律重人命。凡官员、农商奴婢有罪时，送地方官究治。纵犯重罪，主人任意拷问、杀伤时，有罚"。

断之事。①

○ 有审查官员亲类书②、由绪书等事吗?③（第 37 条）

文武诸官员，皆审查其父祖三代履历。尤武官依其先祖军功之由绪，有永代或数代承袭之定例。

○ 有誓词④之事吗?（第 38 条）

诸官员对朝廷立誓之事无。但十年一次编审⑤，审查各处田土授受、户口增减。其时，为不成脱漏移换等之弊，地方官自于城隍庙前设誓文。然初立誓者至后年，多贪婪之事。其誓言尤为无益虚言⑥。

○ 有碍先主者，不雇佣吗?（第 39 条）

雇佣奴仆⑦时⑧，审查后，有碍先主者不雇佣。

○ 有官员收管罪人之事吗? 收管之处行死刑吗?⑨（第 40 条）

收管罪人之事，本⑩由司狱官、提牢官等掌管。在唐国，无官员之所收管罪人并在其所行死刑等事。⑪ 若亲王宗室犯罪，至宗人府衙门⑫（役所之名也⑬）讯问，是与常人之差别。

---

① 此条问目与回答，除底本、内阁文库藏本②、宫内厅书陵部藏本外，其余诸本无。
② 亲类书：亲类即亲族，亲类书应指祖谱。
③ 此问，筑波大学图书馆藏本②作"官员亲类书、由绪书等事"。
④ 誓词：除底本、内阁文库藏本②、宫内厅书陵部藏本外，其余诸本作"誓纸"。
⑤ 编审：东京大学图书馆藏本②、内阁文库藏本③、大庭修排印本作"偏审"，当讹。
⑥ 其誓言尤为无益虚言：除底本、内阁文库藏本②、宫内厅书陵部藏本外，其余诸本无。
⑦ 奴仆：除底本、内阁文库藏本②、宫内厅书陵部藏本外，其余诸本作"奴婢"。
⑧ 雇佣奴仆时：国立国会图书馆藏本②无。
⑨ 此问，除底本、内阁文库藏本②、宫内厅书陵部藏本外，其余诸本作"何处收管罪人"。
⑩ 本：除底本、内阁文库藏本②、宫内厅书陵部藏本外，其余诸本无。
⑪ 在唐国，无官员之所收管罪人并在其所行死刑等事：除底本、内阁文库藏本②、宫内厅书陵部藏本外，其余诸本无。
⑫ 衙门：国立国会图书馆藏本②、东京大学图书馆藏本②、内阁文库藏本③、大庭修排印本作"卫门"，国立国会图书馆藏本①、东京大学图书馆藏本①作"门"，当讹。
⑬ 役所之名也：除底本、内阁文库藏本②、宫内厅书陵部藏本外，其余诸本无。

○ 父之罪重加于其子吗？子之罪轻加于其父吗？有父子同罪之事吗？（第41条）

谋反大逆等极刑，父犯时，子受其累；子犯时，父亦受累。其余罪则随科断，或父或子罪，或同罪，父子共罚。①

○ 官员争论时，众议或对审裁断之事。（第42条）

官员与官员争论时，轻者②，其上司分剖。重者，革先职，离任听审。众议后，无罪者复原职。其对决审问与常人无异。③

○ 死罪有轻重吗？官员、农商人有异吗？（第43条）

死刑分二等④。绞罪，缢杀，其肢体全。斩罪，刀杀，身首异处。其内，立决、监候⑤有别。或将应示众之罪人枭首。又谋反⑥、恶逆等大罪者凌迟，吊挂罪人，戳刺身肉，使之痛苦而死，或云剐罪⑦。凡刑法，依其犯科处分，无因官员、农人、商人等身份差别而有异⑧。故俗语云"王子犯法，庶民同罪⑨"。

○ 禁门出入、审查之事。混入者、形色慌张者科罪之事。（第44条）

禁城门⑩、宫殿门⑪有守门官员并宿卫军士，昼夜轮番点视。若有意混入者，

---

① 此条问答，除底本、内阁文库藏本②、宫内厅书陵部藏本外，其余诸本无。
② 轻者：斯道文库藏本、关西大学图书馆藏本①②③、京都大学图书馆藏本、东京大学图书馆藏本②、国立国会图书馆藏本②、内阁文库藏本③无。
③ 此条问答，筑波大学图书馆藏本②、东北大学图书馆藏本、国立国会图书馆藏本①、东京大学图书馆藏本①无。
④ 二等：除底本、内阁文库藏本②、宫内厅书陵部藏本外，其余诸本作"三等"。
⑤ 监候：国立国会图书馆藏本①、东京大学图书馆藏本①作"监使"，当讹。明清时对于判处死刑的罪犯暂时监禁监候，不立即执行，待至秋审、朝审时，按具体情况分别处理。
⑥ 谋反：除底本、内阁文库藏本②、宫内厅书陵部藏本外，其余诸本作"谋叛"。
⑦ 剐罪：东京大学图书馆藏本①、大庭修排印本作"剔罪"，国立国会图书馆藏本①、东北大学图书馆藏本作"副罪"。剐罪，古代的一种割肉离骨的酷刑，凌迟的俗称。
⑧ 无因官员、农人、商人等身份差别而有异：除底本、内阁文库藏本②、宫内厅书陵部藏本外，其余诸本作"官员、白衣无差别"。
⑨ 庶民同罪：除底本、内阁文库藏本②、宫内厅书陵部藏本外，其余诸本作"庶民罪"。
⑩ 禁城门：东京大学图书馆藏本①作"禁门"，斯道文库藏本作"禁门城"。
⑪ 宫殿门：筑波大学图书馆藏本①②、早稻田大学图书馆藏本、东京大学东文研图书室藏本、东北大学图书馆藏本、国立国会图书馆藏本①②、东京大学图书馆藏本①作"宫殿"。

金议后,处徒、死①之刑。又有仓皇误入者时,守卫之官唤而斥之,让其离开。若不退去,军人用所持瓜锤②击打。尤失察时,罚值日军士。

○ 帝王亲自裁断土民诉讼吗?（第45条）

民间事宜无论大小,由各处地方官审问其情由,参详律条,酌量情状。无帝王亲自裁断土民诉讼之事。③

○ 诉讼之内,何事难?（第46条）

被杀伤而不知其凶手,无盗贼偷赃之证据等,难以处置。若官司弄错法律,有罚俸、降级、革职等处分。故有经年难以决断之事④。

○ 山川及其外诸运上⑤物品大概之事。（第47条）

直隶诸省有课税之定则⑥。征收起解⑦皆随其地⑧之宜,由各司管理。

钱粮,对田地征收之年贡。

盐课,盐之运上也。依门⑨票数,纳税银。

---

① 徒、死：除底本、内阁文库藏本②、宫内厅书陵部藏本、国立国会图书馆藏本②外,其余诸本作"杖、徒、死"。
② 瓜锤：古代兵器。锤大体有长柄锤、短柄锤、链子锤等。瓜锤击打即"金瓜击顶",使用瓜形铜锤击打受刑人头顶,致其死亡的残酷刑罚方式。
③ 此条问答,除底本、内阁文库藏本②、宫内厅书陵部藏本外,其余诸本无。
④ 故有经年难以决断之事：筑波大学图书馆藏本②、东北大学图书馆藏本、国立国会图书馆藏本①、东京大学图书馆藏本①作"故经年不决之事多",筑波大学图书馆藏本①、早稻田大学图书馆藏本、东京波大学东文研图书室藏本、东京大学图书馆藏本②、国立国会图书馆藏本②、斯道文库藏本、关西大学图书馆藏本①②③、京都大学图书馆藏本、内阁文库藏本③、大庭修排印本作"故经年不决"。
⑤ 运上：日本江户时代,幕府对从事工商、贸易、矿产、渔猎、运输等各种行业者普遍征收的一种杂税。
⑥ 定则：筑波大学图书馆藏本①②、早稻田大学图书馆藏本、东京大学东文研图书室藏本、东北大学图书馆藏本、国立国会图书馆藏本①、东京大学图书馆藏本①、京都大学图书馆藏本、东京大学图书馆藏本②、国立国会图书馆藏本②作"定例",斯道文库藏本、关西大学图书馆藏本①②③、内阁文库藏本③、大庭修排印本作"定制"。
⑦ 起解：地方政府将钱、粮等物解送上级政府。
⑧ 地：斯道文库藏本、关西大学图书馆藏本①作"时"。
⑨ 门：内阁文库藏本②、宫内厅书陵部藏本朱笔旁注"一作驯"。除底本、内阁文库藏本②、宫内厅书陵部藏本外,其余诸本作"驯"。

茶课,茶之运上也。依门①目数,纳税银。

关税,各地设关口,纳商税、船料。

芦课,产芦之地江南、江西、湖广三省纳税银。

鱼课,渔场之运上也。诸处②设河泊衙门③,纳税银。

杂课,各项运上也。

虽如上诸杂物悉纳运上④,但其银目、员数甚轻微。书籍、笔、墨、砚等文具无运上。

○ 所知金银铜铁山之事。(第48条)

古来未开采产金银之山,故不知其所。铜山,云南、贵州、四川、陕西有。铁山,各省均有。⑤

○ 有使用金银钱札之事吗?(第49条)

在唐国,无用札之事。

○ 市中及其外卖出之所⑥,官员前往查验吗?(第50条)

诸货物过关口时,审查其包捆⑦之大小、长短,征收规定之税银,其上打红印。故关口给督理官红单,即何货物收多少税银之票。或云验单,又云税单。无单者⑧为私货,不能商卖。

---

① 门:内阁文库藏本②、宫内厅书陵部藏本朱笔旁注"一作判"。除底本、内阁文库藏本②、宫内厅书陵部藏本外,其余诸本作"判"。

② 诸处:除底本、内阁文库藏本②、宫内厅书陵部藏本外,其余诸本作"诸家"。

③ 河泊衙门:筑波大学图书馆藏本②本作"家伯卫门","卫"字朱笔改为"衙"。东北大学图书馆藏本、国立国会图书馆藏本①、东京大学图书馆藏本①作"家伯卫门",当讹。国立国会图书馆藏本②、东京大学图书馆藏本②、内阁文库藏本③、大庭修排印本作"河伯卫门"。斯道文库藏本本作"河伯卫门","卫"字朱笔改为"衙"。

④ 诸杂物悉纳运上:除底本、内阁文库藏本②、宫内厅书陵部藏本外,其余诸本无。

⑤ 除底本、内阁文库藏本②、宫内厅书陵部藏本外,其余诸本中,本条问答与下条问答合为一条。即问:"有所知金银铜铁山处吗? 有使用金札之事吗",答:"古来未开采产金银之山,故不知其所。铜山,云南、贵州、四川、陕西有。铁山,各省均有。无用札之事。"其中"开采",东北大学图书馆藏本、国立国会图书馆藏本①②、东京大学图书馆藏本①、内阁文库藏本③、大庭修排印本作"闻采",当讹。

⑥ 卖出之所:除底本、内阁文库藏本②、宫内厅书陵部藏本外,其余诸本作"卖人出之所"。

⑦ 捆:内阁文库藏本③中,朱笔头注"捆当作袱"。

⑧ 无单者:斯道文库藏本、关西大学图书馆藏本①无。

○ 秤①、升之校验所、卖所有规定吗?②（第51条）

秤③、升之式样，有天下一同之制度。无校验所、卖所之规定。民间用私秤、私升，虽大小轻重略有差别，但互相酌量折算，无滞交付④。官府征收、支给时，用定制之秤、升。

○ 有金银铸造所、校验所吗？（第52条）

在唐国，无规定金银铸造所、打极印⑤等事。⑥ 皆通用真金银⑦。若以铜铅水银伪造假银者，有徒流之刑。但铸钱法⑧最重。北京及其外诸省设钱局⑨，令官员督理。若有私铸钱者，处绞刑。

○ 官员因公用旅行往来他处，朝廷供应之事。（第53条）

自帝都遣人员至诸省，或自外省至帝都奏报时，持邮符⑩即勘合⑪、火牌⑫通

---

① 秤：筑波大学图书馆藏本②作"坪"，当讹。
② 此问，除底本、内阁文库藏本②、宫内厅书陵部藏本外，其余诸本作"有秤、升之校验所、卖所吗"。
③ 秤：筑波大学图书馆藏本②作"坪"，当讹。
④ 交付：除底本、内阁文库藏本②、宫内厅书陵部藏本外，其余诸本无。
⑤ 极印：钱币铸造完成后，交由校验所鉴定，打上极印后方可流通。
⑥ 此句，除底本、内阁文库藏本②、宫内厅书陵部藏本外，其余诸本作"完全没有"。
⑦ 真金银：国立国会图书馆藏本②作"粗金银"。
⑧ 铸钱法：斯道文库藏本、关西大学图书馆藏本①作"铸法"，东京大学图书馆藏本②作"铸铁法"，当讹。
⑨ 局：筑波大学图书馆藏本②、国立国会图书馆藏本①、东京大学图书馆藏本①作"弓"，东北大学图书馆藏本作"方"，当讹。
⑩ 邮符：筑波大学图书馆藏本②、国立国会图书馆藏本②作"部符"，东北大学图书馆藏本作"部府"，恐讹。邮符，即兵部（车驾司）发给往来人员，准许其在驿站食宿及使用其车马的凭证。凡官员、兵役等经过驿站，均发邮符，填明应给夫马车船等数目，以此向沿途驿站领廪给、口粮、饭食、乘驿工具等。因使用人员的不同，分为"勘合"和"火牌"，官员驰驿给予"勘合"，兵役驰驿给予"火牌"。此外，还有兵牌、火票、兵票等。
⑪ 勘合：验对符契。古时符契文书上盖印信，分为两半，当事双方各执一半，用时将两符契相并，验对骑缝印信作为凭证。凡调遣军队、车驾出入皇城、官吏驰驿等均须勘合。清代官吏使奉差出京沿途用驿站马匹，须盘驱邮符，亦称勘合。文官府文簿，编立字号，由上官用关防盖半印，称勘合文簿。
⑫ 火牌：兵役、官级较低的官员等投递公文，经过驿站时，取得相应供应的凭证。一般由兵部按照排文格式刷印制发，或交有关衙门随时填用。内填给夫马车船数目以及乘驿人员姓名，供沿途驿站查验。《大清会典・兵部车驾司》："凡驿递，验以火牌，定其迟速之限。"通常传递文书，以日行二百四十里为度；如遇军事上紧急文书，规定日行四百里至六百里，要由经办机构写明。

行，通行证之类也。兼计道里远近、事务①缓急，给予诸官定数邮符。往来之时，急事用勘合，常事用火牌。合勘合、火②牌，途经各所以朝廷之钱粮③供应驿马、驿夫或水④路船、廪给⑤、口粮。尤因小事往来近方时，亦有自己出路费之事。⑥

○ 杂说、戏言、小歌⑦等之内有禁制或规避之事吗？并有狂歌⑧、落书⑨等吗？⑩（第54条）

游手好闲之辈常多言杂说、戏言。但禁止诽谤朝政、讥刺官府⑪。若露见时，罚之。间有书无名诗词、狂歌⑫、落书类，或以画喻事，张挂于衙门⑬口、街道之事。

○ 诸省各所风俗大略之事。（第55条）

直隶诸省、一州一县之风俗有异同，其大略记之如下⑭：

北京，帝都也。故天下臣民、百工⑮来聚者甚多⑯。其繁盛可想而知⑰。

---

① 事务：筑波大学图书馆藏本②作"职务"，"职"为朱笔补充之字。东北大学图书馆藏本、京都大学图书馆藏本、国立国会图书馆藏本②作"辛务"。
② 火：早稻田大学图书馆藏本作"大"，当讹。
③ 钱粮：筑波大学图书馆藏本②、东北大学图书馆藏本作"钱量"，当讹。
④ 水：关西大学图书馆藏本②作"船"，墨笔旁注一作"水"。
⑤ 廪给：俸禄，薪给。
⑥ 东京大学图书馆藏本①、国立国会图书馆藏本①中，此条与下条部分内容合抄为一条，载为"官员因公用旅行往来他处。间有书诗词、落书类，或以画喻事，张挂于衙门口、街道"。
⑦ 小歌：日语词汇，民间流行的歌谣。
⑧ 狂歌：日语词汇，江户时代流行的鄙俗的滑稽和歌。
⑨ 落书：日语词汇，匿名讽刺文书。
⑩ 此问，除底本、内阁文库藏本、宫内厅书陵部藏本外，其余诸本作"杂说、戏言、狂歌、落书等有禁制吗？"
⑪ 讥刺官府：除底本、内阁文库藏本②、宫内厅书陵部藏本外，其余诸本无。
⑫ 狂歌：除底本、内阁文库藏本②、宫内厅书陵部藏本外，其余诸本无。
⑬ 衙门：筑波大学图书馆藏本②本作"卫行"，"行"字朱笔改为"门"字。东北大学图书馆藏本、国立国会图书馆藏本②、东京大学图书馆藏本②、内阁文库藏本③、大庭修排印本作"卫门"，当讹。
⑭ 直隶诸省、一州一县之风俗有异同，其大略记之如下：除底本、内阁文库藏本②、宫内厅书陵部藏本外，其余诸本无。
⑮ 百工：中国古代主管营建制造的工官名称，后用为各种手工业者和手工业行业的总称。斯道文库藏本、关西大学图书馆藏本①③作"间"。
⑯ 来聚者甚多：国立国会图书馆藏本①、东京大学图书馆藏本①作"来集"，除底本、内阁文库藏本②、宫内厅书陵部藏本、国立国会图书馆藏本①、东京大学图书馆藏本①外，其余诸本作"来聚"。
⑰ 其繁盛可想而知：筑波大学图书馆藏本①②、早稻田大学图书馆藏本、东京大学东文研图书室藏本、东北大学图书馆藏本、东京大学图书馆藏本①、国立国会图书馆藏本①②中无。

山东,正直,愚戆①也。

江南,先代建都之地也。其财赋天下第一。文学最盛。其俗富饶而好华丽。

浙江,财货、赋税最多。人精功幼②,颇勇悍③。好虚浮,华而少实④。

江西,土地贫瘠,多贫穷者。俗质朴、专勤学业。故多出秀丽之士。尤抚州、吉安二府胜于诸郡,多出才智之人。

福建,山多田少。民间多好文学者。尤山谷、濒海有盗寇之患。

广东,山海之土⑤产丰饶。海舶来着,故多集蕃货。又有山㺞⑥(偏地⑦居住之民也)成寇,又有海贼。

广西,猺獞之种类多,中华编⑧民少。其熟⑨者虽渐驯于华人,但生者⑩专做煽诱仇杀之事,骚扰边境。

湖广,其地广沃⑪,多菽粟,富饶也。人情好夸诞。

河南,尊尚节义,专勤稼穑⑫。风气刚劲,难以亲近。

---

① 戆:愚也;憨厚而刚直。筑波大学图书馆藏本①②、早稻田大学图书馆藏本、东京大学东文研图书室藏本、东北大学图书馆藏本、东京大学图书馆藏本①、国立国会图书馆藏本①②、斯道文库藏本、关西大学图书馆藏本①、京都大学图书馆藏本、内阁文库藏本③、大庭修排印本作"赣",其中内阁文库藏本③朱笔旁注"正直也"。

② 人精功幼:筑波大学图书馆藏本①②、早稻田大学图书馆藏本、东京大学东文研图书室藏本、东北大学图书馆藏本、国立国会图书馆藏本①②、东京大学图书馆藏本①、关西大学图书馆藏本②、京都大学图书馆藏本、大庭修排印本作"人情巧助",斯道文库藏本、关西大学图书馆藏本①作"人情功□",关西大学图书馆藏本③作"人情切助",东京大学图书馆藏本②作"人情功助",内阁文库藏本③作"人情巧"。

③ 悍:内阁文库藏本③中,"悍"字旁朱笔注"恶强"。

④ 华而少实:除底本、内阁文库藏本②、宫内厅书陵部藏本外,其余诸本作"华而无实"。

⑤ 土:筑波大学图书馆藏本②、早稻田大学图书馆藏本、东京大学东文研图书室藏本、东北大学图书馆藏本、国立国会图书馆藏本①②、东京大学图书馆藏本①作"上",当讹。

⑥ 㺞:内阁文库藏本②作"猺",旁注"㺞"。

⑦ 偏地:筑波大学图书馆藏本①作"编比",当讹。

⑧ 编:筑波大学图书馆藏本②、早稻田大学图书馆藏本、东京大学东文研图书室藏本、东北大学图书馆藏本、东京大学图书馆藏本①、国立国会图书馆藏本①②、关西大学图书馆藏本②作"偏",当讹。

⑨ 熟:除底本、内阁文库藏本②、宫内厅书陵部藏本、东京大学图书馆藏本②外,其余诸本作"热",当讹。内阁文库藏本③中,朱笔头注"热当作熟"。熟,归顺汉族或文化发展程度较高的少数民族。

⑩ 生者:除底本、内阁文库藏本②、宫内厅书陵部藏本外,其余诸本无。生民,远离汉族聚居地区的少数民族。

⑪ 广沃:筑波大学图书馆藏本②、东北大学图书馆藏本、国立国会图书馆藏本①、东京大学图书馆藏本①作"广大"。筑波大学图书馆藏本①、早稻田大学图书馆藏本、东京大学东文研图书室藏本作"广汰",当讹。

⑫ 稼穑:内阁文库藏本③中,朱笔头注"种之曰稼,敛之曰穑"。

山西，朴素民安，无盗贼。

陕西，风俗淳厚，接羌蕃之地，故苦于边患。

四川①，以岷江、沱江②、黑水、白水③四大川而名。要害坚固之地也。人气奸雄者多。

云南，其地接吐蕃，元明以来，始入中华版图。人性勇悍、多疑。近来渐效④华俗。

贵州，古昔云罗施鬼国，其疆域不过中华一大郡。因其为往来云南之道，故入中华版籍。

〇 不与鞑靼私下往来吗？（第56条）

因商卖往来鞑靼者，诉官府，领文凭。多出入口外之近边⑤，至极西者甚稀。

〇 唐国年年多赐鞑靼钱，大约多少？因何事由赐钱？⑥（第57条）

清朝开国以来，满洲、蒙古部落⑦互结婚姻，或为驸马，或为郡马（皇家、诸王家之婿），成众多亲族。每年帝生辰、年节等，往北京朝贺⑧。有先帝各赏赐之例。难舍第一亲族之好，若与无智之辈结怨，成边境骚动之端，故赏赐不断。⑨

---

① 四川：内阁文库藏本③、大庭修排印本作"西川"。
② 沱江：筑波大学图书馆藏本②、东北大学图书馆藏本作"沆江"，京都大学图书馆藏本、关西大学图书馆藏本②③、东京大学图书馆藏本②、内阁文库藏本③、大庭修排印本作"陀江"，东京大学图书馆藏本①、国立国会图书馆藏本①作"流江"，国立国会图书馆藏本②、早稻田大学图书馆藏本、东京大学东文研图书室藏本作"院江"，筑波大学图书馆藏本①作"浣江"。均讹。
③ 黑水、白水：筑波大学图书馆藏本②、早稻田大学图书馆藏本、东京大学东文研图书室藏本、东北大学图书馆藏本、国立国会图书馆藏本①②、东京大学图书馆藏本①②、关西大学图书馆藏本③、内阁文库藏本③、大庭修排印本作"墨水、泉"，斯道文库藏本、关西大学图书馆藏本①作"黑水"，关西大学图书馆藏本②、京都大学图书馆藏本作"墨水、白水"。明杨慎著《升庵集》卷七十六载："四川者，则取岷江、沱江、黑水、白水四大川以为名尔。"
④ 效：除底本、内阁文库藏本②、宫内厅书陵部藏本外，其余诸本作"化"。
⑤ 口外之近边：除底本、内阁文库藏本②、宫内厅书陵部藏本外，其余诸本作"口外"。
⑥ 此问，除底本、内阁文库藏本②、宫内厅书陵部藏本外，其余诸本作"年年赐鞑靼钱之事，大约多少。"
⑦ 落：内阁文库藏本③中，朱笔头注"落，村也"。
⑧ 朝贺：除底本、内阁文库藏本②、宫内厅书陵部藏本外，其余诸本作"朝贡"。
⑨ 难舍第一亲族之好，若与无智之辈结怨，成边境骚动之端，故赏赐不断：筑波大学图书馆藏本②、东北大学图书馆藏本、国立国会图书馆藏本①、东京大学图书馆藏本①中无。

亲族逐年增多,欲继赏赐之意,则逐渐减少赐物。① 最初为银子、纱绫②、缎子、罗纱③类。其后,上等,赐车二十辆;中等,车十余辆④;下等,车七八辆。皆与铜钱、端物、杂物⑤。代银⑥赐钱⑦之事是省折耗之意。其数,民间未闻。

○ 北京之外,有可成帝城之地吗?有准备替代之地吗?有与北京相似之城地吗?⑧(第58条)

北京,本金元之都也。明太祖定都金陵(金陵即南京。清朝时,改为今之江南省江宁府)⑨,同世祖迁都今之北京以来,北京为明代、清朝历代之帝都也⑩。南京偏东南,难以控御西北方,故非胜地。古代之帝都,陕西(周秦汉唐)⑪、四川⑫(蜀汉)⑬、河南(隋五代赵宗)⑭、江南⑮(吴晋刘宗齐梁陈)⑯是也。虽旧都如此,但北京之形胜要害,其下不及,王畿之地也⑰。故其后无迁都之消息。⑱

---

① 亲族逐年增多,欲继赏赐之意,则逐渐减少赐物:除底本、内阁文库藏本②、宫内厅书陵部藏本外,其余诸本作"随亲族逐年增多,赐物减少"。
② 纱绫:内阁文库藏本③、大庭修排印本作"绫纱",除底本、内阁文库藏本②③、宫内厅书陵部藏本、大庭修排印本外,其余诸本作"绫、纱绫"。
③ 罗纱:东北大学图书馆藏本作"罪纱",当讹。
④ 十余辆:筑波大学图书馆藏本②、东北大学图书馆藏本、国立国会图书馆藏本①②、东京大学图书馆藏本①作"十辆"。筑波大学图书馆藏本①作"二十辆",大庭修排印本作"二十余辆",当讹。
⑤ 杂物:筑波大学图书馆藏本②、东北大学图书馆藏本、国立国会图书馆藏本①②、东京大学图书馆藏本①无。
⑥ 银:斯道文库藏本、关西大学图书馆藏本①、大庭修排印本作"禄"。
⑦ 钱:内阁文库藏本③作"银",朱笔头注"银当作钱"。
⑧ 有与北京相似之城地吗:除底本、内阁文库藏本②、宫内厅书陵部藏本外,其余诸本无。
⑨ 括号中的内容,除底本、内阁文库藏本②、宫内厅书陵部藏本外,其余诸本无。
⑩ 以来,北京为明代、清朝历代之帝都也:除底本、内阁文库藏本②、宫内厅书陵部藏本外,其余诸本无。
⑪ 括号中的内容,除底本、内阁文库藏本②、宫内厅书陵部藏本外,其余诸本无。
⑫ 四川:筑波大学图书馆藏本②、东北大学图书馆藏本、国立国会图书馆藏本①、东京大学图书馆藏本①作"四州",当讹。
⑬ 括号中的内容,除底本、内阁文库藏本②、宫内厅书陵部藏本外,其余诸本无。
⑭ 括号中的内容,除底本、内阁文库藏本②、宫内厅书陵部藏本外,其余诸本无。
⑮ 江南:筑波大学图书馆藏本②、东北大学图书馆藏本、国立国会图书馆藏本①、东京大学图书馆藏本①无。
⑯ 括号中的内容,除底本、内阁文库藏本②、宫内厅书陵部藏本外,其余诸本无。
⑰ 虽旧都如此,但北京之形胜要害,其下不及,王畿之地也:除底本、内阁文库藏本②、宫内厅书陵部藏本、国立国会图书馆藏本②外,其余诸本作"北京之形胜天下无双,要害之地也"。
⑱ 此条问答,关西大学图书馆藏本②无。

○ 官员以下重视婚礼、葬礼吗？诸省之内，有依风仪简办之地吗？①（第 59 条）

官员婚礼、葬礼②随其品级而有定制。其以下③农商庶民，即使富足者，亦不过分奢美。但江南之婚礼、葬礼比他省颇④华丽。浙江之婚礼好华美者多⑤。

○ 贿赂盛行之事，有受刑之官员吗？⑥（第 60 条）

官吏受贿赂，有枉法、不枉法之别。又计财物多少，有杖徒流绞之刑。枉法即逆理曲法，枉断是非。不枉法即虽受人财物却未枉曲是非判断。⑦ 雍正五年，依书辨章、孔昭⑧犯赃重罪，斩之。陶东山、金秉衡、汤福⑨、张盛⑩等远流。向后，官司以严禁贪赃之谕旨示其下。⑪

○ 有谗言等事吗？有下毒害人等事吗？⑫（第 61 条）

---

① 此问，关西大学图书馆藏本②无。除底本、内阁文库藏本②、宫内厅书陵部藏本、关西大学图书馆藏本②外，其余诸本作"官员以下重视婚礼、葬礼吗？"。
② 婚礼、葬礼：除底本、内阁文库藏本②、宫内厅书陵部藏本外，其余诸本无。
③ 其以下：除底本、内阁文库藏本②、宫内厅书陵部藏本外，其余诸本无。
④ 颇：除底本、内阁文库藏本②、宫内厅书陵部藏本外，其余诸本无。
⑤ 多：国立国会图书馆藏本②无。
⑥ 此问，国立国会图书馆藏本②作"行贿吗"，除底本、内阁文库藏本②、宫内厅书陵部藏本、国立国会图书馆藏本②外，其余诸本作"行贿吗？有受刑之官员吗？"。
⑦ 枉法即逆理曲法，枉断是非。不枉法即虽受人财物却未枉曲是非判断：除底本、内阁文库藏本②、宫内厅书陵部藏本外，其余诸本无。
⑧ 书辨章、孔昭：国立国会图书馆藏本①、东京大学图书馆藏本①作"书辨章、孔照"。《世宗宪皇帝上谕内阁》卷六十四"雍正五年十二月"条载："又刑部等衙门议覆程如丝案内，书办章、孔昭等撞骗银两，分别拟罪奉。上谕：'朕励精图治，整饬弊端，而胥吏之作奸犯科尤为严禁。数年以来，颁发谕旨，再三晓谕，戒饬不止，三令五申矣。各部院堂官皆能凛遵朕训，恪勤奉职。而司官等亦知慎守法度，不敢为非。乃章、孔昭憨不畏死，辄敢指称部费招摇撞骗，违背朕旨。干犯国宪，非寻常犯赃可比。应置重典，以儆奸蠹，着将章、孔昭即行处斩。'"
⑨ 金秉衡、汤福：早稻田大学图书馆藏本、东京大学东文研图书室藏本、东北大学图书馆藏本、国立国会图书馆藏本①②、斯道文库藏本、关西大学图书馆藏本①②③、京都大学图书馆藏本、内阁文库藏本③作"金乘衡、阳福"，筑波大学图书馆藏本①②、东京大学图书馆藏本②作"金乘卫、阳福"，东京大学图书馆藏本①作"金来衡、阳福"，大庭修排印本作"金乐衡、阳福"，当讹。《世宗宪皇帝上谕内阁》卷六十四"雍正五年十二月"条记载："陶东山、金秉衡、汤福、张盛，既属知情又朋分银两，俱着发往黑龙江，给与披甲之人为奴。"
⑩ 张盛：东京大学图书馆藏本①作"长盛"，斯道文库藏本作"盛"。
⑪ 向后，官司以严禁贪赃之谕旨示其下：除底本、内阁文库藏本②、宫内厅书陵部藏本外，其余诸本无。
⑫ 此问，除底本、内阁文库藏本②、宫内厅书陵部藏本外，其余诸本作"有下毒之事吗？"。

古语有云："女无美恶,入宫见妒;士无贤不肖,入朝见嫉。"谋争宠、立功而告评他人者,古代、今代最多。若位高之人听信谗言时,以其误事之故,当代不轻易贬斥人。又间有作蛊毒或用毒药杀人者,被发现时,斩罪。知情买卖毒药者同罪。①

○ 武官之外持②武器吗？文官持自己之武具吗？（第 62 条）

文官、武官皆随其职而持武具,有此定例。属下之兵丁,朝廷与之定数武具。但弓箭、枪、刀、弩为防盗贼之具,故许③文武诸官及以下庶民共持有。严禁持长枪、大戟、鸟铳（铁砲）、砲位（石火矢）④之类。

○ 从工人处调武具一事停止了吗？（第 63 条）

如前条,禁止私贮⑤长枪、大戟、盔⑥甲之类。若私自铸造大小砲位,斩罪。无从工人处调用之事。其外弓箭、腰刀则无妨。⑦

○ 如何评判日本之风仪？有寻闻日本风仪之唐人吗？如何理解京都、江户之样？（第 64 条）

渡海长崎之唐人皆商人。故因买卖而来日本者,仅询问珍贵货物之品或价格高低等事者多。无寻闻其外风仪样子者。据唐人述,唐国、日本国处一天地间,故事理之机变、人情之忧乐等无差别。无评论京都、江户之样子者。⑧

---

① 此答,早稻田大学图书馆藏本作"间有作蛊毒或用毒药杀人者。知情卖毒者同罪",中间漏抄多字。除底本、内阁文库藏本②、宫内厅书陵部藏本、早稻田大学图书馆藏本外,其余诸本作"间有作蛊毒或用毒药杀人者。被发现时,斩罪。知情卖毒者同罪"。

② 持：除底本、内阁文库藏本②、宫内厅书陵部藏本外,其余诸本作"贮"。

③ 许：除底本、内阁文库藏本②、宫内厅书陵部藏本外,其余诸本无。

④ 鸟铳（铁砲）、砲位（石火矢）：除底本、内阁文库藏本②、宫内厅书陵部藏本外,其余诸本作"鸟铳、砲位",无括号内注释文字。

⑤ 贮：除底本、内阁文库藏本②、宫内厅书陵部藏本外,其余诸本作"调"。

⑥ 盔：内阁文库藏本③中,朱笔头注"盔,钵也"。

⑦ 无从工人处调用之事。其外弓箭、腰刀则无妨：除底本、内阁文库藏本②、宫内厅书陵部藏本外,其余诸本作"从工人处调用弓箭、腰刀,则无妨"。

⑧ 此条,除底本、内阁文库藏本②、宫内厅书陵部藏本外,其余诸本无。

○ 清朝五六十年、二三十年①以前,风俗、人之气势②变了吗?（第65条）

当代风俗③比昔年,有很大变化。至二三十年④以前,人心好质朴。衣服着用绸、纱绫类。着皮袄⑤者稀也。请客不过六篑（素朴碗类）。近来好奢华。衣服中,缎子、哆啰呢⑥类为常服,或着貂⑦裘、狐裘⑧。来客时,必用十二碗。所谓家家尽积蓄、只争虚浮之风俗也。⑨

○ 诸省往还之内,山川难所大略之事。（第66条）

直隶、诸省之内,陆路、水路多难所。湖广、四川、云南、贵州险阻之地最多。其中湖广汉阳府一带⑩有云点心坡⑪之地,数十里内为荒地,家屋大小之石子乱累。鬼见愁、蛇倒退⑫之地方,马、轿子无法通过。穿有铁齿之鞋,在木根藤萝间

---

① 二三十年：除底本、内阁文库藏本②、宫内厅书陵部藏本外,其余诸本无。
② 气势：筑波大学图书馆藏本②、东北大学图书馆藏本、国立国会图书馆藏本①、东京大学图书馆藏本①作"气习",筑波大学图书馆藏本①、早稻田大学图书馆藏本、东京大学东文研图书室藏本、国立国会图书馆藏本②、东京大学图书馆藏本②、京都大学图书馆藏本、斯道文库藏本、关西大学图书馆藏本①②③、内阁文库藏本③、大庭修排印本作"气质"。
③ 当代风俗：筑波大学图书馆藏本①、东京大学图书馆藏本②作"当时风俗",除底本、内阁文库藏本②、宫内厅书陵部藏本、筑波大学图书馆藏本①、东京大学图书馆藏本②外,其余诸本作"当时风仪"。
④ 二三十年：国立国会图书馆藏本②、关西大学图书馆藏本①作"二三年"。
⑤ 皮袄：筑波大学图书馆藏本②、东北大学图书馆藏本、国立国会图书馆藏本①、东京大学图书馆藏本①、大庭修排印本作"皮袂",恐讹。斯道文库藏本、关西大学图书馆藏本①作"皮类"。
⑥ 缎子、哆啰呢：筑波大学图书馆藏本①②、东北大学图书馆藏本、东京大学图书馆藏本①、国立国会图书馆藏本①作"纯子、啰哆呢",筑波大学图书馆藏本①、早稻田大学图书馆藏本、东京大学东文研图书室藏本、国立国会图书馆藏本②、东京大学图书馆藏本②、京都大学图书馆藏本、斯道文库藏本、关西大学图书馆藏本①②③、大庭修排印本作"纯子、啰哆呢",内阁文库藏本③作"纯子、啰哆",当讹。哆啰呢,一种较厚的宽幅毛织呢料。《大清会典则例》卷九十三礼部·主客清吏司·朝贡上记载："是年（康熙六年）,荷兰国王进贡方物,大马、鞍辔具、璁金瓖银铳、起花金刀、哆啰呢。"
⑦ 貂：内阁文库藏本③中,朱笔头注"貂,鼠也"。
⑧ 狐裘：斯道文库藏本、关西大学图书馆藏本①③、东京大学图书馆藏本②中无。
⑨ 至此,筑波大学图书馆藏本②、东北大学图书馆藏本、东京大学图书馆藏本①、国立国会图书馆藏本①上卷完。此后,东北大学图书馆藏本、国立国会图书馆藏本①、东京大学图书馆藏本①载有如下内容："清朝探事卷之下。奉命问：荻生总七郎　深见久太夫。通事：彭城藤治右卫门。清人：朱珮章。问目总计二百余条之内,政治并风俗之问。"此后为下卷目录,即自"诸省往还之内,山川难所大略"至"下卷问目七十二条"。此后,筑波大学图书馆藏本②、东北大学图书馆藏本、东京大学图书馆藏本①、国立国会图书馆藏本①载："清朝探事卷之下。问：荻生总七郎。答：清人朱珮章。政治并风俗之问。"此后载下条"诸省往还之内,山川难所大略之事"。
⑩ 一带：除底本、内阁文库藏本②、宫内厅书陵部藏本外,其余诸本无。
⑪ 点心坡：筑波大学图书馆藏本②、国立国会图书馆藏本①、东京大学图书馆藏本①作"点坡"。
⑫ 蛇倒退：国立国会图书馆藏本①、东京大学图书馆藏本①②作"地倒退"。

上下攀援,方可日行二十里。虎狼挡道,难以通过。① 又云南、贵州之地,有行三四日或五七日②人里③绝迹之处。旅行者用骆驼④运行李并粮米等,携小釜,于途中炊饭,以助食用。夜多野宿。又水路有长江、黄河、焦湖⑤、峡河之类。长江水深处无底,多旋涡⑥,浅处为沙地⑦。风潮俄长俄退,长时,易没舟;退时,舟干搁⑧沙⑨上,无法前进。又峡河水浅,河底有如笋之礁。其流湍急如矢。唐路八百里左右之所(日本路九十里余)⑩,船下行则四五小时;上行则二十余日⑪。⑫

○ 各地有通外国言语之官员吗?⑬（第67条）

北京翰林院⑭衙门属下设四译馆,置通辨⑮自外国来朝贡之诸国文字言语之

---

① 穿有铁齿之鞋,在木根藤萝间上下攀援,方可日行二十里。虎狼挡道,难以通过：底本无"在木根藤萝间上下攀援,方可日行二十里。虎狼",据宫内厅书陵部藏本补之。内阁文库藏本②中,"穿,在木根藤萝间上下攀援,方可日行二十里,虎狼"为朱笔补充之内容。筑波大学图书馆藏本①②、早稻田大学图书馆藏本、东京大学东文研图书室藏本、东北大学图书馆藏本、国立国会图书馆藏本①、东京大学图书馆藏本①作"穿有铁齿之鞋,难以通过木根藤萝",国立国会图书馆藏本②作"穿有铁齿之鞋,沿着木根藤萝难以通过"。

② 三四日或五七日：关西大学图书馆藏本②作"或五七日",斯道文库藏本、关西大学图书馆藏本①作"三四日或五六日"。

③ 人里：村落之意。筑波大学图书馆藏本②、东北大学图书馆藏本、东京大学图书馆藏本①、国立国会图书馆藏本①作"人足"。内阁文库藏本③无。

④ 骆驼：内阁文库藏本③中,朱笔头注"骆,河原毛马;驼,野马。骆驼,如马兽也"。

⑤ 焦湖：即巢湖,位于安徽省中部。

⑥ 旋涡：内阁文库藏本③中,朱笔头注"旋涡,枢回也"。

⑦ 沙地：筑波大学图书馆藏本②、东北大学图书馆藏本、国立国会图书馆藏本①、东京大学图书馆藏本①作"汐地"。

⑧ 干搁：内阁文库藏本③、大庭修排印本作"干涸"。

⑨ 沙：筑波大学图书馆藏本②、东北大学图书馆藏本、国立国会图书馆藏本①、东京大学图书馆藏本①作"汐"。

⑩ 唐路八百里左右之所(日本路九十里余)：东京大学图书馆藏本②作"八百里之程(九十四里)"。

⑪ 二十余日：斯道文库藏本、关西大学图书馆藏本①②③、京都大学图书馆藏本、东京大学图书馆藏本②、内阁文库藏本③、大庭修排印本作"廿四日",国立国会图书馆藏本②作"四日"。

⑫ 无法前进。又峡河水浅,河底有如笋之礁。其流湍急如矢。唐路八百里左右之所(日本路九十里余),船下行则四五小时;上行则二十余日：筑波大学图书馆藏本②、东北大学图书馆藏本、国立国会图书馆藏本①、东京大学图书馆藏本①作"若其者寻觅无果,则令中保赔偿给银、盗物,有此约定",此内容为下下条"奴婢下人,有男女,雇佣年限之定吗? 并给银大概之事。有保人、契约吗? 有世代雇佣之约定吗"的回答内容。由此可见,筑波大学图书馆藏本②、东北大学图书馆藏本、国立国会图书馆藏本①、东京大学图书馆藏本①漏抄了下条"各地有通外国言语之官员吗"全部内容以及下下条的大部分内容。

⑬ 此问,筑波大学图书馆藏本①②、早稻田大学图书馆藏本、东京大学东文研图书室藏本、斯道文库藏本、关西大学图书馆藏本①②③、京都大学图书馆藏本、东京大学图书馆藏本②、国立国会图书馆藏本②、内阁文库藏本③、大庭修排印本作"诸省有译官吗"。

⑭ 翰林院：内阁文库藏本③朱笔头注"翰林院,院也"。

⑮ 通辨：除底本、内阁文库藏本②、宫内厅书陵部藏本外,其余诸本作"通"。

官员，外省各地无。①

○ 奴婢下人，有男女、雇佣年限之定限吗？并给银大概之事。有保人、契约吗？有世代约定之雇佣吗？②（第68条）

雇佣奴婢之事，或有雇佣年限，或有世代雇佣之约定，皆主从合意③。奴仆给银一年凡二三十目④至百目左右，世代约定者给银七八十目至二百目左右。又终身雇佣之婢女，人品上等者，约给银五百目⑤至一贯目；中等者，约给银三百目至五百目；下等者，约给银二百目至三百目。若奴婢以身抵押，则借用给银之半数，或四五年为限，或幼少者以十年为限，期满时，加利息返还借银后，获自由之身。又先祖以来，令下人居住家内⑥，子孙数代侍奉者多。尤有中保（保人⑦）、契券、身券（契约）⑧。若奴婢盗而逃跑时，则令中保寻出。若其者寻出未得，令中保辨偿给银、盗物等，有此约定。⑨

---

① 此条问答，筑波大学图书馆藏本②、东北大学图书馆藏本、东京大学图书馆藏本①、国立国会图书馆藏本①无。

② 此问，筑波大学图书馆藏本①②、早稻田大学图书馆藏本、东京大学东文研图书室藏本、斯道文库藏本、关西大学图书馆藏本①②③、京都大学图书馆藏本、东京大学图书馆藏本②、国立国会图书馆藏本②、内阁文库藏本③、大庭修排印本作"下人雇佣年限有定限吗？给银大概。有保人，契约吗？世代雇佣吗"。

③ 皆主从合意：筑波大学图书馆藏本①②、早稻田大学图书馆藏本、东京大学东文研图书室藏本、斯道文库藏本、关西大学图书馆藏本①②③、京都大学图书馆藏本、东京大学图书馆藏本②、国立国会图书馆藏本②、内阁文库藏本③、大庭修排印本无。

④ 二三十目：东京大学图书馆藏本②作"三十目"。

⑤ 又终身雇佣之婢女，人品上等者，约给银五百目：筑波大学图书馆藏本①②、早稻田大学图书馆藏本、东京大学东文研图书室藏本、国立国会图书馆藏本②无。

⑥ 家内：筑波大学图书馆藏本①②、早稻田大学图书馆藏本、东京大学东文研图书室藏本、斯道文库藏本、关西大学图书馆藏本①②③、京都大学图书馆藏本、东京大学图书馆藏本②、内阁文库藏本③、大庭修排印本作"我国中"，恐讹。

⑦ 保人：国立国会图书馆藏本②作"清人之事也"。

⑧ 中保（保人）、契券、身券（契约）：东京大学图书馆藏本②作"中保（保人）、契券（契约）"。

⑨ 此条，筑波大学图书馆藏本②、东北大学图书馆藏本、东京大学图书馆藏本①、国立国会图书馆藏本①无。另外，此条后，内阁文库藏本③、大庭修排印本附有以下《唐山保券》：

内容录文："○ 唐山保券：内姪王二郎，定远县黄花军人氏。见当本处里正王善的儿子秉性老实，小哥为保人，依谨当氏一十多粟，身价白銮三锭，收约长委天百禄多多，不违夯昇唇吾以代血誓万乞敌。东人之盛意，参参不具券益。成化甲辰春三月，保主张凝（花押）、本父王善（花押）。许员外大郎上下。"不过，大庭修排印本中，"人氏"作"人民氏"，"不违"的"不"字无，但有一字空格；"东人"的"东"字作"冻"；"参参"两字无，但有两字空格。

图译注-1 《唐山保券》

分条问答

大清朝野问答下①

问：荻生总七郎。答：清人朱珮章。政治并风俗之问。②

○ 清朝廷官员自元满洲附来之世家无断绝吗？（第69条）

清朝创业以前，属幕下。至开国一统时，附随、立勋功之辈称从龙③之臣。是等家，世世无断绝而承袭，朝廷厚恩荫之。

○ 自己奴仆之外，官员不以私事使唤下属吗？④（第70条）

本部⑤之官员，以私事妄用属下员役，或非理令其劳苦时，有罚俸官人之法。

○ 申请诉讼人等，官府处置之法式大略之事。⑥（第71条）

官府听公事诉讼，有定日。或当三、六、九日，或当三⑦、八日。当日，申请诉讼人于官府门外相告，三打柏子木，其后三打升堂鼓时，皂隶吆喝⑧（皂隶为官府下卒，以皂布裹头，故云皂隶）。正官员坐大堂中央。皂隶开门，先立投文牌⑨

---

① 筑波大学图书馆藏本①、早稻田大学图书馆藏本、东京大学东文研图书室藏本、东京大学图书馆藏本②、国立国会图书馆藏本②、斯道文库藏本、关西大学图书馆藏本①③、京都大学图书馆藏本、内阁文库藏本③、大庭修排印本不分上下卷，无"大清朝野问答下"7字。关西大学图书馆藏本②虽分上下卷，但下卷卷首遗失。

② 此句内容，底本、内阁文库藏本②③、宫内厅陵部藏本、筑波大学图书馆藏本①、早稻田大学图书馆藏本、东京大学东文研图书室藏本、东京大学图书馆藏本②、国立国会图书馆藏本②、斯道文库藏本、关西大学图书馆藏本①②③、京都大学图书馆藏本、大庭修排印本等无，据筑波大学图书馆藏本②、东北大学图书馆藏本、东京大学图书馆藏本①、国立国会图书馆藏本①补入。

③ 从龙：意为随从帝王或领袖创业。筑波大学图书馆藏本②、东北大学图书馆藏本、国立国会图书馆藏本①、东京大学图书馆藏本①作"后袭"。

④ 此问，东北大学图书馆藏本、国立国会图书馆藏本①、东京大学图书馆藏本①作"官员自己之奴仆外，其官自由使唤下属吗"，筑波大学图书馆藏本①②、早稻田大学图书馆藏本、东京大学东文研图书室藏本、东京大学图书馆藏本②、内阁文库藏本③、大庭修排印本、国立国会图书馆藏本②、斯道文库藏本、关西大学图书馆藏本①②③、京都大学图书馆藏本作"官员自己之奴仆外，其官不能自由使唤下属吗"。

⑤ 部：除底本、内阁文库藏本②、宫内厅陵部藏本外，其余诸本作"邦"。

⑥ 此问，筑波大学图书馆藏本②作"申请诉讼等，官府之处置"，东北大学图书馆藏本、东京大学图书馆藏本①、国立国会图书馆藏本①②作"申请诉讼等，官府处置大略"。

⑦ 三：筑波大学图书馆藏本②、东北大学图书馆藏本、国立国会图书馆藏本①、东京大学图书馆藏本①作"二"。

⑧ 吆喝：内阁文库藏本③旁注"呼喊之事"。关西大学图书馆藏本③头注"吆，音大多声"。

⑨ 投文牌：官府用以晓示百姓使之前来投递诉状的牌子。清黄六鸿《福惠全书·莅任·堂规式》："次抬投文牌，用长桌一张，把堂皂隶抬置堂阶上，投文人等由东角门进，亲自跪投桌上，仍退立东阶下听候。"

时，发上司文书及诸衙门往返文书。次立禀事牌时，禀事人（禀事即申请诉讼也①）自东门进，上报姓名，跪下禀呈②。事终，自西门出。又立告状牌时，告状人（提起诉讼方称原告③，接受诉讼方称被告）自东门进，事毕，自西门出。审议毕，闭门。皂隶吆喝，打退堂鼓④时，正⑤官员退座。即刻返愿书⑥等，或其日呼返诉讼人等听审。

○ 官员、农商、职人⑦之身份，易分吗？（第72条）

文武官员，随其品级而饰冠顶。朝衣⑧、补套⑨有定制，丝毫不能混杂。然常服⑩，官员、平民无异，但帽上缀有红线制之厚穗，云纬帽⑪。帽缘⑫以貂鼠皮制者云貂帽，秀才、监生⑬以上戴之。奴仆或优人（芝居役者⑭之类也）着沙狐皮帽⑮。乐户、水户⑯（游女屋龟鸨之类）着黄鼠皮帽，或着绿绢带里帽。其外官民常服⑰无

---

① 禀事即申请诉讼也：内阁文库藏本③、大庭修排印本、关西大学图书馆藏本②作"禀事即申请诉讼人也"。国立国会图书馆藏本②作"申请诉讼人也"。
② 禀呈：国立国会图书馆藏本①、东京大学图书馆藏本①作"亦告 禀呈"。
③ 原告：筑波大学图书馆藏本②、东北大学图书馆藏本、国立国会图书馆藏本①、东京大学图书馆藏本①作"示告"。
④ 退堂鼓：除底本、内阁文库藏本②、宫内厅书陵部藏本外，其余诸本作"堂退鼓"。
⑤ 正：筑波大学图书馆藏本①、早稻田大学图书馆藏本、东京大学东文研图书室藏本作"平"。
⑥ 愿书：即申请书。除底本、内阁文库藏本②、宫内厅书陵部藏本外，其余诸本作"愿方"，指诉讼人。
⑦ 职人：即手工业者。除底本、内阁文库藏本②、宫内厅书陵部藏本外，其余诸本作"工人"。
⑧ 衣：内阁文库藏本②中，此字用朱笔划去。
⑨ 补套：内阁文库藏本③中，"套"字旁朱笔注有"官服"二字。"补套"应为"补服"，亦称"补褂"，无领、对襟，长度比袍短、比褂长，石青色。清代官服前胸、后背各缀一块布称为"补子"，其上绣有不同的飞禽走兽，以表示不同官职。
⑩ 服：筑波大学图书馆藏本②、东北大学图书馆藏本、国立国会图书馆藏本①、东京大学图书馆藏本①作"腋"，当讹。
⑪ 纬帽：国立国会图书馆藏本①作"伟帽"，斯道文库藏本、关西大学图书馆藏本①作"绪帽"，当讹。
⑫ 帽缘：除底本、内阁文库藏本②、宫内厅书陵部藏本外，其余诸本无。
⑬ 监生：内阁文库藏本③，旁朱笔注有"役人"，官员之意。
⑭ 芝居役者：日语词汇，指戏剧俳优，以乐舞谐戏为业的艺人。
⑮ 沙狐皮帽：内阁文库藏本②中，"沙"字之上注"纱"。除内阁文库藏本②、宫内厅书陵部藏本外，底本及其余诸本作"纱狐皮帽"。《大清会典则例》卷六十五载："奴仆及优人、皂隶准用狐貉、沙狐皮帽。"故更改之。
⑯ 水户：筑波大学图书馆藏本①②、早稻田大学图书馆藏本、东京大学东文研图书室藏本、东北大学图书馆藏本、国立国会图书馆藏本①②、东京大学图书馆藏本①作"水"，当讹。水户，开设妓院之男子。明·谢肇淛《五杂俎·人部四》："隶于官者为乐户，又为水户。国初之制，绿其巾以示辱。"
⑰ 常服：国立国会图书馆藏本①、东京大学图书馆藏本①作"裳服"。

差别。故难分其身份。

○ 官员私人之诉讼，不向其上司申①言吗？（第73条）

官员因公用而诉时，文书达上司。若争论自家婚姻、钱债、田土等私事②时，令家人或子弟如常人③诉于地方官。不许用官府身份行公文。

○ 有科罪之者依高位之人或出家人等求情而免罪之事吗？（第74条）

判断科罪之事，依一定之法律，不可过之，亦不能不及，此为要也。即使天子，亦不能增减法令。况高位之人、出家人等，无依其求情而免罪人之事。④

○ 依生业之品，有贵贱之次序吗？（第75条）

娼优隶卒云四贱民。娼，游女、龟鸨类也；优，戏剧俳优类也；隶，衙门看管罪人者也；卒，走差奴仆类也。其外，剃人头发者云剃头，磨人踵跟、剪足爪甲者云修脚。⑤是等为至极⑥下贱之生业也。

○ 有乞食、秽多之类⑦吗？风仪不同常人吗？（第76条）

乞食云化子。头云甲头，又云丐头，支配手下化子。若有犯罪者时，同常人。又斩罪人头者云刽子手⑧。虽为下贱之者，朝廷与之薪金。风仪之事，乞食皆着褴褛，即使持金钱⑨者，皆着绵服，无着绢类衣帽之事。途中逢人时，必行偏路旁⑩，

---

① 申：早稻田大学图书馆藏本作"上中"，东京大学东文研图书室藏本作"中"，当讹。
② 婚姻、钱债、田土等私事：国立国会图书馆藏本②作"私事"。
③ 常人：东京大学图书馆藏本①作"官员"，当讹。
④ 此条问答，除底本、内阁文库藏本②、宫内厅图陵部藏本外，其余诸本无。
⑤ 其外，剃人头发者云剃头，磨人踵跟、剪足爪甲者云修脚：关西大学图书馆藏本②作"其外，剃人头发者云修脚"，恐漏抄。
⑥ 至极：筑波大学图书馆藏本①②、早稻田大学图书馆藏本、东京大学东文研图书室藏本、东北大学图书馆藏本、国立国会图书馆藏本①②、东京大学图书馆藏本①无，东京大学图书馆藏本②、内阁文库藏本③、大庭修排印本、斯道文库藏本、关西大学图书馆藏本①②③、京都大学图书馆藏本作"至"。
⑦ 类：早稻田大学图书馆藏本、东京大学东文研图书室藏本、国立国会图书馆藏本②、关西大学图书馆藏本②、京都大学图书馆藏本作"头"。
⑧ 刽子手：国立国会图书馆藏本①、东京大学图书馆藏本①作"刽子"。
⑨ 持金钱：大庭修排印本作"不持金银"。除底本、内阁文库藏本②、宫内厅图陵部藏本、大庭修排印本外，其余诸本作"持金银"。
⑩ 行偏路旁：除底本、内阁文库藏本②、宫内厅图陵部藏本外，其余诸本作"避道偏旁"。

自为乞食类之事无疑。

○ 自几岁剃发？自几岁不剃须？（第77条）

大家之子，自十六岁剃发①，留辫②（留辫③即剃头中央之发，使成圆形，编三股，是云辫发④），戴帽。学进秀才时，留须不剃。小家之子无岁限。

○ 无论刊行何书，都要诉官府、受审查吗？（第78条）

版刻⑤圣经贤传或自己述作之诗文时，不必诉官府。新刻其外杂⑥书时，诉官府，受审查。严禁刻假托、嘲弄朝政之小说等书、妖书、淫书。

○ 总督并各所官员前往北京、不在任期间，有代理官府政务者吗？一般来说，诸官员⑦第几年前往北京？（第79条）

外省官员朝觐帝都，无定限。若有故被召时赴京，则有逢病或丧⑧、经奏闻归乡之事。其不在任期间，总督事务由巡抚兼，巡抚事务由总督兼，知府之迹⑨由同知兼，知县之政⑩由县丞或知府衙门之佐贰官⑪兼。其余准此可知。

---

① 剃发：筑波大学图书馆藏本②、东北大学图书馆藏本作"不再剃发"，国立国会图书馆藏本①、东京大学图书馆藏本①作"不再剃须"，国立国会图书馆藏本②无。

② 辫：内阁文库藏本②、宫内厅书陵部藏本、筑波大学图书馆藏本①原作"辨"，朱笔旁注小字"一作辫"。底本原作"辨"，据国立国会图书馆藏本①②、斯道文库藏本、关西大学图书馆藏本①③、京都大学图书馆藏本改之。

③ 辫：底本、内阁文库藏本②、宫内厅书陵部藏本原作"辨"，后者朱笔旁注小字"一作辫"。筑波大学图书馆藏本①原作"辨"，朱笔修改为"辫"。国立国会图书馆藏本①、东京大学图书馆藏本①②作"弁"。据斯道文库藏本、关西大学图书馆藏本①③、京都大学图书馆藏本改之。

④ 辫发：底本、内阁文库藏本②、宫内厅书陵部藏本原作"辨发"，筑波大学图书馆藏本①②、早稻田大学图书馆藏本、东京大学东文研图书室藏本、东北大学图书馆藏本、国立国会图书馆藏本①②、东京大学图书馆藏本①②、斯道文库藏本、关西大学图书馆藏本①②、京都大学图书馆藏本作"弁"。

⑤ 版刻：除底本、内阁文库藏本②、宫内厅书陵部藏本外，其余诸本作"板行"。

⑥ 杂：国立国会图书馆藏本②无此字。

⑦ 诸官员：筑波大学图书馆藏本①②、早稻田大学图书馆藏本、东京大学东文研图书室藏本、东北大学图书馆藏本、东京大学图书馆藏本②、内阁文库藏本③、大庭修排印本、关西大学图书馆藏本②、京都大学图书馆藏本作"两人"，其中，东京大学图书馆藏本②中"两"前注有"疑官"二字。斯道文库藏本、关西大学图书馆藏本①作"西人"，当讹。

⑧ 逢病或丧：筑波大学图书馆藏本②作"有病退之"，东北大学图书馆藏本、国立国会图书馆藏本①、东京大学图书馆藏本①作"逢病或变"，早稻田大学图书馆藏本作"逢病或麦"，当讹。

⑨ 迹：此处应指前人遗留的政务。国立国会图书馆藏本②作"路"，当讹。

⑩ 政：除底本、内阁文库藏本②、宫内厅书陵部藏本外，其余诸本作"迹"。

⑪ 县丞或知府衙门之佐贰官：筑波大学图书馆藏本②作"知府彳门佐员"，其中，"彳"恐为"衙"之讹。东北大学图书馆藏本、国立国会图书馆藏本①、东京大学图书馆藏本①作"知府卫门佐员"，（转下页）

分条问答

○ 诸官员参①宰相及其他大官之家宅听闻公事吗？（第80条）

大事，诸官员必去官府公议；小事②，常③去官员居宅陈告内意。在京官员皆居住公馆④。

○ 官员之内，其家⑤有重代之职吗？（第81条）

至圣孔子之末裔⑥衍圣公⑦并兖州府学录⑧、曲阜县知县任翰林院、太常寺、国子监衙门之博士。又周公之末裔、颜渊·曾子·孟子·闵子骞·子贡·子夏·子游·子路之末裔，又关圣之末裔、周子⑨·邵子⑩·张子⑪·二程子⑫·朱

（接上页）早稻田大学图书馆藏本、东京大学东文研图书室藏本、国立国会图书馆藏本②、东京大学图书馆藏本②作"县丞或知府卫门之佐贰"，筑波大学图书馆藏本①、斯道文库藏本、关西大学图书馆藏本①②③、京都大学图书馆藏本作"县丞或知府衙门之佐贰"，内阁文库藏本③作"县丞或知府卫门之佐职"，大庭修排印本作"县丞或知府衙门之佐贰"。佐贰官，专指地方政府的副职。府之佐贰官为同知、通判，州之佐贰官为州同、州判，县之佐贰官为县丞、主簿。凡府及州县之佐贰官，或与主官同城，或分防。

① 参：东北大学图书馆藏本、东京大学图书馆藏本①、国立国会图书馆藏本①作"集"。

② 大事，诸官员必去官府公议；小事：筑波大学图书馆藏本②作"大事，官员必去官府，并公议之小事"。东北大学图书馆藏本、国立国会图书馆藏本①、东京大学图书馆藏本①作"大事，官员必去官府并公议；小事"。

③ 常：除底本、内阁文库藏本②、宫内厅书陵部藏本外，其余诸本无。

④ 公馆：大庭修排印本作"公舍官"，当讹。

⑤ 家：筑波大学图书馆藏本①②、早稻田大学图书馆藏本、东京大学东文研图书室藏本、东北大学图书馆藏本、国立国会图书馆藏本①②、东京大学图书馆藏本①作"外"。

⑥ 至圣孔子之末裔：筑波大学图书馆藏本②、东北大学图书馆藏本、国立国会图书馆藏本①、东京大学图书馆藏本①作"孔子之末"，筑波大学图书馆藏本①、早稻田大学图书馆藏本、东京大学东文研图书室藏本、国立国会图书馆藏本②作"孔子之末裔"，斯道文库藏本、关西大学图书馆藏本①②③、京都大学图书馆藏本、东京大学图书馆藏本②、内阁文库藏本③、大庭修排印本作"孔夫子之末裔"。

⑦ 衍圣公：北宋至和二年（1055）宋仁宗赐给孔子46代孙孔宗愿的封号，历经宋、金、元、明、清、民国，直至1935年国民政府改封衍圣公孔德成为大成至圣先师奉祀官为止，共承袭32代。明代班列文官之首；清代不但班列阁臣之上，还特许紫禁城骑马，在宫中御道上行走。关西大学图书馆藏本③头注"衍圣公至圣裔、太子少师、光禄大夫，袭封衍圣公。孔毓圻，字端宸"。其中端宸应为"朔宸"之讹。参见《清史稿》卷四八三《孔毓圻传》。

⑧ 学录：配置于国子监等官学机构的教学及行政人员。宋子监置学正与学录，掌执行学规，考校训导；又置职事学录与学正、学录，通掌学规。明、清沿置。明学录秩从九品，清乾隆初升为正八品。

⑨ 周子：即周敦颐（1017—1073），字茂叔，号濂溪，宋朝儒家理学思想的开山鼻祖，文学家、哲学家，与邵雍、张载、程颐、程颢并称"北宋五子"。

⑩ 邵子：邵雍（1011—1077），字尧夫，谥康节，自号安乐先生、伊川翁，后人称百源先生，北宋著名理学家、数学家、道士、诗人。

⑪ 张子：张载（1020—1077），字子厚，世称横渠先生，北宋哲学家，宋明理学支脉"关学"创始人。东京大学图书馆藏本①作"子张"，国立国会图书馆藏本②作"张"，当讹。

⑫ 二程子：即程颐、程颢。内阁文库藏本③中，朱笔头注"二程子，河南程颢，是岁（元丰八年）卒。颢，字伯淳，号明道。弟颐，字正叔，号伊川。兄弟皆从濂溪周惇颐。濂溪，号。周，姓。惇颐，名"。"惇"字恐为"敦"字之讹。

《清朝探事》研究

子①之末裔皆世世任翰林院衙门之博士。又土司土官等世世住其地，勤本职。

○ 神社、佛寺有开帐②吗？有狂言、杂耍吗？有谈议③、说法等吗？（第82条）

名山大寺逢年节或菩萨生辰之日、成道之日，开大殿门，诵经进香。尤路边有表演戏剧、杂耍等为生业者。又寺院间有讲经说法，听闻者大抵老人多，禁年轻女子参诣④。

○ 有出家人蓄妻之宗门⑤吗？（第83条）

在唐国，无蓄妻之出家人。但喇嘛僧食肉。⑥

○ 有尼寺吗？（第84条）

直省诸所⑦有尼寺。

○ 寺社领地有朝廷附置的田地、山林、金银吗？立杀生禁断之告示牌吗？（第85条）

敕赐之寺院⑧附田地、山林，营造物料⑨由朝廷下赐。又诸府州县均有学宫，皆附学田⑩。又寺院请地方官在院内建置戒杀之告示牌。

---

① 朱子：朱熹（1130—1200），字元晦，又字仲晦，号晦庵，晚称晦翁。南宋理学家、哲学家、教育家。
② 开帐：寺院在特定的日子打开佛龛的门，让一般人礼拜本尊佛像。又称启龛、开扉、启帐。筑波大学图书馆藏本①、早稻田大学图书馆藏本、东京大学东文研图书室藏本作"开张"。
③ 谈议：指讲佛经、说法义。
④ 参诣：除底本、内阁文库藏本②、宫内厅书陵部藏本外，其余诸本无。
⑤ 宗门：斯道文库藏本、关西大学图书馆藏本①③作"禁门"，关西大学图书馆藏本③头注"禁疑桑"。
⑥ 此条问答，除底本、内阁文库藏本②、宫内厅书陵部藏本外，其余诸本中，与下条"有尼寺吗"合为一条，即问："有食肉、蓄妻之宗门吗？有尼寺吗？"答："无蓄妻之僧。但喇嘛僧食肉。又直省各所有尼寺。"
⑦ 直省各所：国立国会图书馆藏本②作"直省"。
⑧ 寺院：筑波大学图书馆藏本②、东北大学图书馆藏本、国立国会图书馆藏本①、东京大学图书馆藏本①作"地院"，当讹。
⑨ 物料：筑波大学图书馆藏本①②、东京大学东文研图书室藏本、东北大学图书馆藏本、国立国会图书馆藏本①、东京大学图书馆藏本①②、斯道文库藏本、关西大学图书馆藏本①②③、京都大学图书馆藏本作"料"。早稻田大学图书馆藏本、国立国会图书馆藏本②、内阁文库藏本③、大庭修排印本作"科"，刑罚之意，当讹。
⑩ 学田：指书院和州县官办学校所用的田地。设学田以赡学的制度，创始于宋代，延续到清朝。

分 条 问 答

○ 祠社①有鸟兽神木之类吗？（第 86 条）

六安山有神，甚灵验。无人捕此山之鹿。若捕之，则得热病②。汉阳府朱嘴山上有朱王庙③。若伐采生于此山之树木，则大病至死④。乍浦地方之羊山有神，称羊山老爷。此山，羊甚多。人捕⑤时，必有祸。但此处为船泊之处，若风不顺时，久滞船，可食用尽⑥。其时，向山神占卜神签⑦，若许，借羊食用。其后买羊，放返本山。

○ 参诣诸寺社者，奉初尾⑧、赛钱等吗？置赛钱箱吗?⑨（第 87 条）

参诣寺院者皆奉银钱⑩。是云布施钱，又云喜舍银⑪。堂前置钱箱⑫。

○ 有佛神之缘日类吗？（第 88 条）

诸府州县每年二月、八月⑬上丁之日，于至圣先师之庙有奠仪⑭。三月廿三日⑮

---

① 祠社：除底本、内阁文库藏本②、宫内厅书陵部藏本外，其余诸本作"寺社"。
② 热病：除底本、内阁文库藏本②、宫内厅书陵部藏本外，其余诸本作"病气"。病气，日语词汇，病之意。
③ 朱王庙：内阁文库藏本③中，朱笔头注"按朱王苗，汉朱虚候之苗乎"，"苗"字或为"庙"。
④ 至死：除底本、内阁文库藏本②、宫内厅书陵部藏本外，其余诸本无。
⑤ 捕：内阁文库藏本③作"浦"，当讹。
⑥ 尽：斯道文库藏本、关西大学图书馆藏本①③、大庭修排印本无。
⑦ 占卜神签：原文作"笘をトシテ"，占卜神签之意。内阁文库藏本③作"申明"。东北大学图书馆藏本、东京大学图书馆藏本①、国立国会图书馆藏本①作"请求"。关西大学图书馆藏本③原文作"笘をナシテ"，头注"笘疑占"，东京大学图书馆藏本②原文作"笘をトシテ"，国立国会图书馆藏本②原文作"笘シテ"。筑波大学图书馆藏本①"笘"字旁注"mikuzi(签)"。
⑧ 初尾：亦可写作"初穗"，意为献给神佛的金钱、食物、酒等。
⑨ 置赛钱箱吗：国立国会图书馆藏本①、东京大学图书馆藏本①无。
⑩ 银钱：筑波大学图书馆藏本②、东北大学图书馆藏本、东京大学图书馆藏本①、国立国会图书馆藏本①作"初尾、赛钱"。
⑪ 喜舍银：除底本、内阁文库藏本②、宫内厅书陵部藏本外，其余诸本作"喜舍钱"。
⑫ 钱箱：筑波大学图书馆藏本②、东北大学图书馆藏本、东京大学图书馆藏本②、国立国会图书馆藏本②、斯道文库藏本、关西大学图书馆藏本①②③、京都大学图书馆藏本、大庭修排印本作"钱笘"，东京大学图书馆藏本①、国立国会图书馆藏本①作"赛钱箱"。
⑬ 八月：国立国会图书馆藏本②作"八日"。
⑭ 奠仪：内阁文库藏本③朱笔头注"奠仪释菜，同释奠"。筑波大学图书馆藏本①②、东京大学东文研图书室藏本、早稻田大学图书馆藏本、筑波大学图书馆藏本②、国立国会图书馆藏本②作"尊仪"，恐讹。
⑮ 廿三日：国立国会图书馆藏本②作"廿二日"。

祭天妃庙（娘妈船神也）①；五月十三日②祭关圣帝；正、六、九月十九日③供养观音。此类甚多④。

○ 宗门⑤中何宗旨多？（第89条）
在唐国，天下臣民如日本，未立专尊之宗旨。⑥ 僧徒有讲派、教派、禅派⑦之差别。但归依临济派者多。

○ 祭⑧礼、佛事，不改古来之例，照旧行之吗？（第90条）
祭礼，诸省各处祭城隍庙，乡村祭土地祠，农民皆祭祝后稷神⑨。或祭出自其地之圣贤、忠臣、孝子⑩、义夫⑪、节妇等。佛事，诸寺院佛、菩萨生辰或成道之日诵经焚香。又诸省各家于三月清明节、十月朔日祭扫先祖坟墓。是等自古至今无改。

○ 出家、社人任重官位，受朝廷尊敬吗？（第91条）

---

① 天妃庙（娘妈船神也）：除底本、内阁文库藏本②、宫内厅书陵部藏本外，其余诸本作"天姥"。
② 十三日：国立国会图书馆藏本①、东京大学图书馆藏本①作"十二日"。
③ 正、六、九月十九日：国立国会图书馆藏本①、东京大学图书馆藏本①、东北大学图书馆藏本作"正、五、九月十八日"，除底本、内阁文库藏本②、宫内厅书陵部藏本、国立国会图书馆藏本①、东京大学图书馆藏本①、东北大学图书馆藏本外，其余诸本作"正、六、九月十八日"。观世音菩萨有三个主要日子，分别是农历的二月十九日（出生）、六月十九日（成道）和九月十九日（出家）。
④ 此类甚多：除底本、内阁文库藏本②、宫内厅书陵部藏本外，其余诸本无。
⑤ 宗门：筑波大学图书馆藏本②、东北大学图书馆藏本、国立国会图书馆藏本①、东京大学图书馆藏本①作"宗旨"。
⑥ 此句，除底本、内阁文库藏本②、宫内厅书陵部藏本外，其余诸本作"天下臣民如日本，未专立宗旨"。
⑦ 讲派、教派、禅派：斯道文库藏本、关西大学图书馆藏本①作"讲派、禅派、教派"，筑波大学图书馆藏本②、东北大学图书馆藏本作"讲派、教派"，国立国会图书馆藏本①、东京大学图书馆藏本①作"诸派、教派"。
⑧ 祭：筑波大学图书馆藏本②作"察"，但旁注"さい"（"祭"的日语发音）。
⑨ 祭祝后稷神：除底本、内阁文库藏本②、宫内厅书陵部藏本外，其余诸本作"祭后稷"。
⑩ 忠臣、孝子：除底本、内阁文库藏本②、宫内厅书陵部藏本外，其余诸本作"忠孝"。
⑪ 义夫：筑波大学图书馆藏本②、东北大学图书馆藏本、国立国会图书馆藏本①、东京大学图书馆藏本①作"义妇"，恐讹。

分条问答

　　阙里之衍圣公①历代袭封，受朝廷厚敬。又龙虎山②张天师历代袭封正一嗣教真人，祈求天下③多福。明神宗时，第五十代真人（张国祥④）道术灵应⑤，神宗嘉悦⑥之，婚聘皇女，为驸马都尉，留居京师十三年，宠赉尤渥。清世祖⑦时，第五十三代真人（张洪任⑧）、第五十四代真人（张继宗⑨），朝廷厚恩宠之。

　　○ 市中、村里有镇守之社吗？有祈祷之札⑩吗？（第92条）

　　如前条，重者为城隍庙，其次为土地祠。元旦、端午等节，各庙道士出⑪符箓，或黄纸朱书，或红纸⑫墨书，诸人贴其符于厅⑬屋内，驱逐不祥。

　　○ 出家、士俗人中，有云游各地者⑭吗？往来⑮凭文书通行吗？（第93条）

---

① 阙里之衍圣公：除底本、内阁文库藏本②、宫内厅书陵部藏本外，其余诸本作"衍圣公"。
② 龙虎山：筑波大学图书馆藏本②、东京大学东文研图书室藏本、早稻田大学图书馆藏本、国立国会图书馆藏本②、关西大学图书馆藏本②作"龙虎山"，东京大学图书馆藏本②作"龙鹿山"，内阁文库藏本③、大庭修排印本作"袭鹿山"，当讹。《明史》卷二九九《方伎传》载："张正常，字仲纪，汉张道陵四十二世孙也。世居贵溪龙虎山。元时，赐号天师。太祖克南昌，正常遣使上谒，已而两入朝。洪武元年入贺即位。太祖曰：'天有师乎？'，乃改授正一嗣教真人。"
③ 天下：斯道文库藏本、关西大学图书馆藏本①③作"天子"。
④ 张国祥：筑波大学图书馆藏本②、东北大学图书馆藏本、国立国会图书馆藏本①、东京大学图书馆藏本①作"张国禅"，大庭修排印本作"张围祥"，当讹。《四库全书总目·恩命世录》载："明张国祥编。国祥于万历丁丑袭爵，为五十代天师。因汇辑明太祖以来至神宗二十五年诰勅，以时代次序，汇为此书，而四十二代天师劝进太祖笺附焉。盖其家乘也。"
⑤ 道术灵应：国立国会图书馆藏本①②、东京大学图书馆藏本①作"道术灵应有余"。
⑥ 嘉悦：除底本、内阁文库藏本②、宫内厅书陵部藏本外，其余诸本作"喜"。
⑦ 清世祖：除底本、内阁文库藏本②、宫内厅书陵部藏本外，其余诸本作"清世宗"。《江西通志》卷一〇《仙释志》载："（张应京）子洪任，顺治八年承袭，诰授正一嗣教大真人，是为五十三世。张继宗，字善述，洪任子，汉天师五十四世。康熙十九年，承袭正一嗣教大真人。"可知，张洪任承袭第五十三世正一嗣教大真人时，在位皇帝为清世祖顺治；张继宗承袭第五十四世真人时，在位皇帝为清圣祖康熙。
⑧ 张洪任：筑波大学图书馆藏本①作"张供任"，当讹。
⑨ 张继宗：国立国会图书馆藏本①中无，但有空格。关西大学图书馆藏本③作"张维宗"，当讹。
⑩ 札：筑波大学图书馆藏本②、关西大学图书馆藏本②作"礼"。札，意为护身符、消灾符。
⑪ 出：关西大学图书馆藏本③作"书"。
⑫ 纸：国立国会图书馆藏本①、东京大学图书馆藏本①作"帛"。
⑬ 厅：内阁文库藏本③中，朱笔头注"厅，大家也"。
⑭ 者：筑波大学图书馆藏本②、东北大学图书馆藏本、国立国会图书馆藏本①、东京大学图书馆藏本①作"事"。
⑮ 往来：大庭修排印本作"何来"，恐讹。

行脚僧云游方僧①。有遍历各处名山古迹、进香者。俗人亦有游历诸方者。皆任心,往来无文书。

　　○ 官员及其外,有作为恩赏御赐田地、山林等且永领者吗?（第94条）
　　诸官员及其外被赐田地、山林之事甚稀也。

　　○ 有以田地御赐俸给之事吗?（第95条）
　　大小官员随其品级,皆以银米为俸给②,无以田地充俸给之事。

　　○ 赐官位永宣旨③之事。有日本伏见殿④、京极殿⑤之类吗?（第96条）
　　皇族之封爵本有永代承袭之定式。亲王之一子⑥封世子,袭亲王之爵。余子封郡王。郡王之一子⑦封长子,袭郡王之爵。余子封贝勒。贝勒之子封贝子,贝子之子封镇国公。以下准之。其内有功绩者加封授之。其等级次第见上卷⑧。

　　○ 即使微官位或无官,依其家世受高官尊待之事。有日本喜连川殿⑨之类吗?（第97条）

---

① 游方僧：筑波大学图书馆藏本①②、早稻田大学图书馆藏本、东京大学东文研图书室藏本、东北大学图书馆藏本、东京大学图书馆藏本①、国立国会图书馆藏本①②作"游僧"。
② 皆以银米为俸给：国立国会图书馆藏本②作"皆以银为俸禄,食米依配额而赐"。除底本、内阁文库藏本②、宫内厅书陵部藏本、国立国会图书馆藏本②外,其余诸本作"皆以银为俸给"。
③ 永宣旨：日语词汇,敕令官员永享某种权利。
④ 伏见殿：即伏见宫荣仁亲王(1351—1416),日本南北朝时代北朝第三代天皇崇光天皇长子。南北朝统一后,荣仁被封为伏见宫,子孙世袭亲王称号并可在天皇绝嗣后继承皇位。
⑤ 京极殿：即藤原师实(1042—1101),日本平安时代公卿,藤原北家出身,藤原赖通的儿子。官至从一位摄政关白太政大臣,准三宫。出家后法名法觉,世称后宇治入道、京极关白、京极殿或后宇治殿。
⑥ 一子：除底本、内阁文库藏本②、宫内厅书陵部藏本外,其余诸本作"第一子"。
⑦ 一子：除底本、内阁文库藏本②、宫内厅书陵部藏本外,其余诸本作"第一子"。
⑧ 卷：除底本、内阁文库藏本②、宫内厅书陵部藏本外,其余诸本无。
⑨ 喜连川殿：室町时代,足利国朝被赐予下野国喜连川三千五百石的领地,后家族苗字也改为"喜连川"。18世纪初期,喜连川氏获准享受和十万石大名同等的地位、住所称为"御所"、使用镰仓公方过去常担任的左马头或左兵卫督自称以及不需要参加参勤交代等特权。

古昔不必说,近代①即使宋元明帝之后裔,亦无受朝廷②尊待之家世。归降之国姓爷郑成功③后裔及福建海澄公④等被封置,朝廷未重待之。

○ 平日客来时,有规定茶、烟类之礼法吗?(第98条)

诸处风仪虽有异同,但大抵客来时,有互相揖让之礼。客坐东,主坐西。主人出茶、烟、点心之类,此非定法。

○ 招请客人时⑤,坐席之样子、饰物⑥等事。(第99条)

招请宾客时,坐席正面挂名画一幅,前置长桌一张,是云天然几⑦(以紫檀、黑檀、花梨或榆树、楠木等制之⑧)。桌上置花瓶一对,或插时花,或插珊瑚树、孔雀尾。中央置大香炉,旁边挂绣帘或帘屏⑨,梁⑩上挂众多羊角灯⑪、纱灯⑫。席上⑬

---

① 近代:除底本、内阁文库藏本②、宫内厅书陵部藏本外,其余诸本无。
② 朝廷:关西大学图书馆藏本③本作"朝廷","廷"字改为"目"。除底本、内阁文库藏本②、宫内厅书陵部藏本、筑波大学图书馆藏本②、关西大学图书馆藏本③外,其余诸本作"朝臣"。
③ 国姓爷郑成功:除底本、内阁文库藏本②、宫内厅书陵部藏本外,其余诸本作"郑成功"。
④ 海澄公:除底本、内阁文库藏本②、宫内厅书陵部藏本外,其余诸本作"海津公",当讹。海澄公为清代世袭爵位,袭12次,第一代海澄公为黄梧(1617—1673),福建平和人。《圣祖仁皇帝圣训》卷五十"康熙四十九年庚寅十二月戊辰辰海澄公黄应缵疏"载:"黄应缵之祖黄梧,世祖章皇帝时曾遣人令伊投降,因海寇郑芝龙赍书阻之,故黄梧未降。后郑芝龙之子郑成功寇镇江瓜洲,贝子罗托、总兵官梁化凤内外夹攻大破之余,贼败北,投黄梧。黄梧遂献海澄县归顺,因封为海澄公。"黄梧投降后,不仅屡败郑军,而且还提出"平海五策",为清朝最终战胜郑氏集团做出很大的贡献。
⑤ 招请客人时:除底本、内阁文库藏本②、宫内厅书陵部藏本外,其余诸本作"客来时"。
⑥ 坐席之样子、饰物:东北大学图书馆藏本作"坐席之样子",国立国会图书馆藏本①、东京大学图书馆藏本①作"坐席之饰"。
⑦ 天然几:筑波大学图书馆藏本②、早稻田大学图书馆藏本、东京大学东文研图书室藏本、东北大学图书馆藏本、国立国会图书馆藏本①②、东京大学图书馆藏本①作"天然",内阁文库藏本③作"天几",当讹。天然几是厅堂迎面常用的一种陈设家具,一般长七尺八尺,宽尺余,高过桌面五六寸,两端飞角起翘,下面两足作片状。装饰有如意、雷纹、刷字等。
⑧ 以紫檀、黑檀、花梨或榆树、楠木等制之:除底本、内阁文库藏本②、宫内厅书陵部藏本外,其余诸本作"以名木、色木作"。
⑨ 绣帘或帘屏:除底本、内阁文库藏本②、宫内厅书陵部藏本外,其余诸本作"绣帘"。
⑩ 梁:筑波大学图书馆藏本②、早稻田大学图书馆藏本、东北大学图书馆藏本、国立国会图书馆藏本①②、东京大学图书馆藏本①作"深",当讹。
⑪ 羊角灯:用羊角加工后的材料做成灯罩的灯。由于工艺复杂,造价昂贵,大都只在皇家宫中和贵族府第中才有使用。
⑫ 纱灯:以竹篾为骨架,外糊薄纱的灯笼。
⑬ 席上:除底本、内阁文库藏本②、宫内厅书陵部藏本外,其余诸本作"上"。

铺红毯,柱上围红绢①。酒宴随时宜,凡十二筵,桌子一脚坐客一人或二三人。又于席上出香几一座②,备置香炉、香筯、香盒③。进酒馔,或有设戏乐之事。

○ 年始、节句④之礼及拜访他人时,有先言于传话者吗? 又有依亲疏进入客房、内屋之事吗?(第 100 条)

为年节⑤之贺仪或讯问,平日交疏者遣书札,或在门外言于传话者。亲者入客房谈话,亲族、世交直接进内屋面见。

○ 去高官处礼访等,遣谢礼使者或书信问候⑥吗?(第 101 条)

小官去大官处礼访⑦,此后大官派使者或遣书信等返礼⑧。尤大官、小官位级仅差一二等者⑨,彼此自身前往,也有遣书信之事⑩。

○ 朝廷及其外市中、村里⑪有不遵循礼仪之玩乐吗?(第 102 条)

正月上元节,朝廷、市中、村里家家点灯,是云灯市,又云灯节⑫。十三日⑬云

---

① 红绢:筑波大学图书馆藏本②、关西大学图书馆藏本③作"红棉"。除底本、内阁文库藏本②、宫内厅书陵部藏本、筑波大学图书馆藏本②、关西大学图书馆藏本③外,其余诸本作"红锦"。
② 香几一座:筑波大学图书馆藏本②、东北大学图书馆藏本、国立国会图书馆藏本①②、东京大学图书馆藏本①作"香一"。香几是一种独具特色的中国传统家具,因置香炉而得名,大多为圆形,较高,而且腿足弯曲较夸张,且多三弯脚,足下有"托泥"。
③ 香盒:筑波大学图书馆藏本①②、早稻田大学图书馆藏本、东北大学图书馆藏本、东京大学图书馆藏本①、国立国会图书馆藏本①②、内阁文库藏本③、大庭修排印本作"香盆"。
④ 节句:亦可写作"节供",日语词汇,意为每年节庆中特别重要的节日。
⑤ 年节:除底本、内阁文库藏本②、宫内厅书陵部藏本外,其余诸本作"年始"。
⑥ 遣谢礼使者或书信问候:筑波大学图书馆藏本②作"遣使者或书信返礼"。
⑦ 礼访:除底本、内阁文库藏本②、宫内厅书陵部藏本外,其余诸本无。
⑧ 返礼:筑波大学图书馆藏本②作"谢礼"。
⑨ 位级仅差一二等者:筑波大学图书馆藏本①②、早稻田大学图书馆藏本、东京大学东文研图书室藏本作"其差三级者"。东北大学图书馆藏本作"二级者","级"与"者"之间有一字之空格。东京大学图书馆藏本①、国立国会图书馆藏本①②、斯道文库藏本、关西大学图书馆藏本①作"其位差三级者"。东京大学图书馆藏本②、关西大学图书馆藏本②③、京都大学图书馆藏本、内阁文库藏本③、大庭修排印本作"其位差一二级者"。
⑩ 又有遣书信之事:内阁文库藏本③无。
⑪ 朝廷及其外市中、村里:除底本、内阁文库藏本②、宫内厅书陵部藏本外,其余诸本作"市中、村里"。
⑫ 灯节:国立国会图书馆藏本②作"烟节"。
⑬ 十三日:东北大学图书馆藏本作"十二日"。

试灯,十五日云元宵,十六日云正灯节,十七日云展上元,十九日云收灯。二月①,放风筝(凧也②)、打秋千③。三月踏青,步行山野。清明之日,祭坟墓。四月八日有灌佛会。五月端午④有竞渡之船、斗草⑤之乐。此日吃粽子。七月七夕,祭二星⑥。十五日有盂兰盆会⑦。八月十五日夜⑧,赏月。九月重阳,登高。十二月祭灶神。又平日,官民共享围棋、双陆⑨、打球、蹴鞠之乐。又有踢以鸡毛束之毯子⑩等游乐。其外,各地游戏难以枚举⑪。

○ 晚上有礼式吗?(第103条)

前条所述上元观灯⑫、中秋赏月、腊月祭灶神等时,宴请亲戚朋友,必非礼式。

○ 有六月十六日庆祝嘉祥⑬之类事吗?(第104条)

在唐国,未闻此类祝事。⑭

---

① 二月:国立国会图书馆藏本②作"二日",当讹。
② 凧也:除底本、内阁文库藏本②、宫内厅书陵部藏本外,其余诸本无。
③ 秋千:内阁文库藏本③朱笔头注"秋千,绳戏"。
④ 端午:国立国会图书馆藏本①作"上日",当讹。除底本、内阁文库藏本②、宫内厅书陵部藏本、国立国会图书馆藏本①外,其余诸本作"五日"。
⑤ 斗草:又称斗百草,中国民间流行的一种游戏,属于端午民俗。梁·宗懔《荆楚岁时记》载:"五月五日,谓之浴兰节,四民并蹋百草之戏,采艾以为人,悬门户上以禳毒气,以菖蒲或镂或屑以泛酒。按《大戴礼》曰:'五月五日蓄兰为沐浴',《楚辞》曰:'浴兰汤兮沐芳华'。今谓之浴兰节,又谓之端午。蹋百草,即今人有斗百草之戏也。'"
⑥ 二星:底本作"一星",当讹。内阁文库藏本③中,朱笔头注"二星,牵牛、织女"。
⑦ 盂兰盆会:国立国会图书馆藏本①、筑波大学图书馆藏本②作"兰盆会",但筑波大学图书馆藏本②"兰"字前有一字之空格。东京大学图书馆藏本①中,"盂"为朱笔补充之字。
⑧ 夜:筑波大学图书馆藏本②、东北大学图书馆藏本、国立国会图书馆藏本①、东京大学图书馆藏本①无。
⑨ 双陆:古代博戏用具,同时也是一种棋盘游戏。棋子的移动以掷骰子的点数决定,首位把所有棋子移离棋盘的玩者可获得胜利。
⑩ 毯子:筑波大学图书馆藏本②、东北大学图书馆藏本、国立国会图书馆藏本①、东京大学图书馆藏本①作"尺毯子"。毯子或为"毽子"。
⑪ 难以枚举:除底本、内阁文库藏本②、宫内厅书陵部藏本外,其余诸本作"多"。
⑫ 观灯:国立国会图书馆藏本①、东京大学图书馆藏本①作"祝灯",当讹。
⑬ 嘉祥:内阁文库藏本③、大庭修排印本作"喜祥",当讹。筑波大学图书馆藏本①、早稻田大学图书馆藏本、东京大学东文研图书室藏本作"嘉定"。嘉祥,亦可写作"嘉定",日本为保护自己免于疫病而吃供品的民间活动,阴历六月十六日,上供16个黏糕或点心,然后食用。
⑭ 此句,除底本、内阁文库藏本②、宫内厅书陵部藏本外,其余诸本作"无此类事"。

○ 客人①之酒宴，有弓、马、能、囃子②、相扑、歌舞伎类吗？（第 105 条）

宴请宾客时，随其客之好，有投壶、弹琴、围棋或演戏（舞蹈也）、奏大小乐之事。无举办走马、射箭、角力等事。

○ 何种艺术世代相传并从事下来？③（第 106 条）

八④旗官累代勤武职。又古圣贤之后裔，世代授博士等职。又张天师历代为朝廷重用，祈祷岁时丰歉⑤、雨旸⑥，或行驱除灾祸、妖怪之神术。

○ 家家有吉例、嘉例⑦之事吗？（第 107 条）

当代朝家⑧之先祖于兴京⑨、东京⑩之地有陵庙⑪。开国一统后，尊称之。封兴京陵山为启运山，封东京陵山为积庆山，封太祖陵山为天柱山⑫，封太宗陵山为隆业山⑬，封世祖陵山为昌瑞山。皆肇帝业之基，有追尊吉例⑭之意也。但臣

---

① 客人：除底本、内阁文库藏本②、宫内厅书陵部藏本外，其余诸本作"官人"，即官员。
② 囃子：日语词汇，能、歌舞伎等民俗艺能中，表现节奏或感情的音乐伴奏。
③ 此问，东京大学图书馆藏本②作"何种艺术世代相传下来"？
④ 八：东北大学图书馆藏本无。
⑤ 歉：内阁文库藏本③朱笔头注"歉疑衍字"。
⑥ 雨旸：筑波大学图书馆藏本②、早稻田大学图书馆藏本、国立国会图书馆藏本②、大庭修排印本作"雨赐"，东北大学图书馆藏本、国立国会图书馆藏本①作"两赐"。
⑦ 吉例、嘉例：关西大学图书馆藏本①作"古例、古例"，当讹。除底本、内阁文库藏本②、宫内厅书陵部藏本、关西大学图书馆藏本①外，其余诸本作"古例、吉例"。
⑧ 朝家：指皇帝。
⑨ 兴京：位于今辽宁省抚顺市。《大清一统志》卷三十六载："国初，皇始祖肇祖原皇帝始居于赫图阿拉，在兴京之南、鄂多理城西、苏克素护河、嘉哈河之间……至太祖高皇帝削平诸部，丁亥迁居呼兰哈达南冈新城，癸卯仍于赫图阿拉旧址筑城居之。天命元年，众贝勒大臣上尊号曰覆育列国英明皇帝，以兴京为都城。太宗文皇帝天聪八年，改称兴京。"
⑩ 东京：关西大学图书馆藏本②作"东"，早稻田大学图书馆藏本作"来京"，当讹。东京，位于今辽宁省辽阳市。《大清一统志》卷三十五载："太祖高皇帝诞膺景命，肇造鸿图始自兴京，抚有叶赫、辉发诸地，遂城界藩、萨尔浒而筑东京于辽阳。天命十年，以沈阳为形胜之地，王气所钟，遂定都焉。"
⑪ 陵庙：除底本、内阁文库藏本②、宫内厅书陵部藏本外，其余诸本作"广陵"。
⑫ 天柱山：东北大学图书馆藏本、国立国会图书馆藏本①、东京大学图书馆藏本①作"天桂山"，当讹。
⑬ 封太宗陵山为隆业山：底本无。内阁文库藏本②中，朱笔补入此内容。据其他诸本补入。《大清会典则例》卷七十六礼部"祠祭清吏司"条载："顺治八年，尊封肇祖原皇帝兴祖直皇帝永陵山为启运山，景祖翼皇帝显祖宣皇帝陵山为积庆山，太祖高皇帝福陵山为天柱山，太宗文皇帝昭陵山为隆业山……康熙二年，尊封世祖章皇帝孝陵山为昌瑞山。"同卷八十载："顺治八年，封兴京陵山为启运山，东京陵山为积庆山，福陵山为天柱山，昭陵山为隆业山。"
⑭ 吉例：除底本、内阁文库藏本②、宫内厅书陵部藏本、国立国会图书馆藏本②、斯道文库藏本外，其余诸本作"古例"。

民等家虽亦有云嘉①例之类者,但难逐一知之。凡天下诸人,不论贵贱,生诞之日皆有相应身份之祝事。尤当今帝之生辰称万寿节。诸王大臣及以外省诸衙门之官员,皆有庆贺之礼仪。

○ 依不同人家,刀铭或花木等有忌物吗?(第 108 条)

在唐国,无赏玩刀铭之古代名作等事。又未闻依不同人家而对花木等有忌之事。

○ 游民之内,有依同伴约定而谋生之事吗?(第 109 条)

在唐国,未闻有此类事。②

○ 游女町有定所吗?定之外,有禁制吗?禁止私妓吗?船港多游女吗?游女名目之事。(第 110 条)

至明朝为止③,虽处处有游女町,但无如日本在固定场所建曲廊等事。当代禁止游女。但山西、陕西二省④有乐户、水户,即游女表演戏剧狂言等、集人而乐之游女屋。其外,诸省之内游山处或商客旅人集所、船港等多有雇茶屋女⑤类,留住旅人之所⑥,或有招请旅宿之事。先代,为官府所知之游女云官妓。当代无官妓,为私妓。曲廊云花街。游女云娼,俗云嫖。艺伎侍女云妓婢。游女屋主人云龟鸨⑦,

---

① 嘉:筑波大学图书馆藏本①②、早稻田大学图书馆藏本、东京大学东文研图书室藏本、东北大学图书馆藏本、东京大学图书馆藏本①、国立国会图书馆藏本①②作"古",内阁文库藏本③、大庭修排印本作"喜"。

② 此条问答,除底本、内阁文库藏本②、宫内厅书陵部藏本外,其余诸本无。

③ 至明朝为止:国立国会图书馆藏本①、东京大学图书馆藏本①、斯道文库藏本、关西大学图书馆藏本①②作"明朝"。

④ 山西、陕西二省:筑波大学图书馆藏本②作"山东二省",筑波大学图书馆藏本①、早稻田大学图书馆藏本、东京大学东文研图书室藏本、国立国会图书馆藏本②作"山西二省",东北大学图书馆藏本、东京大学图书馆藏本①作"山省二省",当讹。国立国会图书馆藏本①本作"山省二省",改为"山西、陕西二省"。

⑤ 茶屋女:为客人斟酒或茶、陪其玩乐的女子,属私妓。

⑥ 多有雇茶屋女类、留住旅人之所:除底本、内阁文库藏本②、宫内厅书陵部藏本外,其余诸本作"多雇有茶屋女类之所,有旅人等来其宿"。

⑦ 龟鸨:诸本皆作"龟鸦",当讹。龟鸨指开妓院买卖淫色之人。男称为龟,女称为鸨。

《清朝探事》研究

又云忘八①。扬屋②云娼房。

○ 芝居③、歌舞伎、净琉璃、人偶表演等有定所吗？定之外，禁制吗？狂言情节如何之事，流行吗？告示牌之书样或构造。流行歌等有禁制之事吗？并演员名目之事。（第111条）

歌舞伎④、芝居、舞蹈、狂言总名云剧，俗云戏。小歌云曲。人偶表演稀也。无如日本建定期表演芝居场所之事。定之外，无禁制。有演员组合成谁某之组，人家有祝事或客来等时，招而雇之。又一二日二三夜⑤至各所演戏乐。戏剧场所云戏园，地上架高舞台，其上设戏乐。⑥ 戏园总门口大书座本⑦姓氏张园、李园等二字。告示牌写某园⑧某月几日演何戏，张挂各处。至期，设唱戏，座本为观众供应⑨酒肴。其后，观众遣座本礼银。北京、江南⑩、浙江、福建等诸人多来聚处，每日有戏园数十所。其情节大抵多为忠孝节义之故事。狂言、流行歌诽谤朝政之情节，禁之。又禁止打扮为历代帝王、后妃、古圣贤、名臣等像。不许装扮为神仙道佛⑪之样。以劝善惩恶之情节为要。演员名目之事，扮成忠义官员、豪侠

---

① 忘八：东京大学图书馆藏本①作"忌八"，当讹。忘八即忘记孝悌忠信礼义廉耻者，意为游女屋主人。
② 扬屋：日语词汇，江户时代可招"太夫""格子"等高级妓女的房屋。
③ 芝居：日语词汇，戏剧。
④ 歌舞伎：除底本、内阁文库藏本②、宫内厅书陵部藏本外，其余诸本无。
⑤ 一二日二三夜：筑波大学图书馆藏本②、早稻田大学图书馆藏本、东京大学东文研图书室藏本作"二三日三夜"，东北大学图书馆藏本、东京大学图书馆藏本①、国立国会图书馆藏本①作"二三日夜"，东京大学图书馆藏本②作"二三日千二三夜"，筑波大学图书馆藏本①、国立国会图书馆藏本②、斯道文库藏本、关西大学图书馆藏本①②③、京都大学图书馆藏本、内阁文库藏本③、大庭修排印本作"二三日二三夜"。
⑥ 戏剧场所云戏园，地上架高舞台，其上设戏乐：筑波大学图书馆藏本①②、早稻田大学图书馆藏本、东京大学东文研图书室藏本、东北大学图书馆藏本、东京大学图书馆藏本①、国立国会图书馆藏本①、斯道文库藏本、关西大学图书馆藏本①②、京都大学图书馆藏本作"场所设戏乐"，东京大学图书馆藏本②作"场所,戏乐"，国立国会图书馆藏本②作"设场所"，关西大学图书馆藏本③作"其场所称戏园"，内阁文库藏本③作"场所"，大庭修排印本作"设戏乐场所"。
⑦ 座本：亦写作"座元"，剧场的拥有人，演出的负责人。
⑧ 某园：筑波大学图书馆藏本②、东北大学图书馆藏本、东京大学图书馆藏本①、国立国会图书馆藏本①作"其园"。
⑨ 供应：除底本、内阁文库藏本②、宫内厅书陵部藏本外，其余诸本作"出"。
⑩ 江南：除底本、内阁文库藏本②、宫内厅书陵部藏本外，其余诸本作"南京"。
⑪ 佛：除底本、内阁文库藏本②、宫内厅书陵部藏本、斯道文库藏本、关西大学图书馆藏本①外，其余诸本作"仙"。

之士者云正生，扮成壮年①之者、风流才子者云小生。主角之类，或王侯，或佛神之像。又扮成家臣等种种者云末。扮成武烈恶人、奸佞之人者云净。扮成佣夫②、奴仆或品质不宜小人者云丑。女形云旦。其内，扮成老妇媪姆③者云老旦，扮成贞静妇人者云正旦，扮成风流艳女、妾婢等者云小旦。又戏乐之内，合管弦而歌者云唱。谈说④或多人问对云白。

○ 游游女町、看戏逐渐盛行？比以前衰落了吗？看戏男女，何方多？出家⑤人亦看戏吗？（第112条）

当时游游女町、看戏者比昔年大体减少。妇女在自家仿唱戏，至外方戏园⑥者稀也。间有五六十岁老妇前往。出家人至戏园尤多。

○ 有讲释古战之书、在街头设表演场所而谋生者吗？（第113条）

讲释⑦古事而谋生者多。或建场所，或被招⑧至人家。

○ 有古代帝王庙⑨陵修复等，未被摧毁吗？有寄付之地吗？（第114条）

历代帝王之庙陵留至当代者，年年修复。但无寄付土地之事。

○ 有以温泉疗养者吗⑩？（第115条）

---

① 年：除底本、内阁文库藏本②、宫内厅书陵部藏本外，其余诸本作"辈"。
② 夫：筑波大学图书馆藏本②、东北大学图书馆藏本、国立国会图书馆藏本①、东京大学图书馆藏本①作"人"，早稻田大学图书馆藏本、东京大学东文研图书室藏本作"大"，当讹。
③ 媪姆：筑波大学图书馆藏本②、东北大学图书馆藏本、国立国会图书馆藏本①、东京大学图书馆藏本①作"妮母"，早稻田大学图书馆藏本、国立国会图书馆藏本②作"妃母"，筑波大学图书馆藏本①、东京大学东文研图书室藏本、斯道文库藏本、关西大学图书馆藏本①②③、京都大学图书馆藏本、东京大学图书馆藏本②、内阁文库藏本③、大庭修排印本作"妪母"，其中，关西大学图书馆藏本②"妪"改为"妮"。
④ 谈说：除底本、内阁文库藏本②、宫内厅书陵部藏本外，其余诸本作"礼节"。
⑤ 出家：关西大学图书馆藏本③作"书家"，当讹。
⑥ 戏园：除底本、内阁文库藏本②、宫内厅书陵部藏本外，其余诸本无。
⑦ 讲释：除底本、内阁文库藏本②、宫内厅书陵部藏本外，其余诸本作"讲"。
⑧ 被招：斯道文库藏本、关西大学图书馆藏本①③、大庭修排印本无。
⑨ 庙：斯道文库藏本、关西大学图书馆藏本①作"广"，当讹。
⑩ 此问，东北大学图书馆藏本作"有浴温泉者吗"。

诸省各所，以温泉疗养者尤多，大略如下记之。①

北京顺天府有一所②。四时入浴者多③。遵④化州有一所⑤，顺德府有汤山⑥，宣化府有两所⑦。

山西汾州府⑧孝义县⑨高唐山上有。

江南江宁府⑩雁门山上有。⑪

河南汝州有一所。⑫

云南有云南府⑬、鹤⑭庆府、新化州三所。

陕西西安府临潼县有。此为唐太宗于骊山下所建温泉宫，后称华清宫，古迹也。⑮

---

① 此句，筑波大学图书馆藏本①②、早稻田大学图书馆藏本、东京大学东文研图书室藏本、东北大学图书馆藏本、国立国会图书馆藏本①、东京大学图书馆藏本①作"各所有以温泉疗养者"，国立国会图书馆藏本②作"各所温泉多"，东京大学图书馆藏本②、斯道文库藏本、关西大学图书馆藏本①②③、京都大学图书馆藏本、内阁文库藏本③、大庭修排印本作"各所以温泉疗养者多"。

② 一所：筑波大学图书馆藏本①②、早稻田大学图书馆藏本、东京大学东文研图书室藏本、东北大学图书馆藏本、东京大学图书馆藏本①、国立国会图书馆藏本①②作"三所"。

③ 四时入浴者多：国立国会图书馆藏本②中，置于本条末尾。

④ 遵：内阁文库藏本③作"尊"，当讹。

⑤ 一所：筑波大学图书馆藏本①②、早稻田大学图书馆藏本、东京大学东文研图书室藏本、东北大学图书馆藏本、东京大学图书馆藏本①、国立国会图书馆藏本①②作"三所"。

⑥ 汤山：筑波大学图书馆藏本①②、早稻田大学图书馆藏本、东京大学东文研图书室藏本、东北大学图书馆藏本、东京大学图书馆藏本①、国立国会图书馆藏本①②作"三所"，斯道文库藏本、关西大学图书馆藏本①②③、京都大学图书馆藏本、东京大学图书馆藏本②、内阁文库藏本③、大庭修排印本作"一所"。

⑦ 两所：筑波大学图书馆藏本②、东北大学图书馆藏本、东京大学图书馆藏本①、国立国会图书馆藏本①②作"四所"。

⑧ 汾州府：筑波大学图书馆藏本②、东北大学图书馆藏本、国立国会图书馆藏本①作"纷州府"，东京大学图书馆藏本①作"绛州府"，当讹。

⑨ 孝义县：筑波大学图书馆藏本②作"考义县"，当讹。

⑩ 江南江宁府：筑波大学图书馆藏本②、东北大学图书馆藏本、东京大学图书馆藏本①、国立国会图书馆藏本①作"江南府"。

⑪ 江南江宁府雁门山上有：内阁文库藏本③无。

⑫ 河南汝州有一所：内阁文库藏本③无。除底本、内阁文库藏本②③、宫内厅书陵部藏本外，其余诸本作"河南汝州有"。

⑬ 云南府：筑波大学图书馆藏本②、东北大学图书馆藏本、东京大学图书馆藏本①、国立国会图书馆藏本①②作"南府"，当讹。

⑭ 鹤：东京大学图书馆藏本①作"在"，筑波大学图书馆藏本①、早稻田大学图书馆藏本、东京大学东文研图书室藏本、国立国会图书馆藏本①作"雀"，当讹。

⑮ 陕西西安府临潼县有。此为唐太宗于骊山下所建温泉宫，后称华清宫，古迹也：除底本、内阁文库藏本②、宫内厅书陵部藏本外，其余诸本作"陕西西安府临潼县唐之骊山下有华清宫"，其中，"西安府"，国立国会图书馆藏本②、斯道文库藏本、关西大学图书馆藏本①③作"安府"；"临潼县"，筑波大学图书馆藏本②、东北大学图书馆藏本、国立国会图书馆藏本①、东京大学图书馆藏本①作"临洮县"；"骊山"，大庭修排印本作"骧山"，国立国会图书馆藏本①、东京大学图书馆藏本①作"县山"，当讹。

○ 北京及其外村里交地租吗？有免交之地吗？① （第 116 条）

诸处有交地租之地，又有不交之地②，此事不一定。大抵依明朝以来之旧例③。

○ 借金银、抵押家宅、田地等利息之事。（第 117 条）

以家宅、田地为抵押而借银时，作为典产④，其家宅房赁等或田地收成，为借银利息。给银不加利息。若以盖印契据或保证人等借银时，则加入利息，其利息或二分半或二分，有不同。

○ 各地名所、游所大概之事。（第 118 条）

直隶、诸省名山胜地无限，难一一记载。其中，江南之虎邱山⑤，浙江之天目山⑥、西湖等处游玩者多。

○ 修建寺社、民家时，向官府申请吗？（第 119 条）

阙里之孔庙、龙虎山之天师府类由朝廷修造。其余寺社、民家修建之事各自随意也。无向官府申请一事。⑦

---

① 有免交之地吗：除底本、内阁文库藏本②、宫内厅书陵部藏本外，其余诸本无。
② 又有不交之地：内阁文库藏本③中无。
③ 例：底本、内阁文库藏本②作"所"，其中，内阁文库藏本②朱笔旁注"例"。据其他诸本改之。
④ 典产：内阁文库藏本②作"典座"，"座"字旁朱笔注有"产"。内阁文库藏本③、大庭修排印本作"曲产"。
⑤ 虎邱山：关西大学图书馆藏本③、大庭修排印本作"虎丘"，除底本、内阁文库藏本②、宫内厅书陵部藏本、关西大学图书馆藏本③、大庭修排印本外，其余诸本作"虎岳"。《江南通志·舆地志》卷十二"苏州府"条记载有："虎邱山在府城西北九里。"
⑥ 天目山：国立国会图书馆藏本①、东京大学图书馆藏本①作"大日山"，东京大学图书馆藏本②作"天日山"。
⑦ 除底本、内阁文库藏本②、宫内厅书陵部藏本外，其余诸本此条问答与下条问答"修建家宅有限制吗"、下下条问答"房屋之风仪，可见士农商之差别吗"为一条，即问："修建寺社、民家时，向官府申请吗？修建家宅有限制吗"；答："阙里之孔庙、龙虎山之天师府类由朝廷修造。其余寺社、民家随意也。官府衙门屋顶置兽头。三品以上大官，兽头上置风车。又于门前置石狮子一对或石鼓一对。民家无。其外之房屋绝无差别，不见士农商之别。乡村多茅屋。士、官之家立楼门，门前竖旗杆，建八字墙门，挂文魁进士等匾额。农、商无。面朝大门处立炼屏，云照墙。其外，建石狮牌楼、头门、仪门三门。农、商无。"

○ 修建家宅有限制吗？（第120条）

官府衙门屋顶置兽头①。三品以上大官，兽头上置风车。又于门前置石狮子②一对或石鼓一对。民家无此类。其外之房屋绝无差别。

○ 房屋之风仪，可见士农商之差别吗？（第121条）

如前条，官家特别。其外，从房屋之风仪不能看出士农商之别。乡村农人多住茅屋③。士、官之家立楼门，门前竖旗竿，建八字墙门，挂文魁进士等匾额。农、商无。面朝大门处立炼屏，云照墙④。其外，建石狮牌楼⑤、头门、仪门⑥三门⑦。农、商无。⑧

○ 新建寺社一事禁止吗？（第122条）

新建寺庙一事并无禁制，随意也。⑨

○ 市中卖物看板样式⑩之事。（第123条）

商店之看板，云招牌。大木牌正中大字书写卖物之品，或挂风雅之雕物、联对等。又诸器物、帽子、衣服、木屐⑪等，在招牌上画其形状而挂出。

---

① 兽头：内阁文库藏本③、大庭修排印本作"兽类"。
② 石狮子：筑波大学图书馆藏本②中无"狮"字，但有一字之空格。
③ 茅屋：内阁文库藏本②、宫内厅书陵部藏本作"草房"，朱笔旁注"茅屋"两字。
④ 照墙：国立国会图书馆藏本②中无，内阁文库藏本③、大庭修排印本作"照墙门"。照墙又称为照壁，立在大门内的屏蔽物，以断鬼的来路或避免气冲至厅堂或卧室。古人称之为"萧墙"，因而有祸起萧墙之说。
⑤ 石狮牌楼：筑波大学图书馆藏本②作"石牌楼"，东北大学图书馆藏本、东京大学图书馆藏本①、国立国会图书馆藏本①作"石御牌楼"，国立国会图书馆藏本②作"石榔牌楼"。
⑥ 仪门：筑波大学图书馆藏本②、东北大学图书馆藏本、东京大学图书馆藏本①、国立国会图书馆藏本①作"义门"，当讹。
⑦ 三门：筑波大学图书馆藏本①无。
⑧ 士、官之家立楼门，门前竖旗竿，建八字墙门，挂文魁进士等匾额。农、商无。面朝大门处立炼屏，云照墙。其外，建石狮牌楼、头门、仪门三门。农、商无：底本无。内阁文库藏本②中，墨笔补入此内容。据其他诸本补入。
⑨ 此条问答，除底本、内阁文库藏本②、宫内厅书陵部藏本外，其余诸本无。
⑩ 样式：除底本、内阁文库藏本②、宫内厅书陵部藏本外，其余诸本无。
⑪ 木屐：筑波大学图书馆藏本①②、早稻田大学图书馆藏本、东京大学东文研图书室藏本、东北大学图书馆藏本、东京大学图书馆藏本①、国立国会图书馆藏本①②作"草履、木屐"，内阁文库藏本③、大庭修排印本作"革履、木屐"，斯道文库藏本、关西大学图书馆藏本①②③、京都大学图书馆藏本、东京大学图书馆藏本②作"革履、木屐"。

○ 下官途中遇高官时，下马、下乘①吗？（第124条）

诸王、宗室、公主至以下大小官员、军民等在途中行遇时，有下马、下乘定式之礼法。是云回避仪。其礼式丝毫不许错。其品级稍差者，让路旁行。其次，拉马缰绳，侧身立于一旁，待其经过。其次，下轿马，站于座旁，待其经过②。官员奉敕出行，即使遇诸王、大臣，亦无下马之事。

○ 北京城、诸省之官府有下马、下乘牌吗？③（第125条）

前往京城及其外诸省官府之官员随品级④，下马、下乘之场所有远近之定式⑤。无一同下马、下乘牌。

○ 相传森林、高山等有云魔所之处吗？（第126条）

相传诸处深山幽谷⑥中有山魈⑦之地甚多。有樵夫等迷路，终不知其去向。或有经一二年⑧，神志不清⑨，迷于路中而被带回者。或有记得遍游诸处远境，并说与人者。然目前无人见山魈之形，又无怀疑没有其事者，故诸人恐而慎之，不近其地。又传说数里密树⑩处有木客⑪。其状似人，能变化，见人忽遁去，

---

① 下乘：乘者从乘坐之物下来，以表敬意。
② 其次，下轿马，站于座旁，待其经过：除底本、内阁文库藏本②、宫内厅书陵部藏本外，其余诸本无。
③ 此问，除底本、内阁文库藏本②、宫内厅书陵部藏本外，其余诸本作"北京城、诸省有下马牌吗"。
④ 前往京城及其外诸省官府之官员随品级：国立国会图书馆藏本②作"官员随品级"，东京大学图书馆藏本②作"随京城、诸省之品级"，内阁文库藏本③作"随北京、诸省之品级"，除底本、内阁文库藏本②、宫内厅书陵部藏本、国立国会图书馆藏本②、东京大学图书馆藏本②、内阁文库藏本③外，其余诸本作"京城、诸省官员随品级"。
⑤ 有远近之定式：除底本、内阁文库藏本②、宫内厅书陵部藏本外，其余诸本作"有远近"。
⑥ 诸处深山幽谷：除底本、内阁文库藏本②、宫内厅书陵部藏本外，其余诸本作"山谷"。
⑦ 山魈：传说山里的独脚鬼怪，亦作"山臊"。《正字通》引《抱朴子·登涉篇》："山精形如小儿，独足向后，夜喜犯人，名曰魈。"《荆楚岁时记》载："按《神异经》云：'西方山中有人焉，其长尺余，一足，性不畏人，犯之则令人寒热，名曰山臊。人以竹着火中，烨烨有声，而山臊惊惮远去。'"
⑧ 一二年：国立国会图书馆藏本②作"二三年"。
⑨ 神志不清：筑波大学图书馆藏本②、早稻田大学图书馆藏本、东北大学图书馆藏本、东京大学图书馆藏本①、国立国会图书馆藏本①②、斯道文库藏本、关西大学图书馆藏本①作"神志清醒"，恐讹。
⑩ 数里密树：国立国会图书馆藏本①作"数里蜜林"，内阁文库藏本③、大庭修排印本作"类密林"，国立国会图书馆藏本②作"密林"。除底本、内阁文库藏本②③、宫内厅书陵部藏本、国立国会图书馆藏本①②、大庭修排印本外，其余诸本作"数里密林"。
⑪ 木客：筑波大学图书馆藏本①②、早稻田大学图书馆藏本、东北大学图书馆藏本、国立国会图书馆藏本①、东京大学图书馆藏本②作"木容"，当讹。《太平御览》卷八八四所引《南康记》载："木客，头面语声，亦不全异人，但手脚爪如钩利，高岩绝峰然居之。能斫榜，牵着树上聚之。昔有人欲就其买榜，（转下页）

如风①。

○ 相传市中或官家有妖怪宅子吗？（第 127 条）

相传有妖怪之宅以市中或官家为多。皆狐狸作怪。然或人之亡魂或邪物作祟等传言亦多。虽有传说，但当时无亲眼见者。②

○ 依家系，有幽灵等事吗？（第 128 条）

常多有含恨自尽者或妇女因嫉妒而诅咒、魇杀他人之事。虽家族代代或有幽灵之事，但未曾闻之。③

○ 有狐狸附身吗？同蛊惑人心之事。念咒祈祷，可驱退吗？（第 129 条）

狐狸多妖魅，其中北京、山西、陕西之地甚多。或变为艳女、美少人④之容貌，迷惑他人。或附于人身。用道家弘显派⑤之法术祈祷，能驱逐、镇压邪气。

○ 有天狗传说吗？有类似天狗之传说吗？⑥（第 130 条）

考⑦《山海经》，阴山有天狗。其形⑧如狸而白首，声如猫，食蛇。其名目虽如此，但不似日本流传之天狗传说。不知何代，江南曾有山魈，困扰其人。其所知

（接上页）先置物木下，随量多少取之。若合其意，便将去，亦不横犯也。但终不与人面对交语作市。死皆知殡敛之，不令人见其形也。葬棺法，每在高岸树杪或藏石窠中，南康三营代船兵往说亲睹葬所。舞倡之节虽异于世，听于风林泛响，类歌吹之和。义熙中，徐道覆南出遣人伐榜以装舟舰，木客乃献其榜而不得见。"

① 见人忽遁去，如风：除底本、内阁文库藏本②、宫内厅书陵部藏本外，其余诸本作"见人忽逃去"。
② 此条，除底本、内阁文库藏本②、宫内厅书陵部藏本外，其余诸本无。
③ 此条，除底本、内阁文库藏本②、宫内厅书陵部藏本外，其余诸本无。
④ 美少人：筑波大学图书馆藏本②、国立国会图书馆藏本①作"美女人"，东北大学图书馆藏本作"美女"，东京大学图书馆藏本①作"美人"，斯道文库藏本作"美少年"。
⑤ 道家弘显派：筑波大学图书馆藏本②、东北大学图书馆藏本、东京大学图书馆藏本①、国立国会图书馆藏本①、东京大学图书馆藏本②作"道家弘愿派"，筑波大学图书馆藏本①、早稻田大学图书馆藏本、东京大学东文研图书室藏本、斯道文库藏本、关西大学图书馆藏本①②③、京都大学图书馆藏本、国立国会图书馆藏本②、内阁文库藏本③、大庭修排印本作"通家弘愿派"。
⑥ 有类似天狗之传说吗：除底本、内阁文库藏本②、宫内厅书陵部藏本外，其余诸本无。
⑦ 考：国立国会图书馆藏本②无。
⑧ 形：除底本、内阁文库藏本②、宫内厅书陵部藏本外，其余诸本作"貌"。

县官为豪侠之人，集众人欲降之，向山中、树间①发射弓、铁炮，或虽有击中某物之感，然眼前并无何物。猛烈攻击后撤退②。其后，此山再无山魈作怪。昼夜往来，安稳也③。经数年，有道士来知县衙门④，见知县（道士即日本山伏之类⑤）。其言语动止甚伶俐，答问如流水。其间，道士把玩长二三寸⑥之小猿，此猿表演种种戏⑦艺。知县看得入迷，道士云，若欲得之，可奉上⑧。知县以为既如此，应接受，收下此猿。此后，知县玩爱此猿⑨。数日之内⑩，俄变为大虎，蹂躏衙门之内，诸人惊慌，多受伤者。最后将虎赶出门外，不知其去向。诸人评论此怪必定为先年攻击之山魈作祟⑪。

○ 阴火燃烧之事。（第131条）
山野坟墓之边、河海岸堤之畔，或古昔之战场等多磷火燃烧处。或虽有传言鬼魅精怪⑫、亡⑬人魂魄等，皆阴火也。

○ 有火葬之事吗？（第132条）

---

① 树间：除底本、内阁文库藏本②、宫内厅书陵部藏本外，其余诸本无。
② 猛烈攻击后撤退：除底本、内阁文库藏本②、宫内厅书陵部藏本外，其余诸本无。
③ 昼夜往来，安稳也：除底本、内阁文库藏本②、宫内厅书陵部藏本外，其余诸本无。
④ 衙门：除底本、内阁文库藏本②、宫内厅书陵部藏本外，其余诸本作"门"。
⑤ 道士即日本山伏之类：除底本、内阁文库藏本②、宫内厅书陵部藏本外，其余诸本无。
⑥ 二三寸：东北大学图书馆藏本作"五六寸"。
⑦ 戏：筑波大学图书馆藏本②、东北大学图书馆藏本、东京大学图书馆藏本①、国立国会图书馆藏本①作"技"。
⑧ 道士云，若欲得之，可奉上：国立国会图书馆藏本②作"道士云，可奉上。"
⑨ 此后，知县玩爱此猿：东北大学图书馆藏本、国立国会图书馆藏本①、东京大学图书馆藏本①作"日夜玩爱此猿"。
⑩ 数日之内：东北大学图书馆藏本、东京大学图书馆藏本①、国立国会图书馆藏本①②作"或时"。筑波大学图书馆藏本①②、早稻田大学图书馆藏本、东京大学东文研图书室藏本、东京大学图书馆藏本②、斯道文库藏本、关西大学图书馆藏本①②③、京都大学图书馆藏本、内阁文库藏本③、大庭修排印本无。
⑪ 诸人评论此怪必定为先年攻击之山魈作祟：除底本、内阁文库藏本②、宫内厅书陵部藏本外，其余诸本作"此怪应为先年之祟也"。
⑫ 怪：筑波大学图书馆藏本②作"鬼"，东北大学图书馆藏本作"魑"，国立国会图书馆藏本①、东京大学图书馆藏本①作"魖"，早稻田大学图书馆藏本、筑波大学图书馆藏本①作"魑"，东京大学东文研图书室藏本、国立国会图书馆藏本②作"魅"。
⑬ 亡：筑波大学图书馆藏本①②、早稻田大学图书馆藏本、东京大学东文研图书室藏本、东北大学图书馆藏本、国立国会图书馆藏本①②、东京大学图书馆藏本①作"凶"，当讹。

佛书云火葬为荼毘。① 在唐国，僧徒、俗人皆依其望而火葬。

○ 火灾之时，防损之事。②（第 133 条）
各处常贮救火道具防火③，水笼④、水桶⑤、水箭皆为带水道具。其外，挠钩、蔴搭⑥、火挽等，随其时用之。

○ 旅行人马之通用乘马样式、轿子样式、问屋⑦、休泊、轿子之赁银并川越徒渡之事。（第 134 条）
往还主道云官路，又云大路。无如日本乘载货之马事。置鞍，又在鞍之两侧附马包箱，即革制、如柳行李⑧之物，似日本之镫付⑨。马鞍前后四边附皮绳作梢绳，是为捆附马包箱。轿，如椅子之物立四根柱，附轿顶，前后二人架在腰处担抬之。饰有种种之制。轿夫一日之赁银为二刄⑩，马夫银一刄。泊二分⑪，饭一膳三分，每碗三厘，宿饭三分至五分。往来人多通行之处⑫，轿马、宿饭⑬价格高。无如日本川越⑭之事，皆船渡。朝廷定置之关津例外。其余川之上下⑮浅滩，皆

---

① 此句，国立国会图书馆藏本②作"如前条所言，佛家云之为荼毘"。早稻田大学图书馆藏本、东京大学东文研图书室藏本作"佛书云火葬为荼昆"，当讹。荼毘，又称"荼毗"，指僧人死后将尸体火化。
② 此问，除底本、内阁文库藏本②、宫内厅书陵部藏本外，其余诸本作"防火灾之事"。
③ 防火：除底本、内阁文库藏本②、宫内厅书陵部藏本外，其余诸本无。
④ 水笼：除底本、内阁文库藏本②、宫内厅书陵部藏本外，其余诸本作"水龙"。
⑤ 水桶：筑波大学图书馆藏本①②、早稻田大学图书馆藏本、东京大学东文研图书室藏本、东北大学图书馆藏本、东京大学图书馆藏本①、国立国会图书馆藏本①②无。
⑥ 蔴搭："蔴"通"麻"。麻搭是一种在长杆顶端缚扎散麻蘸吸泥水灭火的工具。宋·孟元老《东京梦华录》卷三"防火"条载："及有救火家事，谓如大小桶、洒子、麻搭、斧锯、梯子。"宋·曾公亮等撰《武经总要》前集卷十二"守城并器具图附"："麻搭，以八尺杆系散麻二斤，蘸泥浆，皆以蹙火。"
⑦ 问屋：江户时代日本各街道宿场内供人休息、换马的场所，类似于中国古代的驿站。也被称为驿亭、传马所。
⑧ 柳行李：用"行李柳"编织的行李箱。"行李柳"，杨柳科落叶灌木，原产于朝鲜，后移植于日本各地。
⑨ 镫付：置于马背两侧的行李包。
⑩ 二刄：筑波大学图书馆藏本①②、早稻田大学图书馆藏本、东京大学东文研图书室藏本、东北大学图书馆藏本、东京大学图书馆藏本①、国立国会图书馆藏本①②作"四刄"。
⑪ 二分：除底本、内阁文库藏本②、宫内厅书陵部藏本外，其余诸本作"二刄"。
⑫ 往来人多通行之处：关西大学图书馆藏本③作"往来人多迫之处"，墨笔头注"迫疑泊"。
⑬ 轿马、宿饭：除底本、内阁文库藏本②、宫内厅书陵部藏本外，其余诸本作"万物"。
⑭ 川越：指江户时代通过乘步撑、骑马、徒步等方式渡河。
⑮ 上下：除底本、内阁文库藏本②、宫内厅书陵部藏本外，其余诸本无。

分 条 问 答

随意渡也。

○ 有在道中、船中抢夺财物、试刀杀人①之盗贼吗?②（第135条）

海陆盗贼种类多。响马盗③,同类数人携弓矢④、军器,白昼于道路见旅人,放矢。此矢极响。旅人闻此矢音,知是响马盗⑤。急下马,舍行李而逃。其财物尽数被夺,性命保全⑥。若旅人未遁去,又未下马时,即杀之⑦,掠去财物。又有大批盗贼结伙,夜举火把,闯进小村庄或偏远之三四户人家⑧,强盗犯奸⑨、杀居民,火烧人家等。又海贼同类多⑩,截往来之船,或闯进系船⑪杀旅人⑫、夺取行李。是等皆大盗也。又小贼从暗处出现,背后袭击独行旅人,大声呼喊使其惊恐而行盗⑬。又有盗人如普通同行之人,接近旅人,与之攀谈,点燃调合毒药之线香,而盗人口含解毒药水。⑭ 旅人嗅其烟而昏闷如梦时,夺其财物。又将毒药研粉,密入茶酒中,使旅人饮,醉闷时夺取财物。或借宿于独行旅人,令其睡一间,

---

① 试刀杀人:原文作"辻切",日语词汇,指日本武士为测试或磨炼自己的刀技,在往来人少的路口斩杀他人。
② 此问,除底本、内阁文库藏本②、宫内厅书陵部藏本外,其余诸本作"海陆盗贼之事"。
③ 响马盗:筑波大学图书馆藏本②、东北大学图书馆藏本、国立国会图书馆藏本①、东京大学图书馆藏本①作"惊马盗"。响马盗,古指拦路抢劫的强盗,又称"响马子"。"响马"一词原出于山东,一说自东汉以后,山东的土匪在马脖子上挂满铃铛,马跑起来,铃铛很响,故称土匪为响马;另有说法认为土匪在行动前习惯先放响箭示警,常骑马来去,故称响马。
④ 矢:筑波大学图书馆藏本②、东北大学图书馆藏本、国立国会图书馆藏本①、东京大学图书馆藏本①作"马",斯道文库藏本、关西大学图书馆藏本①作"箭"。
⑤ 知是响马盗:筑波大学图书馆藏本①②、早稻田大学图书馆藏本、东京大学东文研图书室藏本、东北大学图书馆藏本、国立国会图书馆藏本①、东京大学图书馆藏本①②、京都大学图书馆藏本作"知是惊马盗",国立国会图书馆藏本②作"惊之",斯道文库藏本、关西大学图书馆藏本①②作"惊之,知是马盗"。
⑥ 性命保全:国立国会图书馆藏本②无。
⑦ 即杀之:除底本、内阁文库藏本②、宫内厅书陵部藏本外,其余诸本作"射杀之"。
⑧ 三四户人家:国立国会图书馆藏本②作"人家"。
⑨ 强盗犯奸:除底本、内阁文库藏本②、宫内厅书陵部藏本外,其余诸本作"盗奸"。
⑩ 海贼同类多:国立国会图书馆藏本②无,筑波大学图书馆藏本②、东北大学图书馆藏本、国立国会图书馆藏本①、东京大学图书馆藏本①作"海贼同多"。
⑪ 系船:除底本、内阁文库藏本②、宫内厅书陵部藏本外,其余诸本作"船"。即泊舟。
⑫ 旅人:国立国会图书馆藏本②作"船中之人"。
⑬ 大声呼喊使其惊恐而行盗:除底本、内阁文库藏本②、宫内厅书陵部藏本外,其余诸本作"大声呼喊而行盗"。
⑭ 点燃调合毒药之线香,而盗人口含解毒药水:国立国会图书馆藏本②作"点燃合毒药之线香"。

屋子四方被严实围住,从一孔中放烟,闷杀之。又有将经过船头①之一二旅人②推入海中、溺杀而夺其财物者。或于诸人群集观赏之所,手拿磨出刃之钱以作切物,与人擦肩时割其腰间钱袋之系绳而掠取。如上大小盗贼,皆有依其罪之轻重而处以刑罚之法律。

〇 有如山师③等类施口才谋生④之人吗?(第136条)

常能言善辩、诈骗⑤他人、玩弄种种阴恶者云光棍。又有受诉讼者委托,颠倒增减事实,教唆控告方法,捏写⑥文书等,擅曲理为非、以非胜理之手段者云讼师。在唐国,光棍、讼师多也⑦。

〇 有骗人而取物者吗?(第137条)

骗人、诓骗⑧者云拐子⑨,又云白撞⑩。其计谋⑪难逐一述之。故俗语有云:"小人巧计,智过君子"。

〇 有依风土而患他处未有之疾病吗?(第138条)

山东妇女多瘿项者。颈⑫壮,粗⑬大如柱。广东多麻疯者。是等病他处

---

① 船头:斯道文库藏本、关西大学图书馆藏本①作"途中"。
② 一二旅人:国立国会图书馆藏本②作"旅人",除底本、内阁文库藏本②、宫内厅书陵部藏本、国立国会图书馆藏本②外,其余诸本作"一一旅人"。
③ 山师:骗子手。
④ 谋生:除底本、内阁文库藏本②、宫内厅书陵部藏本外,其余诸本无。
⑤ 骗:内阁文库藏本③作"谝",朱笔头注"谝,巧言也"。筑波大学图书馆藏本①作"谲"。
⑥ 捏写:筑波大学图书馆藏本②作"写",东京大学图书馆藏本①、国立国会图书馆藏本①作"伪写",内阁文库藏本③作"搜写"。
⑦ 在唐国,光棍、讼师多也:除底本、内阁文库藏本②、宫内厅书陵部藏本外,其余诸本作"甚多也"。
⑧ 诓骗:筑波大学图书馆藏本②作"谁骗",当讹。东北大学图书馆藏本、东京大学图书馆藏本①、国立国会图书馆藏本①作"诈骗"。
⑨ 拐子:内阁文库藏本③作"枴子",当讹。拐子,即用诈术骗取人口或财物的人。
⑩ 白撞:撞骗者,入人家屋内偷盗者。诈言找错人家,若无人则拿走财物。早稻田大学图书馆藏本作"自撞",当讹。
⑪ 计谋:除底本、内阁文库藏本②、宫内厅书陵部藏本外,其余诸本作"诈谋"。
⑫ 颈:除底本、内阁文库藏本②、宫内厅书陵部藏本外,其余诸本作"头",其中,关西大学图书馆藏本③作"头疑项"。
⑬ 粗:东北大学图书馆藏本无此字,但有一字之空格。

少有。

○ 有不患疱疮之处吗？（第 139 条）

闻山西太原府上乡堡①之处不患小儿痘疮。痘疮俗称疱疮②。

○ 自上海、乍浦、宁波、普陀山③至长崎之道程，实际有多长？虽然人人感觉不同，其普遍感觉之事。④（第 140 条）

航海时，船中有伙长⑤、舵工，以数年经验考方向、更数，往来各所。所谓更数⑥，唐路六十里、日本路七里有奇⑦之道程。是为顺风时，行一⑧昼夜之事。直路六百里，此十分之一即六十里定为一更。

上海三十二更⑨，日本路二百二十五里⑩。

乍浦三十七更⑪，日本路二百六十里⑫。

---

① 上乡堡：内阁文库藏本③作"土卿堡"，大庭修排印本作"土乡堡"。
② 痘疮俗称疱疮：东北大学图书馆藏本、国立国会图书馆藏本①、东京大学图书馆藏本①、内阁文库藏本③、大庭修排印本中无。
③ 普陀山：除底本、内阁文库藏本②、宫内厅书陵部藏本、关西大学图书馆藏本②③外，其余诸本作"陀山"。
④ 虽然人人感觉不同，其普遍感觉之事：除底本、内阁文库藏本②、宫内厅书陵部藏本外，其余诸本无。
⑤ 伙长：旧称船舶上掌管罗盘的人。内阁文库藏本③中，"伙"字朱笔头注"伙，虽训读为オビタダシイ，但为楚之言也"。
⑥ 更数：内阁文库藏本③作"更"。清·俞正燮《清初海疆图说·洋船更数说》载："大凡陆地往来，有里数、有程站，可以按程计日，分毫不谬。惟洋船则不然。……故设为更数，以定水程。夫更数者，洋船设一漏以贮砂，砂随漏尽，则为一更；然不得风力相称者，则又不可以计更。故持木片一块，在船头放于海中，人即疾趋至船尾；其木片亦即并流至船尾者，此其风力相称，即可随漏以计更矣。果有此风信，尽一日夜可得十更，一更可行六十里；如陆路之一站也。"
⑦ 有奇：还有零头，有余。
⑧ 一：筑波大学图书馆藏本①②、早稻田大学图书馆藏本、东北大学图书馆藏本、国立国会图书馆藏本①、东京大学图书馆藏本①无。
⑨ 三十二更：关西大学图书馆藏本③作"三十三更"。
⑩ 二百二十五里：国立国会图书馆藏本①、东京大学图书馆藏本①作"百二十五里"，斯道文库藏本、关西大学图书馆藏本①作"二百二十里"。
⑪ 三十七更：大庭修排印本作"三十六更"。
⑫ 二百六十里：筑波大学图书馆藏本①②、早稻田大学图书馆藏本、东北大学图书馆藏本、东京大学图书馆藏本①作"二百五十七里"，国立国会图书馆藏本①作"三百五十七里"，东京大学东文研图书室藏本、国立国会图书馆藏本②作"二百五十五里"，斯道文库藏本作"二百六十里"。

宁波四十二更①，日本路二百九十六里②。

普陀山③四十更④，日本路二百八十二里。⑤

以上为定则之更数⑥。十次中无一次以直路⑦航行。凡在海上，逆风吹船后退，侧风使船斜漂，其船路迂曲。故有直路百里之处，漂二百里或三百里始至之事。然伙长、舵工考航海之准则，遂能至目的地。船中之人虽依感觉推量⑧，时觉近，时觉远，但毕竟⑨是无用之事。无海路里数证据之理⑩。

〇 有如日本书悉昙梵字者吗？用于何事？（第 141 条）

悉昙梵字本由天竺传入震旦。昔年，入唐之天台、真言僧徒将之传入日本，至今用之。在唐国，虽在《诸经》⑪《瑜伽经》等中使用，但当代无如日本谙熟者。⑫

〇 有如日本用反切取名字之事吗？（第 142 条）

在唐国，无如日本用反切取讳字等之事。⑬

---

① 四十二更：筑波大学图书馆藏本①②、早稻田大学图书馆藏本、东京大学东文研图书室藏本、东北大学图书馆藏本、国立国会图书馆藏本①②、东京大学图书馆藏本①作"四十四更"。

② 二百九十六里：筑波大学图书馆藏本①②、早稻田大学图书馆藏本、东北大学图书馆藏本、国立国会图书馆藏本①作"二百五十六里"，东京大学图书馆藏本①作"二百五十五里"，国立国会图书馆藏本②作"三百何里"。

③ 普陀山：内阁文库藏本③朱笔头注"普陀山，福州金山寺也"。

④ 四十更：关西大学图书馆藏本③作"四十四更"。

⑤ 普陀山四十更，日本路二百八十二里：筑波大学图书馆藏本①②、早稻田大学图书馆藏本、东京大学东文研图书室藏本、东北大学图书馆藏本、国立国会图书馆藏本①②、东京大学图书馆藏本①无。

⑥ 以上为定则之更数：筑波大学图书馆藏本①②、早稻田大学图书馆藏本、东京大学东文研图书室藏本、东北大学图书馆藏本、国立国会图书馆藏本①②、东京大学图书馆藏本①无。斯道文库藏本、关西大学图书馆藏本①②③、京都大学图书馆藏本、东京大学图书馆藏本②、内阁文库藏本③、大庭修排印本作"以上为顺利航行之更数"。

⑦ 直路：斯道文库藏本、关西大学图书馆藏本①作"此更数"。

⑧ 虽依感觉推量：除底本、内阁文库藏本②、宫内厅书陵部藏本外，其余诸本无。

⑨ 毕竟：除底本、内阁文库藏本②、宫内厅书陵部藏本外，其余诸本无。

⑩ 无海路里数证据之理：内阁文库藏本③作"海路里数并非证据之理"。

⑪ 《诸经》：即《诸经要集》。

⑫ 此条问答，除底本、内阁文库藏本②、宫内厅书陵部藏本外，其余诸本无。

⑬ 除底本、内阁文库藏本②、宫内厅书陵部藏本外，其余诸本此条问答与下条问答"人名有忌讳之文字吗？忌不吉之字吗"为一条。即问："有如日本用反切取名字之事吗？又忌不吉之字吗"，答："无用反切取名之事。又不许臣民取当今帝、先帝之讳字。又诸人皆应避不吉之字，不用。虽无忌讳字意之事，但同不吉声韵之字，亦不用。三年一度科举试义，选拔士人。若有即位、改元之贺仪时，则临时开科。是云特恩。至期，主考官从试文中逐一选出字句典雅、符合其式之篇。读第一之文，先看姓名，有云柯琏者，此字韵通可怜，故贺节时乃为不吉，不取。看其次之试文，三四段下有名为王万寿之文，是与贺仪相应。举之为第一"。

○ 人名有忌讳之文字吗？忌不吉之字吗？（第143条）

不许臣民取当今帝、先帝之讳字。又诸人皆不用不吉①之字。恶逆、死亡等字自然忌讳。虽无忌讳字意之事，但同不吉声韵之字，亦不用。在唐国，三年一②度科举试议，有选拔天下士人之定式。若有即位、改元等贺仪时，则在定式之外临时开科，是云特恩。先年，庆贺皇上圣寿时，特恩开科。至期，主考官从试文内逐一选出字句典雅③、符合其式之篇。读第一之文，先看姓名④，有云柯琏⑤者，此字韵通可怜，与怜物伤物之语同声韵，故庆贺之时乃为不吉，不取。看其次之试文，三四段⑥下有名为王万寿之文，此文与贺仪相应，举王万寿为第一。

○ 取字名有缘由吗？随意吗？有审查之格吗？⑦（第144条）

取字名，非必有缘由，皆随心意。然家家有以经⑧传之语字、一二句诗句等为通字之事。譬如以"学而时习之"为通字时，父为⑨"学"字，子为"而"字，孙为"时"字，其下之字则随心意配二字⑩。故有考父祖、伯叔、兄弟、曾玄以何字为通字时，自然知其血脉相传次序之事。⑪

---

① 不吉：国立国会图书馆藏本①旁注"不祥之事"。
② 一：筑波大学图书馆藏本②、东北大学图书馆藏本、国立国会图书馆藏本①、东京大学图书馆藏本①无。筑波大学图书馆藏本①、早稻田大学图书馆藏本作"三"，当讹。
③ 字句典雅：筑波大学图书馆藏本②、东北大学图书馆藏本作"字句典种"，"种"后有一字之空格，国立国会图书馆藏本①、东京大学图书馆藏本①作"字句典种种"。
④ 姓名：筑波大学图书馆藏本②、东北大学图书馆藏本、国立国会图书馆藏本①②、东京大学图书馆藏本①作"考生名"；筑波大学图书馆藏本①、早稻田大学图书馆藏本、东京大学东文研图书室藏本作"先生名"。
⑤ 柯琏：底本、内阁文库藏本②、宫内厅书陵部藏本中原作"何连"，内阁文库藏本②、宫内厅书陵部藏本旁注"一作琏"。据其他诸本改之。
⑥ 三四段：国立国会图书馆藏本①、东京大学图书馆藏本①作"西段"，当讹。
⑦ 此问，筑波大学图书馆藏本②、东北大学图书馆藏本、东京大学图书馆藏本①、国立国会图书馆藏本①②作"取官名有定式吗？随意吗"。斯道文库藏本、关西大学图书馆藏本①②③、京都大学图书馆藏本、东京大学图书馆藏本②、大庭修排印本作"取字名有定式吗？随意吗"，内阁文库藏本③作"取名之字有定式吗？随意吗"。
⑧ 经：大庭修排印本作"径"，当讹。
⑨ "学而时习之"为通字时，父为：内阁文库藏本②中朱笔补入此内容。底本墨笔补入此内容。
⑩ 配二字：除底本、内阁文库藏本②、宫内厅书陵部藏本外，其余诸本无。
⑪ 故有考父祖、伯叔、兄弟、曾玄以何字为通字时，自然知其血脉相传次序之事：除底本、内阁文库藏本②、宫内厅书陵部藏本外，其余诸本无。

○ 名字有尊卑吗？（第 145 条）

阿三、阿四、喜①、进贵②、进福等类为贱者之名。上辈者自然不用。

○ 禁天主教吗？（第 146 条）

在唐国③，天主耶稣教即天主教，严禁崇奉此教者。其外多洪阳教、无为教、白莲教④之类。佯称修善事，实煽⑤惑民众，败坏风俗。是等异教，皆严禁。

○ 有画影图形缉拿等事吗？（第 147 条）

凡⑥犯科者逃遁时，小罪者，往各处发文书通缉；大罪者，则画其肖像，分发诸处⑦，遍搜捕。

○ 申请收养子女，允许吗？⑧（第 148 条）

大小官员、军民人等收养子女，无向朝廷申请之事。但宗室之子女嫡庶、名封、生卒、婚嫁等事，宗人府衙门详记于册籍。若密谋抚养异姓之子等时，在府官员处重罪。

○ 随意造大船或持有吗⑨？有限制吗⑩？（第 149 条）

小船随意也。造二百石以上大⑪船时，诉官府，交运上。船侧书何省、何府、何县、何字号之船。但船数之增减，无妨。

---

① 喜：除底本、内阁文库藏本②、宫内厅书陵部藏本外，其余诸本无。
② 进贵：国立国会图书馆藏本①作"进步"。
③ 在唐国：除底本、内阁文库藏本②、宫内厅书陵部藏本外，其余诸本无。
④ 白莲教：筑波大学图书馆藏本②、东北大学图书馆藏本、国立国会图书馆藏本①、东京大学图书馆藏本①作"日莲教"。早稻田大学图书馆藏本①作"白连教"。
⑤ 煽：筑波大学图书馆藏本②、早稻田大学图书馆藏本、东京大学东文研图书室藏本、东北大学图书馆藏本、国立国会图书馆藏本①作"煸"，当讹。
⑥ 凡：内阁文库藏本②中朱笔补入。
⑦ 分发诸处：除底本、内阁文库藏本②、宫内厅书陵部藏本外，其余诸本无。
⑧ 此问，筑波大学图书馆藏本②、东北大学图书馆藏本、国立国会图书馆藏本①、东京大学图书馆藏本①、大庭修排印本作"收养子女，向官府申请吗"。
⑨ 随意造大船或持有吗：筑波大学图书馆藏本②作"禁止造大船或持有吗"。
⑩ 有限制吗：除底本、内阁文库藏本②、宫内厅书陵部藏本外，其余诸本无。
⑪ 大：内阁文库藏本②中朱笔补入。

附 加 问 答①

○ 小说书目之事

《石点头》八本、《欢②喜冤家》六本、《说唐后传③》八本、《三国志》六本、《西游记》六本、《绣榻④野史》四本、《肉蒲团⑤》四本、《梦月楼》六、《引凤箫》四、《玉支玑⑥》四⑦、《锦⑧香亭》四⑨、《金云翘⑩》四、《杏花天⑪》四⑫、《五凤吟》

---

① 此"附加问答"内容,内阁文库本①②、宫内厅书陵部藏本无,其他15种写本、大庭修排印本等均有。此部分采用的底本为东京大学图书馆藏《享保笔话》(索书号为G30:565)。

② 欢:底本、筑波大学图书馆藏本①②、早稻田大学图书馆藏本、东京大学东文研图书室藏本、东北大学图书馆藏本、东京大学图书馆藏本①、国立国会图书馆藏本①、关西大学图书馆藏本①③、京都大学图书馆藏本、斯道文库藏本、内阁文库藏本③作"观",当讹。国立国会图书馆藏本②、关西大学图书馆藏本②本作"观",朱笔改为"欢"。《欢喜冤家》又名《贪欢报》《欢喜奇观》《三续今古奇观》《四续今古奇观》《醒世第一书》《今古艳情奇观》《艳镜》,是明代西湖渔隐主人著短篇小说集,书成于明崇祯十三年。

③ 说唐后传:筑波大学图书馆藏本②、东北大学图书馆藏本、东京大学图书馆藏本①作"续唐后传",国立国会图书馆藏本①作"续店后传","续店"二字旁注"说唐"。《说唐后传》与《说唐三传》合称《说唐后传三传》,为《说唐传》续书。

④ 榻:筑波大学图书馆藏本①②、早稻田大学图书馆藏本、东京大学东文研图书室藏本、东北大学图书馆藏本、东京大学图书馆藏本①、关西大学图书馆藏本①、大庭修排印本作"折",当讹。国立国会图书馆藏本①②作"折",旁注"榻"。《绣榻野史》为明代色情小说,作者为明代剧作家、戏曲评论家吕天成。

⑤ 肉蒲团:大庭修排印本作"肉薄团",当讹。《肉蒲团》是清代文学家、评论家李渔创作的章回体艳情小说。

⑥ 玉支玑:诸本均作"玉史矶",关西大学图书馆藏本①朱笔旁注"玉支玑",据此更改之。《玉支玑》为清代白话长篇才子佳人小说,又名《双英记》《方正合传》,题"天花藏主人述",作者真实姓名不详。应成书于康熙年间。

⑦ 四:国立国会图书馆藏本①、东京大学图书馆藏本①无。

⑧ 锦:关西大学图书馆藏本①作"绵",朱笔旁注"锦"。

⑨ 四:东京大学图书馆藏本①无。

⑩ 金云翘:东京大学图书馆藏本①作"合云翘",当讹。关西大学图书馆藏本①朱笔旁注"金翘传"。《金云翘传》原为明清时期青心才人撰写的章回体小说,后由越南的阮攸改编。西天维则翻译的日文译本表题为"绣像通俗金翘传",译名省去了原书名中的"云"字,只取书中金重、王翠翘两位重要男女人物的代称"金""翘"。

⑪ 杏花天:东京大学图书馆藏本①作"养花大","大"字旁注"一本天"。除东京大学图书馆藏本①外,其余诸本作"养花天"。关西大学图书馆藏本①朱笔旁注"杏花天",据此更改之。《杏花天》,明清艳情小说。

⑫ 四:国立国会图书馆藏本①、东京大学图书馆藏本①无。

四①、《蝴蝶媒》四、《巧联珠》四②

---

① 《五凤吟》四：关西大学图书馆藏本①中隐约可见此处有字。国立国会图书馆藏本①、东京大学图书馆藏本①作"《五凤吟》"，筑波大学图书馆藏本②作"《五凤吟》六"。
② 《蝴蝶媒》四、《巧联珠》四：筑波大学图书馆藏本②、国立国会图书馆藏本①作"《蝴蝶媒》"，东北大学图书馆藏本作"《蝴蝶媒》四"，漏抄"《巧联珠》四"。

附　　录①

○ 清朝②之事③

（清即今之唐土④号也。天子之本国为鞑子，故革明朝之风俗。但二京十三道文学⑤、经史、法律，从前代。）⑥

高祖，名奴儿哈赤⑦。李自成乘乱入中国，即位。未闻称姓。入中国以后，或人示《百家姓》一本，定姓。指其首之姓字，此后以赵为姓。

太祖，名老四王⑧。

世祖，名临。在位十八年⑨，称顺治十八年⑩。自此，一帝一年号。（顺治元年当我朝⑪正保元年甲申⑫）

圣祖，名玄晔。雄才大略，大治天下。在位六十一年⑬，称康熙（六十一年）。

---

① 附录：内阁文库本①②、宫厅内书陵部藏本无，其他15中写本、大庭修排印本等均有。此部分采用的底本为东京大学图书馆藏《享保笔话》（索书号为G30：565）。
② 清朝：斯道文库藏本、关西大学图书馆藏本①作"清国"。
③ 此条内容，内阁文库本①②无，其他15中写本、大庭修排印本等均有。
④ 唐土：底本作"土唐"，当讹。其余诸本均作"唐土"，故改之。
⑤ 文学：内阁文库藏本③、大庭修排印本作"文字学"。
⑥ 此段内容，筑波大学图书馆藏本②、东北大学图书馆藏本、东京大学图书馆藏本①、国立国会图书馆藏本①中无。国立国会图书馆藏本②中，此段内容并非双行夹住，而是写入正文，且无"清即今之唐土号也"。
⑦ 奴儿哈赤：筑波大学图书馆藏本①②、早稻田大学图书馆藏本、东京大学东文研图书室藏本、国立国会图书馆藏本②、筑波大学图书馆藏本②、东北大学图书馆藏本作"奴儿哈亦"，国立国会图书馆藏本①、东京大学图书馆藏本①作"奴儿吟亦"，当讹。
⑧ 老四王：内阁文库藏本③作"老罡"，大庭修排印本作"老四老"。此处所指应为清太宗皇太极。
⑨ 十八年：国立国会图书馆藏本②作"十三年"。除国立国会图书馆藏本②外，底本及其余诸本作"十年"，当讹。故改为"十八年"。
⑩ 十八年：除底本、东京大学图书馆藏本①外，其余诸本为双行夹注。
⑪ 我朝：国立国会图书馆藏本②作"日本"。
⑫ 甲申：国立国会图书馆藏本①、东京大学图书馆藏本①无。
⑬ 六十一年：内阁文库藏本③作"六十年"，当讹。

寿六十九①岁,葬辽东②。(康熙元年当日本宽文二年壬寅③)

雍正帝,名胤禛,圣祖之第四子也。初封晋王。在④位十三年,称雍正。寿五十八岁。

乾隆帝⑤,名弘历,胤禛⑥第四子也。

○ 康熙帝座右联之事。⑦

圣祖仁皇帝⑧之联有二枚。其一曰"日月灯,江海油,风雷鼓板,天地大一番戏场⑨",其二曰"尧舜旦,文武⑩末,莽操⑪丑沛⑫,古今来许多脚色"。⑬(沛疑为净之误⑭,净为恶角,脚色为狂言⑮之构造。)⑯

○ 小说书目⑰

---

① 六十九:国立国会图书馆藏本①、东京大学图书馆藏本①作"八十九",当讹。
② 辽东:筑波大学图书馆藏本①②、早稻田大学图书馆藏本、东京大学东文研图书室藏本、东北大学图书馆藏本、国立国会图书馆藏本①②、东京大学图书馆藏本①作"辽"。内阁文库藏本③中,朱笔头注"辽东,朝鲜也"。
③ 康熙元年当日本宽文二年壬寅:国立国会图书馆藏本①、东京大学图书馆藏本①作"康熙九年当日本宽文二年",当讹。康熙元年相当于日本宽文二年(1662)。
④ 在:关西大学图书馆藏本①③、斯道文库藏本作"极",其中关西大学图书馆藏本③墨笔头注"极疑在"。
⑤ 乾隆帝:国立国会图书馆藏本②作"当今乾隆帝"。
⑥ 胤禛:内阁文库藏本③、大庭修排印本作"雍正帝"。
⑦ 此条内容,筑波大学图书馆藏本②、东北大学图书馆藏本、国立国会图书馆藏本①、东京大学图书馆藏本①均无。国立国会图书馆藏本②中写"康熙帝座右联之事"此标题。
⑧ 圣祖仁皇帝:国立国会图书馆藏本②作"圣祖仁皇帝(康熙帝之事)"。
⑨ 风雷鼓板,天地大一番戏场:内阁文库藏本③朱笔头注"一作'风雷放伎,天地间一大戏场'"。关西大学图书馆藏本①③、斯道文库藏本、大庭修排印本作"风雷鼓板,天地间一大戏场"。
⑩ 文武:内阁文库藏本③作"汤武"。关西大学图书馆藏本③墨笔头注"云一书文武,汤武"。
⑪ 莽操:大庭修排印本作"莽"。关西大学图书馆藏本③作"莽",墨笔头注"莽下有操字"。
⑫ 沛:内阁文库藏本③作"净"。
⑬ 关西大学图书馆藏本①、斯道文库藏本墨笔头注"旦,女角;末,男角,或为王侯,或为佛神之像,或为家臣等,扮演种种角色;丑,佣夫、奴仆或品质恶劣之小人;净,恶角,或武烈恶人,或奸佞小人"。
⑭ 沛疑为净之误:国立国会图书馆藏本②作"沛疑净字,书写之误"。
⑮ 狂言:内阁文库藏本③、大庭修排印本作"犯言",早稻田大学图书馆藏本作"任言",当讹。
⑯ 沛疑为净之误,净为恶角,脚色为狂言之构造:筑波大学图书馆藏本①、早稻田大学图书馆藏本、东京大学东文研图书室藏本、关西大学图书馆藏本①②、斯道文库藏本、京都大学图书馆藏本、内阁文库藏本③混入正文。
⑰ 小说书目:筑波大学图书馆藏本①、早稻田大学图书馆藏本、东京大学东文研图书室藏本无"小说书目"4字,国立国会图书馆藏本②作"书物之事",内阁文库藏本③作"小说书"。筑波大学图书馆藏本②、东北大学图书馆藏本、国立国会图书馆藏本①、东京大学图书馆藏本①中亦无"小说书目"4字,且该条内容置于前述附加问答"小说书目之事"中的最后一部小说书之后,还有"附录"2字。

附 录

《画图缘①》二、《醉菩提》四②、《终须梦》四③、《行世鸿勋④》四⑤、《麟儿报》四⑥、《桃花影》四⑦、《归莲梦⑧》四⑨、《女开科⑩》四⑪、《凤箫媒⑫》二⑬、《八洞天》⑭、《古今谈奇》⑮、《留青⑯全集》三十本⑰。

清人答问书终⑱

---

① 画图缘：诸本皆作"西图像"，其中，关西大学图书馆藏本①朱笔旁注"画图缘"。《画图缘》，清代白话长篇才子佳人小说，又名《花天荷传》《画图缘平夷全传》《花田金玉缘》，首序署"天花藏主人题于素政堂"，成书于清康熙年间。
② 四：筑波大学图书馆藏本②作"三"，国立国会图书馆藏本①无。
③ 四：国立国会图书馆藏本①、东北大学图书馆藏本无，筑波大学图书馆藏本②作"二"。
④ 行世鸿勋：国立国会图书馆藏本①、东京大学图书馆藏本①作"行世鸣勋"。或为《新世鸿勋》，清代白话长篇历史演义小说，一名《定鼎奇闻》《盛世弘勋》《新世宏勋》《顺治过江》《顺治皇过江全传》等。题"蓬蒿子编"，作者生平不详，成书于清顺治年间。
⑤ 四：国立国会图书馆藏本①无。
⑥ 四：东北大学图书馆藏本、国立国会图书馆藏本①无。
⑦ 四：国立国会图书馆藏本①、筑波大学图书馆藏本②、东北大学图书馆藏本无。
⑧ 归莲梦：内阁文库藏本③、大庭修排印本作"归运梦"，当讹。《归莲梦》是清代苏庵主人编辑、白香居士校正的白话长篇神怪史话小说，成书于清初。
⑨ 四：国立国会图书馆藏本①、东北大学图书馆藏本无。
⑩ 科：底本、筑波大学图书馆藏本①②、早稻田大学图书馆藏本、东京大学东文研图书室藏本、东北大学图书馆藏本、京都大学图书馆藏本、关西大学图书馆藏本①③、斯道文库藏本、内阁文库藏本③、大庭修排印本作"料"，当讹。国立国会图书馆藏本②、关西大学图书馆藏本②本作"料"，朱笔改为"科"。《女开科》是清代白话长篇才子佳人小说，一名《虎丘花案逸史》《花案奇闻》《女开科传》，又名《万斛泉》《花阵奇》，成书于康熙末年至乾隆初年。作品借妓女开科取试，嘲弄科举制度，针砭世态炎凉，歌颂纯真爱情。
⑪ 四：国立国会图书馆藏本①、筑波大学图书馆藏本②、东北大学图书馆藏本无。
⑫ 媒：国立国会图书馆藏本②作"妖"，当讹。
⑬ 二：国立国会图书馆藏本①无。
⑭ 《八洞天》：关西大学图书馆藏本①③、斯道文库藏本、大庭修排印本作"《八洞天》四"，国立国会图书馆藏本②作"《八洞天》二"。
⑮ 《古今谈奇》：国立国会图书馆藏本②作"《古今谈奇》二"。
⑯ 青：底本、关西大学图书馆藏本③、内阁文库藏本③、大庭修排印本作"书"，当讹。关西大学图书馆藏本②本作"书"，朱笔改为"青"。京都大学图书馆藏本本作"书"，墨笔旁注"青"。《留青全集》为清代陈枚撰写，被列为禁书。
⑰ 本：除底本外，其余诸本无。
⑱ 清人答问书终：底本、斯道文库藏本、关西大学图书馆①②③、京都大学图书馆藏本、内阁文库藏本③无，据筑波大学图书馆藏本①、早稻田大学图书馆藏本、东京大学东文研图书室藏本、国立国会图书馆藏本②补入。筑波大学图书馆藏本②、东北大学图书馆藏本作"清朝探事下卷毕"。国立国会图书馆藏本①、东京大学图书馆藏本①亦作"清朝探事下卷毕"。写有"应赖勒慎齐虽书之，不详哉。本原误字尤多"，其中"勒"字，东京大学图书馆藏本①作"勤"。

《清朝探事》研究

　　此问答为享保中清人朱珮章及其他清人来肥前州崎阳时,德庙命荻生氏、深见氏询问,朱珮章所答之内容①。荻生氏,字总七郎②。深见氏,初字久太夫,后云新兵卫。荻生氏,金城儒官也③。深见氏,官库④书籍奉行也。

　　宝历甲申岁。⑤

---

① 内容：国立国会图书馆藏本②后有"自某家密出之"。
② 字总七郎：国立国会图书馆藏本②中,此后还有"金城儒官"4字。
③ 荻生氏,金城儒官也：国立国会图书馆藏本②无。
④ 库：早稻田大学图书馆藏本、筑波大学图书馆藏本①作"底",当讹。
⑤ 此部分,仅见于筑波大学图书馆藏本①、早稻田大学图书馆藏本、东京大学东文研图书室藏本、国立国会图书馆藏本②,以早稻田大学图书馆藏本为底本抄录。东京大学东文研图书室藏本中"宝历甲申岁"后还续写有"三浦玉绳藏书"6字。筑波大学图书馆藏本①中未载"宝历甲申岁",但写有"宽政己未春,得奚疑塾藏本,于江户侨居眷写之。九渊"21字。至此,除大庭修排印本、东京大学图书馆藏本①外,其余诸本完结。

追加一：《大清乾隆帝南巡之始末闻书》①

大清乾隆帝南巡之始末闻书

（南巡，即巡狩江南、浙江二省也。）

今年正月六日②，天子、皇太后自北京起驾。③ 大臣首忠勇公傅恒④、相国史贻直⑤、大将军九门提督舒赫德⑥，其外亲王、文武百官百十人余，侍卫官五百人，满

---

① 本内容仅见于日本京都大学图书馆藏本、东京大学史料编纂所藏本（兵库县宍粟郡役所藏本的抄写本）、宫内厅书陵部藏本、名古屋市鹤舞中央图书馆藏本。又名《清朝天子南巡记》《乾隆帝南巡略记》《乾隆南巡记》《乾隆南巡始末闻书》《清乾隆帝南巡始末闻书》。大庭修、松浦章先后出版了排印本，前者所用底本不详，后者同时参考了京都大学图书馆藏本、名古屋市鹤舞中央图书馆藏本。该内容最早由华立译介到国内，但其译文仅保留了正文内容，原文中附加的双行小注从略。相关研究见于华立："唐船风说书"与流传在日本的乾隆南巡史料》（《清史研究》1997年第3期）、松浦章《乾隆南巡と唐船風説書》（《海外情報からみる東アジア——唐船風説書の世界》，清文堂，2009年）。此部分采用的底本为日本京都大学图书馆藏本，参照大庭修排印本、松浦章排印本、华立译本。

② 正月六日：大庭修排印本中，此后还有小字夹注"乾隆二十七年也，当日本宝历十二年"。

③ 天子、皇太后自北京起驾：此事见《清实录》："（乾隆）二十七年正月丙午，上奉皇太后南巡，车驾发京师。"

④ 傅恒：1722—1770年，字春和，满洲镶黄旗人。初为侍卫，乾隆十年（1745）担任军机处行走，十二年（1747）任户部尚书，十三年（1748）四月加太子少保，九月傅恒署理川陕总督，经略军务，寻授保和殿大学士。傅恒曾指挥平准噶尔、缅甸战役。乾隆三十五年（1770）病逝。因生封忠勇公，死谥文忠。（参照《清史稿》卷三〇一《傅恒传》）

⑤ 史贻直：1682—1763年，字儆弦，江苏溧阳人。康熙三十九年（1700）中进士。雍正初迁吏部侍郎，历工部、户部，后任福建总督、两江总督、左都御史、陕西巡抚、兵部尚书等。乾隆帝即位初署湖广总督。后还京，历任工、刑、兵、吏诸部尚书。乾隆七年（1742）署直隶总督。乾隆九年（1744）授文渊阁大学士。康熙二十八年（1763）病卒，年八十二，谥文靖，赠太保。（参照《清史稿》卷三三〇《史贻直传》）

⑥ 舒赫德：1710—1777年，字伯雄、伯容，满洲正白旗人。乾隆年间，曾从傅恒征讨金川；与兵部侍郎玉保防准噶尔；协助定边将军成衮扎布军务，逐捕阿睦尔撒纳；协助副将军兆德军务，援讨霍集占等。乾隆二十七年（1762），因战功而入紫光阁功臣像。乾隆三十六年（1771），宣抚土尔扈特汗渥巴锡，擢伊犁将军、户部尚书。乾隆三十八年（1773），晋武英殿大学士，兼管刑部事务，充正白旗满洲都统。乾隆三十九年（1774），兼翰林院掌院学士。乾隆四十一年（1776）七月，任文渊阁领阁事。乾隆四十二年（1777）卒，谥文襄。（参照《清史稿》卷三一三《舒赫德传》）

洲、蒙古诸官千余人，羽林军一万人，甲兵（甲兵沿道，礼候①供奉）五万人及其余，共率领二十万人。至山东省为止行陆路②，于台儿庄（台儿庄为山东、江南二省交界也）之所，河道总督（司中华十八③省河道事务之大官也）、江南④提督（司江南一省军务之官也）、同所巡抚（诸司代也）、同所布政司（司金银米谷之官也，当日本之勘定奉行⑤）、乡官、礼部尚书沈德潜⑥（沈德潜，当时帝师，赐礼部尚书之俸禄，居江南，岁八十八）等官接迎御驾。天子、皇太后、妃嫔自长江处乘龙船至镇江口暂留，军兵三万围护镇江口。二月廿二日⑦，至江南省苏州胥门。经当地官员自御道迎入，赐供奉诸臣料理（上陆以后，巡幸之时，即使雨天，亦出行）。同廿三日，自阊门上塔街游幸至灵岩山之际，万民皆悬挂吴样灯笼⑧，供奉种种自制物品，奉迎御驾。其时，天子龙颜大喜，义民之内⑨年七十以上老人，男女皆赐刻有"养老⑩"二字之银牌一面。又扬州、苏州、嘉兴⑪、杭州四府盐⑫商及渡海日本办铜之官商⑬，其外各处有故之人皆搭建舞台表演歌舞，不惜钱物，极为奢美，迎奉圣驾数百里。尤舞台数千座，无一相同者。皇帝相应赐其人金银、织物、貂皮等，众人皆以为荣，感悦之。行幸沿途各地，免一年之年贡。此后逗留灵岩山行宫，游览同处十八景：

---

① 礼候：大庭修排印本作"铠"。
② 至山东省为止行陆路：大庭修排印本中，此后还有小字夹注"行幸有二十万"。
③ 十八：松浦章排印本作"十六"，当时清朝有十八个行省，故讹。
④ 江南：大庭修排印本作"河南"，据其后双行小注"司江南一省军务之官也"可知，"河南"为"江南"之讹。
⑤ 勘定奉行：与寺社奉行、町奉行同为三奉行，是江户幕府的要职，主管幕府领地的诉讼、租税、徭役，出纳钱粮。
⑥ 乡官、礼部尚书沈德潜：华立译本作"致仕在乡之原礼部尚书沈德潜"。沈德潜(1673—1769)，字确士，江南长洲(今江苏苏州)人。乾隆四年(1739)中进士，乾隆十二年(1747)累迁礼部侍郎，乾隆十四年(1749)乞归。乾隆皇帝下江南时，沈德潜多次接驾，并随同南巡，其间又有两次进京为皇太后祝寿。乾隆二十二年(1757)，被授予礼部尚书衔。乾隆三十四年(1769)卒，年九十七，谥文悫，赠太子太师。(参照《清史稿》卷三〇五《沈德潜传》)
⑦ 廿二日：大庭修排印本作"廿三日"。据《清史稿·高宗本纪》记载："(乾隆二十七年二月)乙酉，上奉皇太后临幸苏州府。"
⑧ 吴样灯笼：大庭修排印本作"异形灯笼"。
⑨ 义民之内：大庭修排印本无。
⑩ 养老：大庭修排印本作"铁老"，当讹。
⑪ 嘉兴：大庭修排印本作"嘉州"，当讹。
⑫ 盐：大庭修排印本作"监"，当讹。
⑬ 官商：大庭修排印本作"宫商"，当讹。

追加一:《大清乾隆帝南巡之始末闻书》

一、箭径河,二、琴台石,三、琉璃塔①,四、日月井,五、洗砚池②,六、西施洞,七、韩王碑,八、梳妆台③,九、醉和尚,十、西施脚印,十一、上山马下山牛,十二、姑苏台,十三、石池鼓,十四、无量④钟楼,十五、响屧廊⑤,十六、走马塔,十七、东洞庭,十八、西洞庭。

灵岩山行宫山麓饰舞台百余座、亭台二十座,表演种种舞乐,天子御览。山麓四面由供奉官员包围,故入夜万灯如繁星闪烁。河中浮有灯笼船百余艘,燃放烟火⑥,水陆恰如白昼⑦。同廿九日,巡幸支硎山、千尺雪、赵园等名迹时,诸寺住持率一山僧徒迎奉圣驾,即赏赐各物。同日巡游范⑧公祠堂(宋朝贤相范文正⑨公书院旧迹也),书"万笏朝天石"五字匾额赐之。还驾灵岩山行宫。三月朔日,巡游太湖(太湖四方广三万六十顷,有七十二高峰,绝景之地也),驻跸同处园墓山⑩行宫。大将军舒赫德下令水军都督四人率大小武将,以水手之军兵五千人、军船百五十艘,分立两方,船军演习,皇帝御览,各赐恩赏。此日仍还驾灵岩山行宫。同月二日,行幸石湖行宫(石湖行宫于湖水之内,乘船通四方)。此处设五层之龙船二十艘(五层之龙船,连接所有船只,依船大将命令纵横航行⑪)、五色渔船五十艘(每十艘以青黄赤白黑五色涂之,水手装束同样),以网捕鱼,皇帝终日⑫上览,每船赐银一贯目左右。赐⑬诸官员⑭料理。同五日,自卧⑮龙街行至闾

---

① 琉璃塔:大庭修排印本作"琉璃石"。
② 洗砚池:大庭修排印本作"洗砚石"。
③ 梳妆台:松浦章排印本作"梳妆基",当讹。
④ 量:松浦章排印本作"彙"。
⑤ 响屧廊:大庭修排印本、松浦章排印本、华立译本皆作"响哨廊"。《南巡盛典》卷九十九"名胜"载为"响屧廊",据此更改。
⑥ 燃放烟火:大庭修排印本中,此后还有"流星划过天空"。
⑦ 昼:大庭修排印本作"书",当讹。
⑧ 范:大庭修排印本作"茫",恐讹。
⑨ 范文正:即范仲淹。松浦章排印本作"范文王",恐讹。
⑩ 园墓山:大庭修排印本作"园基山"。
⑪ 纵横航行:大庭修排印本中,此后还有"自由"。
⑫ 终日:大庭修排印本无。
⑬ 赐:大庭修排印本中,此前还有"此夜"。
⑭ 诸官员:华立译本作"主管官员"。
⑮ 卧:松浦章排印本作"外",但旁注グハ。

门城之都僧总①时,万民家家门前挂自制物品及灯笼接迎。此后入虎邱山行宫,该山住持率一山徒众前来,引导皇帝巡游该地十八景:

一、蚂蚁街,二、试剑石②,三、段梁亭,四、憨憨泉,五、真娘墓,六、千人石,七、剑池,八、双吊桶,九、御书楼,十、仰苏楼③,十二、玉兰房,十三、小武当④,十四、独步桥,十五、千手观音,十六、十八擒⑤,十七、别有天⑥,十八、层宝塔。

览毕还驾行宫,谕江南巡抚以粮米十万石分赐苏州老人,众人皆谢恩⑦。同六日夜,自胥门乘龙船往吴江塘之平望驿,同八日抵岸(平望驿为江南、浙江二省之交界也)。同九日,闽浙总督(总司福建、浙江二省之大官⑧)、浙江巡抚、同所布政司、大将军等官率大小文武百官⑨至浙江嘉兴府⑩御教场(军事演习场),迎圣驾。于同处布阵列队,大将军令从各处募集⑪满洲精兵二十万人,分立两方,摆九宫⑫八卦阵,演练。帝终日上览,命犒赏三军,赏满洲精兵银五千⑬贯目。同十三日至十七日,游幸诸山名胜街道。如苏州,万民摆自制物品迎奉圣驾。皆赐银牌、赐物⑭等。其时为目睹天子巡游景象,城乡之老若⑮如云霞驰集而来,人数

---

① 都僧总:大庭修排印本作"都僧桥"。
② 试剑石:大庭修排印本作"识剑石",当讹。试剑石,立于今虎丘山风景区上山路东侧。关于其来源有两则传说:一传吴王阖闾得到干将所献的"莫邪"剑后,挥剑试石,将大石一劈为二;又传秦始皇来虎丘,掘得为吴王殉葬的鱼肠诸剑以后,在此试剑所致。
③ 此后第十一景缺载。
④ 小武当:大庭修排印本作"小氏当",当讹。
⑤ 十八擒:大庭修排印本作"十八折"。
⑥ 别有天:大庭修排印本作"别有夫"。
⑦ 众人皆谢恩:大庭修排印本中,此后还有"喜天子仁政"。
⑧ 官:大庭修排印本作"宫",当讹。
⑨ 大小文武百官:大庭修排印本作"部属官员"。
⑩ 浙江嘉兴府:大庭修排印本作"浙洪喜兴府",当讹。
⑪ 从各处募集:大庭修排印本无。
⑫ 宫:大庭修排印本作"官",当讹。
⑬ 五千:大庭修排印本作"五十"。
⑭ 赐物:大庭修排印本作"织物"。
⑮ 城乡之老若:大庭修排印本作"远近之老若男女"。

众多。行幸之处，不时感帝之德，热闹繁华。同廿日①，游西湖。此夜，侍卫官一人乘酒兴至某偏僻酒店讨酒，其家之妻备酒菜招待时，侍卫仗势调戏酒家之妻，旁若无人。适逢家主归来，声言此乃吾妻②，不得无礼，上前拦阻。侍卫大怒，殴打店主，按察使将此事诉于衙门，上闻之③。帝询于相国忠勇公傅恒：法自天子而出，供奉者不法，该当何罪。傅恒答曰：体恤万民乃天下长治之圣虑，宜从法以为后戒④。诸官会议后，以该人身份显贵⑤，故夺官终身监禁，其家臣一人⑥代其受刑，悬首于酒家门前。此后，供奉官员皆谨守法度，安静有加，遂使万民安堵。⑦ 同廿一日至廿五日逗留西湖行宫⑧。

一⑨、断桥残雪，二、平湖秋月，三、柳浪间莺⑩，四、雷峰西照⑪，五、南屏晚钟，六、花港⑫观鱼，七、曲院风荷⑬，八、三潭印月⑭，九、苏堤春晓，十、双峰插云。

又十六景：一、河心亭，二、六桥花柳，三、一枝杨柳一枝桃⑮，四、放

---

① 廿日：华立译本作"廿四日"，据下文推测，恐讹。
② 此乃吾妻：大庭修排印本中，此后还有"非卖女"。
③ 殴打店主，按察使将此事诉于衙门，上闻之：大庭修排印本作"殴打店主，引来近邻。其后，将此事诉于按察使，按察使将此事及时禀奏"。
④ 体恤万民乃天下长治之圣虑，宜从法以为后戒：大庭修排印本作"谁不知陛下怜恤万民，然侍卫官妄自犯民，是为大虐不道也。宜行重法以为后戒"。
⑤ 以该人身份显贵：大庭修排印本作"以该人有官位，不应处死刑"。
⑥ 家臣一人：大庭修排印本作"家僮一人"，华立译本作"家人"。
⑦ 此后，供奉官员皆谨守法度，安静有加，遂使万民安堵：大庭修排印本作"供奉之大小官员并下属皆谨守法度，勤于万事，万民犹感悦于天子仁政"。
⑧ 行宫：大庭修排印本、华立译本无。
⑨ 一：大庭修排印本中，此前还有"十景"两字。
⑩ 柳浪间莺：松浦章排印本作"柳浪间掌"，大庭修排印本、华立译本作"柳浪闻莺"。《西湖志纂》卷一载："圣祖仁皇帝御题西湖十景图：苏堤春晓、柳浪间莺、花港观鱼、曲院风荷、双峰插云、雷峰西照、三潭印月、平湖秋月、南屏晚钟、断桥残雪。"据此更改。
⑪ 雷峰西照：大庭修排印本作"雪峰日照"，松浦章排印本、华立译本作"雷锋日照"。据《西湖志纂》更改。
⑫ 港：大庭修排印本、松浦章排印本、华立译本均作"巷"。据《西湖志纂》更改。
⑬ 曲院风荷：大庭修排印本、松浦章排印本、华立译本均作"曲院荷风"。据《西湖志纂》更改。
⑭ 三潭印月：大庭修排印本作"山潭卯月"，松浦章排印本作"山潭印月"，华立译本作"三潭映月"。据《西湖志纂》更改。
⑮ 桃：大庭修排印本作"梅"。

观亭①,五、花神庙②,六、大佛头,七、岳王庙,八、范公祠③,九、浚西河④,十、白玉泉,十一、七十二洞静室,十二、放生池,十三、保叔塔,十四、飞来峰,十五、冷泉亭,十六、棋盘山。

同廿六日夜,于当地行宫,吴样⑤灯笼船百余艘⑥摇曳湖中,燃放各式烟花,皇帝御览,亦许万民同赏。故有三百余艘小船出湖⑦,观赏烟花、灯笼船。圣虑小船人多,是为危险之事。其时大风骤起,观赏船五六十艘⑧覆之,男女四五百人溺水,帝急命供奉之人将其全部救起。同廿七日,以粮米十万石赐老人⑨,一如苏州。此后自平望驿⑩返回龙船,同廿九日返回苏州,入蔚门城之行宫⑪。四月三日,出闾门街往灵岩山行宫巡幸时,帝见孤独老人⑫,立即下马(据清人述,天子下马,御侧供奉之官员七⑬八千人皆同时下马肃立,其景蔚为壮观)。帝执其手,问其年高几何。老人回奏称百七岁,顺治丙申十三年出生,姓朱。帝将御帽亲手赐其,其外恩赐金银龙牌、吴服⑭等物。帝取老人⑮之帽戴之,即还驾行宫。(据清人述,百余岁老者间有之,此人起居同四五十岁⑯者⑰,故称老仙⑱。)是夜,赐诸官员料理。下旨归京。其后,自胥门登龙船,此时文武诸官并万民奉

---

① 放观亭:大庭修排印本作"放鹤亭"。
② 花神庙:松浦章排印本作"花袖庙"。
③ 范公祠:大庭修排印本作"花公祠"。
④ 浚西河:大庭修排印本作"后西河"。
⑤ 吴样:大庭修排印本作"异样"。
⑥ 百余艘:华立译本作"数百艘"。
⑦ 故有三百余艘小船出湖:大庭修排印本作"故男女熙攘混乘三百余艘小船"。
⑧ 五六十艘:大庭修排印本作"五十余艘"。
⑨ 老人:松浦章排印本作"壹人",华立译本作"各人"。
⑩ 自平望驿:大庭修排印本无。
⑪ 同廿九日返回苏州,入蔚门城之行宫:大庭修排印本作:"如前还幸苏州,入闾门城之行宫"。
⑫ 老人:松浦章排印本、华立译本作"壹人"。
⑬ 七:大庭修排印本作"十"。
⑭ 吴服:大庭修排印本、华立译本作"衣服"。
⑮ 老人:松浦章排印本、华立译本作"壹人"。
⑯ 四五十岁:大庭修排印本作"四十岁"。
⑰ 此人起居同四五十岁者:大庭修排印本中,此后还有"甚壮强之"。
⑱ 故称老仙:大庭修排印本作"故乡人称其名为不音老仙"。

追加一：《大清乾隆帝南巡之始末闻书》

送圣驾四百里①（日本里数之四十里左右），大将军率军自镇江口护送，路途顺利，于五月初返回北京。

以上系来港唐人据见闻所述。②

午九月（清朝乾隆二十七年，即日本宝历十二年也）③

长崎唐方大通事　林市兵卫④

---

① 此时文武诸官并万民奉送圣驾四百里：大庭修排印本作"随从大船整饬列队，南方诸官人并百姓奉送圣驾四百里"。
② 以上系来港唐人据见闻所述：大庭修排印本中，此后还有"原样记之"。
③ 午九月（清朝乾隆二十七年，即日本宝历十二年也）大庭修排印本无。乾隆皇帝曾于乾隆十六年（1751）、乾隆二十二年（1757）、乾隆二十七年（1762）、乾隆三十年（1765）、乾隆四十五年（1780）、乾隆四十九年（1784）六次巡幸江南。从时间上看，此为第三次南巡。
④ 林市兵卫：即林道荣（1640—1708），号墨癖、官梅等。其父为福建省出身的林公炎。宽永三年（1663）被任命为小通事，延宝二年（1674）升任大通事，元禄十年（1697）成为"唐通事目付"。

追加二：《中华之事》①

中华之事

奉令寻问琉球人大清当时之刑罚及其外诸事，记之如下。

○ 中华之刑罚有六条。去子年②渡唐琉球人版刻《六谕衍义》③书物一册带回呈交。其内可见诸事之刑罚。

○ 琉球使者赴唐，行福州，入琉球馆屋，此后往北京，行水路陆地，为日本路之八百八十里余。在北京宿于馆屋或寺。

○ 中华城围大体有日本路之七八里余。有④护城河，城门多。平坦之城围内居民多，亦有三公六卿之居所、寺院等。

○ 村里皆有学问所，人人精勤向学。依学问而仕官，故无论何者，分外勤学。

○ 武艺之事，不疏练习。

○ 无各省官员轮流前往都城之事。往诸省派官员，其官员治各省。⑤

○ 孝亲之者、忠节之者或烈女及百岁⑥之老人，多下赐敕额。福州之内有

---

① 本内容，仅见于东京大学图书馆藏本①附录。此外，内阁文库藏有单行本（索书号为 184 - 0338），表题"大清风俗书"，内题"中華之儀ニ付申上候覚"（中华之事），计 35 条。东京大学图书馆藏本①附录的"中華之儀ニ付申上候覚"，也计 35 条。大庭修排印本（收录于《享保時代の日中關係資料一》，关西大学出版部 1986 年版）计 34 条。本部分采用的底本为东京大学图书馆藏本①《清朝探事》附录。

② 子年：内阁文库藏本作"戊子年"，即 1708 年。

③ 《六谕衍义》：明末清初的学者范鋐所作，约成书于康熙年间。"六谕"是明太祖颁布的教导民众的教育书籍，包括孝顺父母、尊敬长上、和睦乡里、教训子孙、各安生理、毋作非为。

④ 有：内阁文库藏本作"无"，当讹。

⑤ 此条后，内阁文库藏本中还有一条，即"三公六乡如古，今亦有之。城内有居家"。三公六乡，《周礼·地官·序官》："乡老，二乡则公一人。"郑玄注："老，敬称也。王置六乡，则公有三人也。三公者，内与王论道，中参六官之事，外与六乡之教，其要为民，是以属之乡焉。"

⑥ 百岁：内阁文库藏本作"二百岁"，当讹。

敕额。靖南王谋反时，与云范部院①者相谈，其不纳，故召捕之，处死罪。帝闻范部院忠节之事，令其子于福州之内建牌位，下赐材木，造立范部院像。石碑由帝王建之。

○ 有山川、草木、湖水②等。川有大河，如所见日本近江之湖水，亦有狭处。冈有大形磐石，日本之山自古就有，唐绘山水中可见。

○ 合战演练在北京未见，福州城东南门③外日本道一里之地方，圈围平地，在其内演练之时，琉球人见之。以八色旗而分士卒。持铁炮而不装弹，打之。五人一组。有枪、长刀之分。依鼓钟进退。一月演练数日。各省各地同前演习。

○ 衣类之事，至贫者，亦有着缎子④、繻子之类者。衣类大体美观⑤，虽依身份，但亦无⑥寒酸者。

○ 所见确有俭约之事，奢⑦之事尤不见。银子，希冀之物。即使一厘一毛⑧也难得。

○ 鸟兽类多。六畜，有与日本同类者⑨。其内，驴马之尾如牛尾，耳肥而

---

① 范部院：内阁文库藏本作"范朝院"，以下同之。《华夷变态》卷二"琉球人于福州所闻大清兵乱之起概要"收录有范部院被擒之事。其中载："福建之王名靖南王，其下有名刘计者，乃摄政官，前几年起居于福州。有名范部院者，取代刘计，当年春天自北京至福州，这样自当年二月左右开始，靖南王遂有谋反之企图。范部院闻知此事，召集漳州府黄海澄公、泉州府之王提督、福宁州之吴总兵等三人密谈，商定擒拿靖南王之事，拟定当于三月十八日进攻福州城，然范部院秘密将此事告于同僚名刘都堂者知之，都堂虽同意如此，却将此事秘密知会靖南王。靖南王大惊，遂先行用计，传语邀请范部院于三月十五日赴宴。范部院召来都堂密谈，称靖南王来请赴宴，难晓其意，故以病为由不欲参加。都堂则表示异议曰：不可推辞，理应参加，若以装病之事，导致靖南王猜疑，万事留意，此后凡事皆难为，此次仍须貌似心无芥蒂。范部院不知都堂已变心，乃依其意，十五日晨仅召集侍从三十人前往，靖南王事先于门内埋伏士兵。范部院入门之际，轻易擒之，侍从亦皆就擒。遂命将范部院软禁，而家臣则因入牢中。据闻擒捕范部院之际，侍从之内一人欲反抗者，立遭斩杀。擒住范部院后，按照策划，一声炮响，诸军一起涌出城外，二声炮响乘马，三声炮响围攻范部院之住处。范部院麾下虽防守战斗，然攻者众多，亦皆被生擒，亦有战死者。据闻，被生擒者达百余人。"（参照陈波《三藩之乱期间琉球王国的外交抉择——以〈华夷变态〉的记载为中心》，元史及民族与边疆研究集刊，2017年1月，第110页）
② 湖水：内阁文库藏本作"滩水"。
③ 门：内阁文库藏本作"里"。
④ 缎子：内阁文库藏本、大庭修排印本作"钝子"，底本作"纯子"，恐为"缎子"之讹。
⑤ 衣类大体美观：内阁文库藏本置于本条最后。
⑥ 无：内阁文库藏本作"有"，当讹。
⑦ 奢：内阁文库藏本作"夺"，当讹。
⑧ 一厘一毛：内阁文库藏本作"一厘二厘"。
⑨ 有与日本同类者：内阁文库藏本作"与日本同"。

长,体型小。附行李而乘用。又有云骆驼①之大马,高约八九尺,长如马②,尾如羊尾,首如鹅。步迟,爪似牛爪,负千斤。运送③兵粮用之也。食物有盐又给草。牛中又有水牛,较一般牛体型大,毛色灰色。锄田地时,较一般牛农人用水牛。其外鸟类、畜类,日本无之物多也。

○ 所见物事和,人品亦优,行迹等不见猥之事。鞑人尤有权柄,行迹亦不宜。路上等行逢鞑人,唐人避之。人品之事,有上下贫富等别。

○ 狩鹰、狩鹿亦有之。狩鹿,皆随意持半弓、铁炮、枪、长刀也。骑马并步行狩之。擅骑马者用半弓。于福州见以铁炮打虎、八人持返之事。

○ 酒宴盛也,然路中不见醉者。在福州,昼之内请客,入夜前席终。因闭街④门,故无夜会之事。有祝事时,盛祝之。依身份高低,食物有别。又有上中下之分。与日本同。

○ 北京城内有牵象者,见其有饰。食给藁⑤。自安南国进贡。置鞍,其上饰有大瓢箪。午⑥门之内⑦庭上左右系有两匹。只在节日之时饰之⑧,平常不饰。

○ 朝夕之食物⑨有上中下之差别。五谷不足之处虽有之,然亦有食肉者,非无价之物。⑩ 官员发赤米⑪,与日本之赤米不同。在唐国,性之好米有毒,性之恶者易消化,故为药⑫。

○ 用银、钱,不用金、铜。银⑬少见也。

---

① 骆驼:底本原作"骆子",后改"子"为"驼"。内阁文库藏本作"骆子"。
② 马:内阁文库藏本无。
③ 运送:内阁文库藏本作"运漕"。
④ 街:内阁文库藏本作"卫"(衞)。
⑤ 藁:底本、大庭修排印本旁注"蘆"。
⑥ 午:内阁文库藏本作"牛",当讹。
⑦ 内:内阁文库藏本作"中"。
⑧ 只在节日之时饰:内阁文库藏本无。
⑨ 食物:内阁文库藏本作"给物"。
⑩ 五谷不足之处虽有之,然亦有食肉者,非无价之物:内阁文库藏本作"处理五谷之所有之,故若商卖,不成无价之物"。
⑪ 赤米:或为有毒之米。
⑫ 故为药:内阁文库藏本作"故给之"。
⑬ 银:底本、大庭修排印本中,"银"字旁注有"钱"字。

○ 自唐国往外国,禁止运出武具类、船具、西洋大花缎子①、桐油、史记类。

○ 町之住家不相连,建房屋,筑高三丈左右之堤,建瓦屋顶之家,小路一侧开门,扉以铁裹之。堤之外建店屋,卖物。故火灾等事稀有。纵使一所着火,亦无延烧。若出火,从各方取近边之弃物置于此房屋,因弃物多,清理费时,故须交纳出火罚金。卖物之事与日本无异。

○ 铁炮长于日本铁炮。弓为半弓。②

○ 甲胄厚如杉原纸③,以金④片连缀而成,其上以木绵裹之,亦有用纱绫裹之、放入厚绵之甲胄。

○ 盗人尤多。昼亦不可大意。入家行盗时,若未取物而被家主所杀,则家主无罪。若取物而逃,家主杀之,则家主科罪,此事是家主大意故逢盗之道理也。

○ 当时有贼船。兵船每日巡查,尤注意贼船。出入之船若载兵具,细查之。津津浦浦⑤有问屋,柱额⑥上书各所之名。雇轿,亦有人足等,又有旅屋。

○ 强力之人,间⑦有之。关羽之长刀柄为铁制,重八十二斤。能自由挥舞者,可成官。自由挥舞长刀者,稀也。

○ 未闻近年鞑人犯中国之事。琉球人年贡之时⑧赴京,未闻此事。三十年以前,西鞑大势犯中国⑨。其后虽无此事,但三年以来之事不知。⑩

○ 索取贿赂之事。官员多有索取贿赂事。⑪ 当时有官三十六,宫女三千人。当时⑫皇子四十余人。嫡子尤为任性,学问之师言异见时,怒而杀师。故被帝王圈禁数年⑬,其间虽出其地,但又犯不宜之事,又被圈禁,今如此闻之。闻有

---

① 缎子:底本、大庭修排印本作"纯子",内阁文库藏本作"钝子",当讹。
② 内阁文库藏本中,此条与下条写为一条。
③ 杉原纸:日本镰仓时代以后,产于播磨国杉原谷村(兵库县加美町)的一种纸。因纸质近于奉书纸,为武家公用,也被作为礼品赠送。近世以来,各地均有抄制,已普及。
④ 金:内阁文库藏本作"铁"。
⑤ 津津浦浦:津为港口之意,浦为入海口之意。
⑥ 柱额:连接两根柱子的方柱形木材。
⑦ 间:内阁文库藏本作"国"。
⑧ 年贡之时:内阁文库藏本作"近来"。
⑨ 西鞑大势犯中国:内阁文库藏本作"西鞑大势犯中国,皇帝御马亲征,难追之"。
⑩ 此条,大庭修排印本无,底本墨笔补充。
⑪ 索取贿赂之事。官员多有索取贿赂事:内阁文库藏本无。
⑫ 当时:内阁文库藏本作"南清",当讹。
⑬ 数年:内阁文库藏本无。

二男亦任性。王子多，其母为诸省①之人，其处之人宠溺出生之皇子，难也②。

○ 道路有非人③、乞丐。

○ 参诣诸寺院之人多，女人不参。布施之事，随心意④。

○ 服丧，儒家三年，佛家七七日。

○ 诸官员出仕之事，朝六时出，八时归宿。

○ 挽茶，昔有之。今为煎茶，名物多有之⑤。

○ 北京，柴薪不自由，自远地运而买卖。

○ 硫黄⑥、铅多，锡少。

○ 福州有信天主教者，重书《中庸》⑦。依其科而处置。改大圣孔子之道，咎之⑧。

询问去年前往江户之琉球人内曾赴唐者，将此事呈报如上。

享保四己亥年⑨三月

如上为松平萨摩守吉贵⑩询问、呈交户田山城守忠真⑪记录之抄本也。⑫

---

① 诸省：内阁文库藏本作"达旦"。达旦，即鞑靼。
② 其处之人宠溺出生之皇子，难也：内阁文库藏本无。
③ 非人：位于最下层并被视为贱民的众人，从事牢狱及刑场上的杂役或从事卑俗的游艺等。
④ 布施之事，随心意：内阁文库藏本作"有布施之事"。
⑤ 名物多有之：内阁文库藏本作"种类各样"。
⑥ 硫黄：内阁文库藏本作"琉球"，当讹。
⑦ 重书《中庸》：内阁文库藏本作"出重写《中庸》之书"。
⑧ 改大圣孔子之道，咎之：内阁文库藏本作"重书大圣孔子之书，科之"。
⑨ 享保四己亥年：即1719年。底本、大庭修排印本作"享保四乙亥年"，"乙"应为"己"之讹。内阁文库藏本作"享保四年"。
⑩ 松平萨摩守吉贵：即岛津吉贵(1704—1721)，江户时代中期大名，萨摩藩第四代藩主。幼名菊三郎，元服后取名忠竹，1689年接受德川纲吉的偏讳"吉"字和父亲岛津纲贵的偏讳"贵"字，改名吉贵。
⑪ 户田山城守忠真：即户田忠真(1651—1729)，江户时代中期大名、老中，历任下总佐仓藩主、越后高田藩主和下野宇都宫藩主。其父为同样担任老中和佐仓藩主的户田忠昌。
⑫ 此句，内阁文库藏本无。

追加三：《长崎至诸国海陆道程》《长崎至异国道程》[①]

○ 长崎至诸国[②]海陆道程

大阪	陆百九十七里	船二百三十五里
京都	陆二百十里	船二百四十八里
江户	陆三百卅二里	船四百七十里余
长门下关	陆五十九里半四丁	船八十九里余
丰前小仓	陆五十七里余	船八十六里半余
丰前中津	陆五十六里十三丁	船百三里六丁
安艺广岛	陆百三里廿六丁	船百四十四里半
筑前福冈	陆五十里七丁	船六十八里半
筑后久留米	陆三十二里	船六十一里
筑后柳川	陆二十七里	船五十五里
肥前佐贺	陆二十四里四丁	船五十九里八丁
肥前平户	陆二十五里	船二十七里
肥前唐津	陆廿五里十二丁	船五十二里半
肥前岛原	陆十六里	船三十五里半
肥前大村	陆十里	船二十九里
肥后熊本	陆二十五里	船四十六里
肥后求麻	陆四十八里	船四十六里半
丰后日田	陆四十六里十二丁	船百五十八里半

---

① 本内容，仅见于东京大学图书馆藏本①附录。故以此为底本。
② 国：此处指日本境内各藩领国。

萨摩鹿儿岛	陆六十五里半	船九十七里
日向佐渡原①	陆七十一里	船百四十七里
五岛深江②		船四十里
壹岐		船四十二里
对马		船九十九里半

○ 长崎至异国道程

朝鲜	百四十里
南京	三百四十里
宁波	三百里
福州	五百五十五里
漳州	六百三十里
台湾	六百四十里
交趾③	千四百里
太泥④	二千二百里
咬𠺕吧⑤	三千四百里
琉球	三百里
山东	四百里
山西	七百里
厦门	六百里
广东	八百七十里
东京⑥	千六百里

---

① 佐渡原：或为佐土原，日语中的“土”与“渡”发音相同。江户时代佐土原藩的领地为日向国那珂郡、儿汤郡，藩主为岛津氏的支族佐土原岛津家。

② 五岛深江：长崎县西部的群岛，以南部的福江岛、久贺岛、奈留岛、若松岛、中通岛五个岛屿（五岛列岛）为中心，共计有一百四十个岛屿，此处的深江或为福江岛。

③ 交趾：今越南北部红河三角洲流域。

④ 太泥：今泰国西南部城市北大年，连接宋卡、亚拉、那拉特越，水路可通曼谷等地，16 世纪成为国际贸易港口。亦称佛打泥、大泥。

⑤ 咬𠺕吧：今印度尼西亚雅加达，亦称巴达维亚。

⑥ 东京：今越南首都河内。

追加三：《长崎至诸国海陆道程》《长崎至异国道程》

柬埔寨　　　　千八百里
暹罗①　　　　二千四百里
阿兰陀②　　　一万二千九百里

和汉三十六丁③为一里。
以上出长崎全图

文政三年庚辰十一月四日写毕

---

① 暹罗：泰国的古称。
② 阿兰陀：即荷兰。
③ 丁：同"町"，日语长度单位，1丁约109米。

《仕置方问答书》①

---

① 据日本《国书总目录》,该写本仅藏于国立公文书馆,索书号为 181-0055。大庭修以内阁文库藏本为底本,整理出版了排印本,收录于《享保时代の日中關係資料二——朱氏三兄弟集》(关西大学出版部 1995 年版)。本译文亦以内阁文库藏本为底本,同时参照大庭修排印本。

以处刑方法之事询问朱佩章所作问答书之记录。

〇不忠不孝者(第1条)①

不忠,有臣事君不忠、仆事主不忠。凡为臣仆者,尊敬君主,不起一毫轻慢之心。若君主有过,则直②言微谏。暂未改者,则再三谏之。即使遇呵叱辱骂,亦不起抱怨之心,是为忠臣义仆。凡臣之不忠载于律书,略。虽为不忠,然迫于上司之势,无申辩自己意见之法,不得已而成不忠者,有之;又迫于兵乱,无逃走之路,为待保命之时节,而成不忠者,有之。此类,君主之人审察其不忠之趣,令下情上达,是为天地父母之心也。

问曰:"义重而死轻。然迫于上司之势,或为保命而做不忠之事,成为无忠义之志者,此亦罪乎?"答曰:"纵身死而不失节,是为臣者之本意。然上司之令不宜时,虽谏之,却不纳,强争论反触其怒而遇害。故可徐谏而至其纳,暂从其意。其间,事急露而遭罪之事,有之。唐山林翰者,汀州之副将也。提督张云翼扣减诸卒之军粮,林翰虽以此事不宜而谏之,未被纳,迫于上司权威,不可急争,徐谏之,暂从其意。然诸卒进言此事,以致骚动。依之,罢林翰职,处流罪。提督一言不发,林翰亦无申辩。如此罪之。又禁止船出海之时,两广总督卢崇兴遣香山知县姚启圣牌,令出船。姚启圣因总督之令,故出船。平南王上书察之,然卢总督无一言以救。启圣亦难申辩,被罢职,处死罪。然遇大赦之时节,免之。如此之类,皆无不忠之心而陷不忠之罪也。或上司有叛逆之企,谏拒之,而忽受其害。又无力抗敌、难遁他处时,唯保命而后上奏此事,暂从之。其间,若事露,与之同罪。虽有忠义之心,而成不忠之人,实为可惜。尤士者,宁死不从不忠之辈。为

---

① (第1条):原无,为方便查阅而补入。下同。
② 直:大庭修排印本作"真"。

君之人审察之,即使一线之机,亦救下者之命。是怜其情,即父母之心也。"

为臣者,有十恶之大逆、贪赃酷刑、临阵退缩种种法规,明见于律例。此外,若君前失威仪,罚六个月俸;若君前附耳私语,罚一年俸;若君前笑怒,降位级、成别官,遣至地方;若误事,轻则罚月俸、降位级,重则免官职;若扣减军粮之额,罢其官,其后审查,令其偿还;若借口私用君之粮钱,罢其官,追偿其私用之额;若扰乱各驿站等,罢其官、处流罪;若激变地方、骚动军民,以至罢市,免官;若失、减君之钱粮,罢其官、令偿之;若贻误军机,处斩罪。

问曰:"扣减军粮之额、贻误军机,或罢官,或行斩罪,刑罚为何大不同?"答曰:"若减军粮,则无法以平日之定额给军卒分配扶持米①;若私贪军粮,罪轻。误军机涉及阵中战场之事,故其罪重。"又问曰:"扣减军粮之罪,前述林翰,依之而处流罪,此罚与罢官之罚相异。此事如何?"答曰:"林翰之事致众卒骚动,事关重大,故其罪亦重。若只扣军粮,其罚亦轻。"又问曰:"若扰乱驿站,处流罪;若骚动地方,其罪反轻,仅罢官。此事如何?"答曰:"扰乱驿站之罪本轻,仅罚月俸。然先年康熙帝巡幸之时,掌管沿途驿站之官人出迎。其衣服甚寒,如非人②、乞食之态。故问其为何者,答曰驿司官员。问其为何如此穷困,驿司答:'吾身卑贱之职,故往来官人常言非理之请,若不遵,则被呵责殴打。故格外穷困,成如此之态。如今出迎虽多恐,然以巡幸稀之,故来迎。'康熙帝详闻其致骚动之因,罚其俸、罢其官,此罚尤轻。以后处流罪。其时初定之。"

上述为其大略。凡为臣者,若违官职之法、误事而殃及地方,皆为不忠。重则处斩罪、绞罪;其次则夹足穷问,或处流罪,或处徒罪;其次罢官;其次降位级、罚月俸。总之,王法不分亲疏,必依其法而行。

问曰:"较之斩罪、绞罪轻。此因身受之父母,故以断体之事为重乎?"答曰:"是其理。死为常事,切离肢体之事尤痛。"又问曰:"若贵人高官处流罪时,朝廷给扶持米,不使其饿死之事有乎?"答曰:"此事无之。给其路费。携妻带子者,共给之。"又问曰:"有罪而流之者,其妻子一并流之乎?"答曰:"妻子共流之。"又问曰:"古书中可见夫为流罪而不流其妻之事,如何?"答曰:"罪不及父母。故若父母年迈,为养父母而求留其妻。此事难一概而论。"

---

① 扶持米:主君赐给家臣作为俸禄的米。
② 非人:江户时代位于最下层被视为贱民的人,从事牢狱及刑场上的杂役或从事卑俗的游艺者等。

《仕置方问答书》

为奴仆者,尊敬主人,以畏谨为本,视主人如父母。若有一毫违逆不顺,是不忠之逆仆也。奴仆中有奸盗诈伪者。奸,即奴仆偷犯他人之妻女或宿游女町、婢女私通外之男子、不守法令者;盗,即盗他人财物或盗主人财物者;诈,即骗取财物或恐吓他人而骗酒食,言种种谎言诈言者;伪,即不做真实之事、只弄虚作假者。此类之者,主人审查之后,即刻重打,驱逐之,不许往主家周边。婢女,即卖之。

问曰:"凡奴仆盗主人银物而逃,又诱使家内之人或他家之人出走时,如何?"答曰:"主人知之,诉于官府,杖罪后,枷项示众。"又问曰:"凡仆人自发劫盗他家财物,或结伴为盗时,如何?"答曰:"主人闻之,若诉官府,则主人无罪。若仆人盗,主人亦得其利,故不诉官府。事露后,罪及主人。"又问曰:"凡主人给银,或为商卖或为买物而差遣仆人,而仆人私用此银时,如何?"答曰:"轻者,主人自行打而戒之;重者,诉官府,令偿银,其后处杖罪二十板、三十板。"

凡仆人有行迹不宜之事,虽主人呵骂,仆犹不遵,主人重打之。然奴仆不应恨怒主人。若对主人过言①、抵抗,则诉官府。仆处杖罪,其后驱逐之。

问曰:"凡奴仆逆主人命,行为不宜时,主人呵骂之。而仆反讦主人夫妇之旧恶阴事,中伤、抵抗其主时,如何?"答曰:"言主人旧恶,或有妻之仆言主人与其妻私通,借此蔑主人夫妇,若诉官府,仆处重杖,枷项示众。其后逐其仆并妻女,保人偿其仆之卖身钱。"

凡奴仆因公事所遣,误时而迟归,归后闻其因。若因观赏、酒宴、博弈等误公事,主人打之半死而不受罚于官,亦不受责于邻。奴仆服罪,则免之。若仆过言,主诉于官府,仆处重杖,枷项示众。

凡奴仆常向人说主人过失,若主人闻之,即打之。履受打而改之者,免之。若言主人隐密之事于人,重打至半死而免之。

问曰:"凡奴仆诉主人之十恶等事时,如何?"答曰:"官府审查后,处主人原定之罪。若其仆为求荣利而恶意诉主时,罪重主人一等。此罪为不赦之罪。"又问曰:"若诉主人谋反、叛逆时,如何?"答曰:"审查后,免仆诉主之罪。然下仆诉主人之例,法无也。"

---

① 过言:过分夸大、过于激切的言论。《楚辞·九章·惜诵》:"吾闻作忠以造怨兮,忽谓之过言。"

凡仆人酒狂、博弈,为主人所知时,先呵骂之。犹不改者,则打之。其后仍不改者,及四五次,则诉官府,重杖之。若犹不改,杖罪后,枷项示众二月或三月。

问曰:"但言杖罪而其数不定,是依其罪之轻重而难预定其数之故乎?"答曰:"如此。同罪之内,亦有轻重。"

有以上之类者,皆为不忠之臣仆。

不孝有种种。忤逆父母之不孝罪载于律书,略之。有非难他人而受不孝之名者,又有父母溺爱不明事理而受不孝之名者,又有因继母谗言而受不孝之名者,又有以妾之言而受不孝之名者。总之,为人子者逆来顺受,常以天下无不是之父母记于心,时时念而不忘,乃无不孝之事。

凡为人子者,若骂继母或父之妾,是目中无父,为不孝。诉于官府,重杖之。

凡父母之仆,无论男女老少,若子恣意呵打之,为不孝,是蔑父母。故若有如此行为,不审查奴婢之是非,先戒其子之不孝。

问曰:"若不论奴仆之是非,先戒子,奴仆岂不反轻蔑于子?"答曰:"为人子者,若有奴仆忤逆之事,应告于父母,令呵打之。若乘怒而肆意呵责,是蔑父之心。故如此,不必戒奴婢,先戒子不孝。"

偷犯父母之婢女,为大不孝。若诉官府,杖罪后,枷项。若犯父之妾,处斩罪。若犯通房之女,处流罪。若犯使女,责打并枷项,使女卖之。若盗父母之金银而用于游女、博弈等时,亦为不孝。父母责打之。若改,则免之。若犹不改,诉官府,处重杖并枷项。

问曰:"为人子者,若引入外人诈取父母之财,致父母损失时,如何?"答曰:"若诉官府,即打数十板,入牢狱。被引入者,审查后,处流罪。"

凡为子者,费金银于游女、博弈、游山、酒宴等事,而疏于父母之赡养,为不孝。父母责打之,若子丝毫不畏不改,则诉官府,重责打,以戒不孝。

问曰:"不孝之子,恶继母或父之妾,不欲养而疏之,其父虽欲责打,亦无策略时,如何?"答曰:"诉官府,处重杖。"又问曰:"凡人之子有忤逆父母之心、不孝之行,然其父母溺爱而不戒之。近邻一族难容其恣为,荐一族之首,言其不孝。若其愈不孝,则一族之首将此事诉于官府时,如何?"答曰:"若诉官府,官府鞫问后,先呵责父母不早早诉官戒惩,溺爱致子任性不孝,反由旁人言之。其子,重杖四十板,枷项示众二月。"

寡妇之子谏阻其母与外人私通，是违逆母之心。以不孝诉官府时，官司细察其不孝之因，少打之，以安其母之心。

谏父之行为不正或淫乱，是违逆父之心。以不孝诉官府时，官司亦详察之，少打之，以安其父之心。

问曰："若官司不知父母之不正，以子为不孝时，少打之。此事如何？又若知父母之不正时，先戒父母而不打子乎？"答曰："官司察知父母之不正，公开言其罚，以其枉法而难免罪。其子之孝心亦有误，故少打之，以止父母之怒。"

〇纵火并自家出火者（第2条）

为烧杀人而纵火者，若被捕，杖罪四十，拷问后，处死罪。入牢狱，秋后处死。

问曰："秋后处死之事是受天地杀伐之气乎？"答曰："如此。不待秋后而问斩，是尤重罚也。"

为方便盗富家财物而纵火者，若被捕，则以其为盗而纵火，罚其夹足，杖罪四十后，入牢狱，处流罪。若被纵火之家主不堪其恶、请求处死其人，则在牢中绝其饮食，使其自然死之。

问曰："绞罪轻于斩罪之故，知也。绝水食而使其饿死之事看似久也，然比绞罪轻，此事如何？"答曰："绞罪，忽杀之。饿死为自然死之道理，不论其苦之长短。"

受人害而无报仇之力，以此遗恨而纵火者，若被捕，则闻其由，杖罪三十后，枷项二月，后处三年徒罪。

又于仇家纵火而误烧他家，捕之时，则审查其由，杖罪三十，枷项二月，徒罪三年。

问曰："若延烧之家多，如何？"答曰："即使延烧之家多，亦无加罪之事。"又问曰："若延烧宫殿、宗庙、官府等类，如何？"答曰："此罪重。杖罪之后，处流罪。"

总之，纵火本是强盗之心，若无故而纵火，处死罪，丝毫无宽免之事。

若自家出火，家内之者疏于灯烛或灶门等火，致火烧出，延及邻里。官司以其人不慎，仅轻责十板以戒之。

若自家出火非其家主之意，而家主本人亦遭难，延烧之家以此为天命，无含恨之事，一族朋友各来相助，救其急。天灾之事难逃，其亦无罚。

问曰:"自家出火及至宫殿等时,无罪乎?"答曰:"此为天灾,故无罚。"

○造伪金并知伪金而通用者(第3条)

造伪金银,混二分三分之铜或全用铜,有各种也。其害人之事难以估量。若被诉而捕时,杖罪四十,枷项二月,后处徒罪三年。

知伪金银而用者,被捕时,审查其金银出处之细工①。用者、造者皆杖罪四十,枷项二月,后处徒罪三年,同前。

问曰:"若不知伪金银而用,如何?"答曰:"审查后,仍不知者,免其罪。察其出处,若知造之者,则如前罪之。"

○谋判②谋计(第4条)

印章为治国治家、取信之物。不可借与人用。若失之,则罢其官。关系官员身命。升官或罢官,其印交还上司,不可私自更换。

雕刻伪印骗人、令出米钱而成贡生监生之事若露,夹打之。督抚、按察司审查后,严令其偿还诈取之米钱,其后重打四十板,流徒发遣三千里,永不赦还;或于牢狱中杀之;或秋后处死。

问曰:"出米钱而成监生贡生之事如何?"答曰:"若成监生贡生,官府亦尊之,亦可免役,利身之事多。故学才不胜者亦出米钱,买求之,官所与贡生监生之印。然仿官府之印、令出米钱而给印者,有之。是为欺朝廷之大罪,故处死罪。"

以伪印骗取人之金银,给其花押文书。被骗愚者实至任地,为人所诉或真官到来而事露时,与者、受者具重责四十板,后充远边之军卒。

问曰:"据闻,至任地后,有司官印之役所。若与印时,应给印之人未给之,实为不知也。此事如何?"答曰:"此事,高官重职之人无。诸小官内,有之。而且此事无法立即确认。愚者被欺之,然难逃受印之罚。故与印者同罪。"

学他人笔迹、刻他人印、仿他人花押而借金银器物,或赊货物、取牛马之类事露时,偿返借物。私下解决之事有之。若诉官府,亦偿返借取之物,其后轻罚责。是毕竟为民间私事,不至大害,故其罪轻。

---

① 细工:制作金银的工匠。
② 谋判:伪造或盗用官印、私印。

问曰:"此事虽为民间私事,然以伪印、伪文书而取金银,或及数百千两,至民家破产,难言不至大害。"答曰:"民间常交换二十至三十目。金银及数百千两时,多请保人、证人。若无之,则不给。故无用伪印之事。"

〇盗贼(第5条)

大盗亦有种种,刑罚亦有轻重。有汪洋大盗、成群打伙大盗、响马大盗、撞船头大盗、明①火执杖大盗。又有受托杀良民者,是亦为强盗,与前同。

汪洋大盗,即同类或十四五人或七八人,或于海,或于江②,或于河,遮止旅人,劫取货物,杀伤旅客者。捕之时,审查后,立斩之。又有秋后行死罪之事。成群打伙大盗,即同类多人,或十五六人,或二三十人,又或至百人,打劫乡村、市中,抢掳牛驴,杀人放火者。捕之时,审查首从,其首,立斩之;其从,秋后行死罪。

响马大盗,即山东、北直、河南、山西、陕西五省之盗,南方无之。其盗骑马用矢,四五成群。逢往来之旅人,即发矢。以此矢响,旅客乃知是响马盗,逃隐之,而货物则任其取之。又有送钱米以保命者。捕之时,立斩之。③

问曰:"送米钱保命,如何?"答曰:"响马盗见旅客,必先发矢,其矢格外响。闻此乃知是响马盗,若下马而待,盗来,任取金银行李,其命保而归之。若不下马,则射杀之。"

撞船头大盗,即江河之内数十人乘一船,若遇客船,不论昼夜,移乘其船,抢劫财物。捕之时,夹打之。其首,秋后处死罪;其从,遣黑龙江④,与披甲人为奴仆。

问曰:"汪洋大盗与撞船头大盗共为海贼类,然汪洋大盗杀害人、取货财,而撞船头大盗不杀人,只取行李,故其罪轻乎?"答曰:"如此。撞船头大盗若杀人,与汪洋大盗同罪。"又问曰:"据闻,所谓披甲,即言满洲兵卒。与此者为奴仆之事,较充远边之军卒,其罪重。故为之乎?"答曰:"远边军卒平素之勤无差,然亦有持贮金银者。若成军卒之奴仆,格外苦劳,难也。"

---

① 明:大庭修排印本遗漏此字。
② 江:大庭修排印本作"乡",当讹。
③ 《大清律例·刑律》"贼盗上"条载:"凡响马强盗执有弓矢军器,白日邀劫道路,赃证明白者,俱不分人数多寡、曾否伤人,依律处决,于刑劫处枭首示众。"
④ 黑龙江:底本、大庭修排印本皆作"乌龙江",恐为"黑龙江"之讹。

明火执仗大盗,即或十人或八九人聚一所,昼执枪刀器械,夜举火把,闯入小村一户人家,盗取衣服、牛马牲畜等物,奸淫妇女者。若捕之,其首,立斩之,其从,秋后行死罪。

问曰:"受托害良民、劫杀人家者被捕时,如何?"答曰:"其者受人所托,若供认,即捕当事人,审查之。其人与强盗同于秋后处死罪。"

小贼,有飞檐走壁贼、挖①墙掇门贼、拦②路打槓③贼、烧闷香贼、下蒙汗药贼、过渡推人落水贼、剪绺割包贼、白撞贼、盗树木贼、盗坟树贼等,种种也。其罪亦有轻重。

飞檐走壁贼,即两手扒屋檐,自房顶入人之家内,或越壁而盗取财物者。若捕之,审查其盗物,令其拿出,其后责打四十板,面黥④偷盗二字。若再盗,再黥⑤之。及三次,黥⑥后,责打之,后处流罪三千里。

挖⑦墙掇门贼,穿人家之墙屏,开寺院之户,盗取财物者。若捕之,审查其盗物,令其拿出,其后打三十板,枷项二月,黥⑧面。若及三次,枷项,后处徒罪三年。

问曰:"徒罪,即送遣他处而服公役。其配所之远近是依罪之轻重乎?"答曰:"依罪之轻重。"又问曰:"据闻,徒罪之者戴足枷,足枷之后方付绳,自背挂于肩。如此,妨其服公役。此事如何?"答曰:"引曳足枷,步行难也。故付绳,将后方拉起,以步行。足枷,送遣他处时戴之。服役未定时先役之。公役定而松足枷,使动之。"又问曰:"徒罪之者,官府与食物乎?自食乎?"答曰:"公役未定时,带足枷,自乞食以解饥。公役定后,官府与食物。"又问曰:"富贵之人,虽处徒罪,然倩⑨人代服公役。如此自由乎?"答曰:"富贵之人以金银贿赂官吏,故其者虽同

---

① 挖:大庭修排印本作"控"。
② 拦:大庭修排印本作"栏",当讹。
③ 槓:较粗的棍子。
④ 黥:大庭修排印本作"點",当讹。
⑤ 同上。
⑥ 同上。
⑦ 挖:大庭修排印本作"控"。
⑧ 黥:大庭修排印本作"點",当讹。
⑨ 倩:雇之意。大庭修排印本作"债",当讹。

为徒罪,然送遣宜处。又于配所贿赂官吏,故被使于不辛劳、无忧之公役。又倩①人代役,亦恕之。然法律无此规定。"又问曰:"足枷何样?"答曰:"厚板两枚横向合之,中穿可容脚脖大小之穴,后方付绳,是为此物。"又问曰:"长短有定乎?"答曰:"长二尺,头阔七寸,板厚一寸,半头之处削圆,凿可容脚脖之穴,后方削细,末付绳,足②入,以铁栓固之,上锁。即此图之形。"

又问曰:"徒罪亦遣远处,似流罪。但服公役时,反受难,如何?"答曰:"徒罪之罚有限,无久于三年者。至于流罪,逢大赦是为例外;若无,则无赦归之事。"

拦③路打槓贼,即或一人或二人持棒,遇一旅客时,自暗处突然跑出,以棒打之,大声吓呼而盗取行李者。若捕之,责打三十板,枷项二月后,处徒罪三年。

烧闷香贼,即烧含毒线香,贼口含解毒药水,使人嗅其烟,待其人忽昏闷如睡时,取其财物而逃者。若被捕或被诉,责打四十板,枷项二月,后处流罪三千里。

下蒙汗药贼,即以毒药细末放入酒茶内,令人饮之,其者醉倒时,盗财而去者。若诉官而被捕时,重责打四十板,枷项三月,后充远边之军卒。

问曰:"于旅馆杀独宿旅客之事,无之乎?"答曰:"南方之地无此事。西北地方有如此之事。或留宿旅人,令卧于内室,室内四方密闭,壁穿孔,自孔放烟入内,使其窒息而死。其死骸,割打至碎,混入猪肉馅包卖之。又有直接杀旅客之宿。此类贼若被捕,斩罪。"

过渡推人落水贼,即船主觊觎独行旅客之行李,推其入水,溺杀之,取其行李。若诉之被捕时,重责打六十板,后入牢狱,绝其饮食,使饿死。

问曰:"小贼之罚皆不至死。此贼溺杀人,故处死罪。虽为小贼,杀人时,亦死罪乎?"答曰:"未杀人而刑至死之事,少也。若杀人,即处死罪。"

剪绺割包贼,即于人群集聚之所、观赏场所等,掌中持切物,切人之衣扣、装小刀・烟草类之腰包或荷包、包袱、钱包而取之者。切破而取,谓之剪绺。切绳全取,谓之割包。捕之时,责打二十板,枷项示众二月。

---

① 倩:大庭修排印本作"债",当讹。
② 足:大庭修排印本作"是",当讹。
③ 拦:大庭修排印本作"栏",当讹。

问曰："制作此贼所持切物者，亦受审查。此者亦应有罚。"答曰："此切物非锻冶之物，为磨而出刃之钱，贼徒自作，格外锋利。"

盗取人家山园树木者，被捕时，责打二十板，枷项一月。

盗取坟所之树木者，被捕时，责打三十板，枷项一月。①

○博弈（第6条）

博弈之类有种种。掷骰子、看牌、寓赌、局赌、围棋、象棋、摸②骨牌、掷状元筹，各不同，又有押宝跌钱，皆博弈之类也。

问曰："骰子、牌、骨牌、状元筹，各为何物？"答曰："骰子，如双六之采③，付点数，其数有六。掷其于皿内，分胜负。牌，以纸作成，表画人形、书文字，如日本之歌留多④类，各分而取之。看其绘定胜负。其数有六十枚。骨牌，以象牙作，横七八分，竖四五分，薄制而成。表付点数，摸⑤取之，以其数定胜负。其数有三十二枚。状元筹为竹札，长约五六寸，宽约三分。其面书状元、榜眼、探花、传胪、经魁、进士、举人、秀才等官名。是置于筒中，掷骰子，以其数各取竹札，争胜负。取状元之札者，为第一。此札有六十根。"

骰子、看牌，其胜负尤多。至百千两，则成大型博弈。陷人而使其大损，或被诉，又或被捕时，官人，即罢其官；汉人，责打二十板，枷项一月；满人，责打五十鞭。

问曰："满人不枷项乎？又二十板之刑与五十鞭之刑，何重？"答曰："枷项是为使人耻。满洲之下层人，不若汉人深以为耻。故枷项之事稀也。死罪者戴枷。又二十板与五十鞭概同。鞭，以皮制成，故不如板痛。"

寓赌、局赌虽稍有差别，然同类也。诱人子弟而引其入，使之出金银，以此维持生计。被诉时，其宿主，打三十板，枷项二月；被引入者，打二十板，枷项一月。

---

① 《大清律例·刑律》"贼盗上"条载："若盗他人坟茔内树木者，(首)杖八十(从减一等)，若计(入已)赃重于(徒杖)本罪者，各加盗罪一等。"
② 摸：大庭修排印本作"模"，当讹。
③ 采：骰子。
④ 歌留多：日本的纸牌。在长方形厚小纸片上绘有图案或词句，几张牌为一组。有和歌纸牌、伊吕波纸牌等。
⑤ 摸：大庭修排印本作"模"，当讹。

问曰:"寓赌、局赌为何?"答曰:"寓赌,即密引富家子弟入博弈之宿,使其博弈。或宿十日、十五日,大输后,出而归之。局赌,其同类组合,雇游女、野郎①类。其外,以适当之策引入他人子弟,使之出金银,又收花银,以诸法骗至其财空。是等为博弈之类。"

以棋、象戏②、双六为赌,或摸③骨牌,或掷状元筹决胜负,是皆文人之游戏。故诉之者稀也。然若为仇者所诉时,轻罚之,令营缮桥路或修理庙所而已。

问曰:"营缮桥路、修理庙所,高官大禄之人其力可及,然卑职小官之者力难及。此事如何?"答曰:"非令一人营缮修理,只令其出营缮修理之料。"

押宝跌④钱亦为同类。是虽为小赌而害小民。若捕之,打二十板,枷项一月。

问曰:"此博弈为何?"答曰:"所谓押宝,即置钱一文,其上覆盖,问钱之背面,在座诸人随心出钱,并放之,或言面,或言背。言终,去盖而见其钱。中者,给其钱;误者,取其钱。所谓跌钱,即手上置钱一文,问是面是背。人言背、面之后,攧钱而落。中时,给其钱,误时,取其钱。如此博弈也。"

○不义之私通(第7条)

私通之事虽最多,然诉官者少也。人人以为其家之耻辱,无自申之事。外人诉者,尤少。凡男女互通心意者,谓和奸。又女不承,强而犯之者,谓之强奸。即使一次,若从心,即成和奸。总之,私通之源在于妇女游山玩水,或参诣堂寺,或出入夜宴、歌舞、狂言等地,不分昼夜男女混杂,起端于家法不正。

凡私通、强奸、和奸,法皆严。其罪各有差别。妻之私夫、母之私夫若被捕,尚可。其外之私夫,若被捕,不轻饶;若捕之,为妬奸,是其夫于其女有恨而诉之。又若有诉人、证人时,为朋奸,是已奸未遂而诉之。俱为私通者,罪同。若本夫捕其私夫,诉于官府,官府审查后,奸夫奸妇共打三十板,或脱裤打,或着裤打。或

---

① 野郎:男妓。
② 象戏:起源于魏晋南北朝时期,象是象征之意,即以棋局象征阴阳五行或兵法玄奥,后发展为象棋。北周庾信《进象经赋表》载:"臣伏读圣制《象经》,并观象戏,私心踊跃,不胜抃舞。"宋程颢《象戏》诗载:"大都博弈皆小剧,象戏翻能学用兵。"
③ 摸:大庭修排印本作"模",当讹。
④ 跌:大庭修排印本遗漏此字。

有打男,不打妇,男女共戴长枷示众之事。又有不戴枷之事,或依夫①之愿,归其夫家之事。又有由官府卖此妇之事,又有此妇归本家之事。

问曰:"奸夫奸妇,其罪同,其刑亦应同。然奸妇,或不打,或不枷项,或归遣本夫,或归遣本家,其罚甚轻。如何?"答曰:"凡女之刑比男子格外轻。"

若本夫于私通之所即杀奸夫奸妇,斩二人之首,以二人裤包之,持之而出,则官府先打本夫四五板,其后挂红绢,奏大鼓笛,送其归家。若杀奸夫奸妇中一人,则无私通证据,故以杀人罪论。

问曰:"杀奸夫奸妇者,何罪之有,何先打四五板?"答曰:"此非罚杖,为煞威杖。为夸其勇猛、静其气而打。徒手杀虎者,亦先如此打之,其意同前。"又问曰:"何挂红绢?"答曰:"旌其勇之意。"

又问曰:"奸夫奸妇之内,若一人被杀,一人逃,或有书信,或有确凿证据时,如何?"答曰:"虽出书信或其外证据,若奸妇言其伪而争论时,证据难立。又旁无证人,故本夫难免其罪。"又问曰:"若拷问后,奸妇如实供认,如何?"答曰:"拷问而供认之事,是妇不堪苦痛而言无实之事,可疑也。其妇供认后,本夫死罪减一等,流之。在唐山,杀人而己未死时,诡言死者与无罪之妻私通而杀之。或只杀妻而奸夫逃、己未死时,杀无罪之男伪作奸夫。若有此类事,官司之人应尽心审查。"

若私通时为人所见,其女无面目而自缢时,私夫因奸而负杀人罪,先责打其三十板,秋后处绞罪。

妇女不承,强而犯之,必伤妇女身或破衣裳。若有证据,是即强奸。若诉之,责打奸夫四十板,其后处绞罪。虽未犯之而有证据时,责打三十板,处流罪三千里。

问曰:"律云十二岁以下幼女,即使和奸,亦当强奸。然或说为十六岁以下,如何?"答曰:"十二岁以下之说宜也。其人,责打四十板,后处绞罪。"

又所谓刁奸,即骗人家妇女,诱至旅馆而犯之者。其奸夫,责打四十板。

问曰:"此妇女、此宿主无罚乎?"答曰:"此妇女本受骗前往,无罪。若宿主辩解不知情,则无罪;若知其谋,是朋奸之类,则同罪。"

---

① 夫:大庭修排印本作"天",当讹。

疏忽妻妾①致其私通一事，或为求子，或为贪金银，或为谄媚权势，此者有之。若此事露，则本夫、奸夫、奸妇各打三十板。若强使妻妾、养女与人私通，本夫、养父各打五十板，奸夫责打四十板。妇女免罪，归本家。

问曰："和奸、刁奸，男女同罪。若产子时，其子遣何方？"答曰："其子，不论男女，皆交奸夫养育。奸妇，依本夫之愿②，可卖，可遣外，可带归。若申请以此妇送与奸夫，则本夫、奸夫各打三十板，奸妇返归本家。奸夫奸妇之财物，没收。"

奸妇与奸夫相谋，以适当之策与本夫离，而此妇成奸夫之妻。若事发，则奸夫，责打五十板；奸妇，打二十板，令与奸夫分开，归本家。

私通亲族者，若犯无服③亲族之妻，责打四十五板。若犯缌麻④三月以上有服之亲族妻女及妻前夫之女、同母异父之姊妹，责打五十板，徒罪三年。强奸者，处斩罪。

若犯同姓之从祖祖母姑⑤及从祖伯叔母姑⑥、从父姊妹、母之姊妹及兄嫂、弟妇、兄弟子之妻者，打四十板，以棍夹双足，后处绞罪。妇人，轻责之，可卖可留，任其夫之心。

若私通父祖之妾及伯叔之妻并姑母或姊妹及子孙之媳妇、兄弟之女，打六十板，处斩罪。强奸者，立斩之。其妇，依夫之愿而罚。

若奴仆与主人之妻女私通，打六十板，夹双足，处斩罪。

若主人期之丧内，私通其亲族之妻女，打五十板，处绞罪。其妇，依夫之心而罚。

主人三月丧内，私通其亲族之妻女，打五十板，流二千里。强奸者，斩罪。

问曰："凡奴仆，若私通他主之妻女，如何？"答曰："较常之私通罪，加一等。打四十板，枷项二月。其妇，任夫之心而处置。"又问曰："凡他家主人与我家女仆或奴仆之妻私通时，如何？"答曰："此较常之私通罪，减一等，打二十板。"

---

① 妾：大庭修排印本作"妄"，当讹。
② 愿：大庭修排印本作"赖"，当讹。
③ 无服：指五服之外无服丧关系者。《礼记·丧服小记》："为父后者，为出母无服。无服也者，丧者不祭故也。"
④ 缌麻：古代丧服名。五服中之最轻者，孝服用细麻布制成，服期三月。
⑤ 从祖祖母姑：《唐律疏议》载："疏议曰：'从祖祖母姑'，谓祖之兄弟妻，若祖之姊妹。"
⑥ 从祖伯叔母姑：《唐律疏议》载："疏议曰：'从祖伯叔母姑'，谓父之堂兄弟妻及父之堂姊妹。"

凡官人、下吏等与其部下之士卒民人等之妻女私通时，官人，罢其职；下吏，打三十板，革其职。

凡犯囚妇者，打四十板，徒罪三年。囚妇不加罪。

凡官吏宿于游女町，官人，罢其官职；下吏等，打三十板。

凡犯奸僧尼、道士女冠者，打四十板，枷项二月。

凡于父母忌中奸淫者，打三十板，枷项二月。

凡欺人女，买而使成游女者，打四十板。其女，返本家。其卖身银，没收。

○喧哗口论①（第8条）

因喧哗口论，于当时杀人者，先夹足，打四十板后，秋后行斩罪。殴打人，若伤之，有私下解决之事。若诉官，杖罪二十板后，立保人。至被伤者愈前，其医疗②及其间之饭食、诸事费用皆由加害方出。即使被伤者当时未死，亦依其伤而定罪。若其人死，夹打后，或流罪，或绞罪。

问曰："若官所之官人遇他人喧哗时，如何？"答曰："呼喧哗两人共至官府，若两人拒往官府而和好，则许之。若犹争论者，呼两人至官所，审查曲直。或打两人，或打无理之一人。"又问曰："若官人喧哗时，如何？"答曰："有官职者，即使微吵，亦不审查其是非，两人共罢官职。故无高声争论之事。"

○卖毒药并下毒（第9条）

毒药亦有种种。金蚕蛊毒、砒霜、断肠草、银鉎、盐卤、铅粉类皆为毒药。此内，砒霜、铅粉之外不可商卖。铅粉为常用之物，正常商卖。但卖砒霜，若有可靠保人，卖之则无罪。若妄卖，与下毒人同罪。总之，毒杀人，若被知，立刻打杀之，或处绞罪。

问曰："金蚕蛊毒为何物？"答曰："所谓金蚕蛊毒，即五月五日取聚百虫，掘地，放入穴内一处，上覆之，诸虫互喰，后成一虫。此虫长约二寸，色青，形如蚕，故名金蚕。取其虫，信敬之，饲以绢，养于家内。若以其粪给人食，则其人虽本体无碍，但其魂常现形，往下毒者之所。昼夜如此，精神渐衰而死。今广东、广西一带南方之

---

① 喧哗口论：口角之意，因意见不合而大声争吵。
② 医疗：大庭修排印本作"医师"。

地犹有用此毒者。"又问曰："若被毒而未即死,其人知被毒之事,诉于官时,如何?"答曰："审查后,先行杖罪。若其人愈,则下毒者亦被赦;若其人死,则成杀人者。"

○结徒党申非理之求者(第 10 条)

平民中此事稀也。多为秀才等结恶人,向官府言非理之求。若不应,则恶言官府之事,向其顶头上司控告。审查后,即罢黜秀才。

问曰："平民之恶党,如何?"答曰："其头三人,责打后,处流罪;其从,处杖罪、枷项。"

○诉人(第 11 条)

恶党之内,若改心而检举之,审查后,恶党罪而诉人免。若从旁讦发他人恶事时,或因遗恨而诉,或为取其物而诉。审查后,若为实,则恶党罪;若为诬伪、无实之事,则以其罪罚诉人。

问曰："举他人恶事者,无与褒赏之事乎?"答曰："诉人之事先出于恶心邪欲。依之,无褒赏此人之事。"又问曰："若举叛逆等及其外为国家之事而诉者,与褒赏乎?"答曰："审查后,若叛逆等事为实,则与褒赏;若借口为国家,实为私欲而诉时,处罪。总之,闻诉之事重要。山东有云干七者,格外富。其族亦常借其金银,受其援助。其亲族中一人额外请助,以此事难实现,故诣京谗诉,言干七以富为傲,企图反逆。康熙帝言干七虽以富为傲,但为民间之者,故①企图反逆之事无之,然令其地方之知县先审查。此知县惊闻反逆,夜率军兵包围干七家,言:'反逆之事既露,即出受擒。'然干七言:'无此事。是于朝家有何恨而反逆乎。虽应开门而出,然现为夜中,若开门,军卒妄入,家财纷失,困扰之。如此围屋宅,便无处可逃,天明后,早早出,其间请待之'等等。干七各种申辩,然知县一概不承,言若不开门,则打破而捕之。干七本正直者,然其弟性急,言:'未审查便无理捕本无罪者为轻率之事,束手就擒,实不甘心。'乃持锋而开门突围,杀军卒十余人,亦负伤。由此,其反逆之事更无疑,受刑罚。又台湾之朱一贵虽有起兵之心,然其身微贱,急难存立。知此事者诉于台湾知县,知县未曾听闻,言:'以朱一贵之身

---

① 企图反逆。康熙帝言干七虽以富为傲,但为民间之者,故:大庭修排印本无,或遗漏。

份如何起兵乎。是应为汝有恨妬而言之。'不予理会,其人怒。而朱一贵谋反之企图为知县所知,反致其早立。故俄而起兵,攻占全台湾,以致成大事。初诉时,若捕之,则心安。以知县之疏,故成大乱。干七之事,是以知县之疏,反使无辜陷反逆之罪。"

○奢侈(第12条)
诸事皆有官制,违者罪之。其外,无依贫富而禁止之事。然奢侈为其地困穷之本,故官司之人常以节俭教示。

问曰:"食品之多寡、衣服之精粗等,无定乎?"答曰:"如上所述,官制例外,其余无定式。"

又问曰:"家居等之事如何?"答曰:"若宫殿而建,禁之。华饰无妨,无罚之事。"

○民困穷时之对策(第13条)
民之困穷,是其地遇旱魃①、久雨或地震、洪水、飞蝗、稻虫等种种灾害。荒年之政载于诸书,略之。当代,若地方歉收,致饥馑,地方官员先开仓,急救饥。其后,言于督抚,奏报朝廷。朝廷先发救济米,而后遣官勘灾,据其情而有对策。

问曰:"若其地方田地少且无备用之米,如何?"答曰:"遣使于邻省,早早送米来。"又问曰:"无煮粥以施救饥民之事乎?"答曰:"若饥甚以致穷民死,施粥。其法为:定煮粥之所,每日早朝、日中两次,煮粥二十石或三十石,分男女而施之。其地方之有司长官至其地视之。长官与饥民在其地共食粥,与民同苦。若乡绅、秀才及其外富民来观民食粥,被责不以民饥为耻而反围观。罚乡绅、秀才等出米十石或二三十石,以作粥也;庶民,责打二十板。至米粟熟时,不再施粥。又路程远、朝夕难以往来之地,遣米以救饥。"

○违法之出家人(第14条)
出家人之法,于其地方择一合适之出家人为僧纲,司出家人之法。道家谓

---

① 旱魃:传说中带来旱灾的怪物,比喻旱象。

之道纪,有司其事者。若犯与俗事有关之罪时,官府处刑罚。其罪较俗人,加一等。

问曰:"若出家人与人之妻①私通时,如何?"答曰:"打三十板,枷项一月。免之时,又打二十板,令还俗。其女,打二十板,依本夫之意,或卖或留。"又问曰:"犯人之女时,如何?"答曰:"打三十板,枷项二月。免之时,又打二十板,之后流二千里。其女,赦责打之事,然若有婚约者,则依其婿之意,或卖或留。轻打其女之父,以戒其家法不正之事,有之。"

○酒狂人(第 15 条)

酒狂人,其心本不正,故乘酒气,与人角口或殴人,有放纵狼藉之形。若害人,官府捕之,手铐至醉醒,重打三十板,枷项一月。

问曰:"若酒狂而杀人时,如何?"答曰:"捕之时,重打四十板,秋后处死罪。"又问曰:"官人醉狂时,如何?"答曰:"官人若醉狂,即罢其官。依之,即使微饮,妻子、下人将其推置内室,醉醒前,不令其出。故虽醉狂,外人不知。"

○贵贱衣服之差别(第 16 条)

服色之制,文武各官之朝服、补褂、帽顶、鞓带②、珠数类详见于《会典》③,不再申述。其外庶民之服,今满汉混杂,无服色规制,但不着朝服、补褂、五彩蟒衣、蟒套。

问曰:"质地、染色等,无贵贱之差别乎?"答曰:"如上所述,官服质地、染色共有制法,禁庶民着用。其余之縠子、纶子、缎子等类,皆依贫富而服之。"

○诸省人入京师之审查(第 17 条)

北京,十五省人杂聚之所,对人之审查甚为仔细。即使宿一夜,其所亦将其人记于簿。若官人奉公进京,必找可信保人。若为商卖进京,则审其簿。若外省

---

① 出家人与人之妻:大庭修排印本作"出家人之妻"。
② 鞓带:皮革制成的腰带。
③ 《(康熙朝)大清会典》卷四十八"官员士庶冠服"载有关于文武官员朝服、补褂、帽顶、鞓带、珠数的规定。

大官遣使入京或遣人买物,则审其往来文书。诸处送金银米谷而进京者,查其送状。轿夫、马夫及其外之人来,皆由相识者介绍作保而宿之。故奸恶之者不可隐住。此外,九门提督、五城①察院、同②司坊官、八旗固山之兵马数十万,又顺天府尹、宛平·大兴两知县常警固巡逻,且于各地多建哨卡。故恶党不可逃隐。

问曰:"旅宿之店主为正直者,不留行为不明者。然宿主亦同样为有欲心者,为利欲而留宿不明之人,或隐宿其同党。又有居无定所、野宿而为盗者。此类,如何审查?"答曰:"如上所述,审查甚为仔细,然犹多有不宜者。于诸方犯罪而逃,隐住于京畿,此难知。又夜多宿于庙寺等为盗者,无法审查。只事发时察之。"又问曰:"宿主以其为可信之人而留宿,然其人行恶事时,如何?"答曰:"若有保人,则不罚宿主。若无保人而留其宿,则宿主亦受罚。"又问曰:"借家于人,借者行恶事时,家主罚乎?"答曰:"是亦同前。若有保人,则不罚家主。若无保人,则家主亦受罚。"

〇有弃子时之处罚(第18条)

在唐山,生男则喜,生女则恶。若生女,或杀之,或弃之。或有室女③、寡妇、婢女、比丘尼等产子而难以养育,弃之。依之,建育婴堂④,每朝遣大车数辆,拾弃子而载归育婴堂。此车分两层,上层载生之弃子,下层载死之弃子。育婴堂多雇有乳妇,养育生子。死子火葬。又有贫民无力养子时,弃于育婴堂,经数年,迎回其子。

问曰:"育婴堂若是朝廷所建,各州县有之乎?"答曰:"育婴堂非朝廷所建。其地方之官员、绅衿或富民之辈集金银,私建之。朝廷所建谓养济院,是不惟弃子,亦养穷民、病者之将饿死者。"

〇冠婚丧祭等轻重(第19条)

清朝无如明朝之冠礼,明朝冠礼戴纲巾。而今,冠礼留鞭。儿女九岁或十、

---

① 五城:指北京城内的中城、东城、南城、西城、北城,各设巡城御史暨兵马司,掌听讼、诘奸、弭盗诸事。
② 同:此处指"五城"。大庭修排印本无。
③ 室女:未婚女子。
④ 堂:大庭修排印本作"党"。

十一岁时,男儿为单年,女儿为双年,择吉日剃发,顶留发约七八寸。此时,招亲族近邻祝之。

问曰:"据闻,所谓留鞭,是为辫①发而留。辫②发亦谓鞭乎?"答曰:"鞭以皮三股编成。发亦如此编成,垂之,故谓鞭。"又问曰:"据知,男儿剃发,顶留少许发是为辫③发。又闻当时女子之发同明朝,剃头而顶留少许发,此事如何?"答曰:"幼少之时,择吉日初剃发之事与明朝之礼同。清朝,男儿自此以后少剃之,留而辫④发。女子剃发屡留之,渐成总发。是与明朝有异。"

大官高贵之人,婚礼之式见于《会典》⑤。民间婚礼为:有幼年结亲者,亦有十六岁以后许嫁娶者。富家女子嫁时,女子之诸用具自不必说,甚至将一切家财持至夫家;贫家女子嫁时,只身前往。妆奁之厚薄多寡依贫富,无特别法制。葬祭之事,官制载于《会典》⑥,是为例外。父母丧时,衣衾、棺椁、殡殓之礼,即使贫家之者,亦周到备之,不息于死后法事。每七七日,大设道场,作施饿鬼,行三昼夜。葬礼之仪式,亦尽心为之。亲族于各路口处设食桌,供香花、食物、烧纸钱,祭之。文官点主,武官祭土神。送灵柩之亲友,大家为数千人,小家为百人。丧祭毕,其子前往帮忙者家宅谢礼。一周忌时,又设道场三昼夜。三年忌,亦设道场。三年丧之内,不可婚娶,不可宴会,不可看戏,不可奏乐。若三年之内生子者,为不孝罪。此外,葬祭之事,唐山各处不同。虽依贫富而有厚薄,然用心为之。

问曰:"三年丧内食素乎?"答曰:"无必食素之定。然依人而有不食美食膏粱者。又有深信佛法者,亦食素。"又问曰:"七七日内食素乎?"答曰:"无必食素之定,然不食肉等,尤有食粥者。"又问曰:"文官点主之事如何?"答曰:"于神主之上

---

① 辫:大庭修排印本作"辨",当讹。
② 同上。
③ 同上。
④ 同上
⑤ 《(康熙朝)大清会典》卷四十九载有皇帝、亲王、公主、官民婚礼仪式。
⑥ 《(康熙朝)大清会典》卷六十七"丧礼一"载"太宗文皇帝大丧仪""世祖章皇帝大丧仪"的仪式,卷六十八"丧礼二"载皇太后、皇后、皇妃丧仪,卷六十九"丧礼三"载亲王以下、亲王妃以下、公主以下丧仪,同卷六十九"丧礼四"载外藩丧仪、品官丧仪,卷七十"丧礼五"记载了国家对逝世劳臣的恩恤以及丧服之制。

书何某之神主,是埋柩时之事。依此,书陷中粉面①神主时,粉面神主之主字书为王字,临时以朱笔书主字上端之点,是谓点主。"又问曰:"满人亦服三年之丧乎?"答曰:"满人服丧二十七日。是以日代月也。"又问曰:"至大祥,三年为二十五月。若以日代月,应为二十五日,何为二十七日?"答曰:"一年服丧九月,故三九二十七月。明朝亦如此。"又问曰:"今有父母丧之人辞官乎?"答曰:"父母丧之人,不论京官、外官,辞官归乡,服三年丧。起复②之人例外。"

○依旧恨而杀人者(第20条)

即使以旧恨而杀人,亦为杀人者。以毒药杀人,打三十板,后处绞罪。若杀死人,则打四十板,秋后行斩罪。纵使以旧恨杀人,亦无别之法律。

○父兄等之敌讨乎(第21条)

君父之仇不共戴天。古人亦以不讨君之敌者为弑君之臣,以不讨父之敌者为忤逆之子。然若以律而论,难免其杀人罪;若以情而论,应怜其孝心。故减罪,责打三十板,后流二千里,遇赦而归。

问曰:"报父之仇本是报其人杀我父之仇,何罪之有?"答曰:"虽为父报仇,然不诉之官府、私自杀人,是犯律蔑君,罪重。若有仇,诉官府而报之。"又问曰:"报兄弟伯父之仇时,如何?"答曰:"无报兄弟伯父之仇事。"又问曰:"古语有云'兄弟之仇不返兵',又云'衔君命而使,虽遇之,不斗',古有报兄弟仇之法。又报从父兄弟之仇时,从'不为魁,主人能,则执兵,而陪其后'③语可见,亦有报伯叔父仇之事,如何?"答曰:"若依此等古书之说,知有报兄弟、伯叔父、从父兄弟仇之法。

---

① 陷中粉面:神主碑的一部分。神主包括套、龛、碑三部分。套,罩在龛外,前面左右上方各刻一圆圈,左圈刻乾卦代表男,右圈刻坤卦代表女。龛以细质木料制作,以能容下神主碑为度。龛内用木条隔成格儿,以亡者合葬人数而定,每格一碑。碑分粉面、陷中、底座三部分。粉面与陷中原为一整体,顶端呈半圆,在半圆向下寸许锯斜茬,然后竖着剖开,后扇与顶端相联,称为陷中,锯下的那扇顶部恰能镶陷中上部的斜槽,称为粉面。

② 起复:官员因父母丧而辞官守制,未满期而奉召任职。

③ 不为魁,主人能,则执兵,而陪其后:底本、大庭修排印本作"不为魁,矣人能,则执兵,而倍其后",当误。《礼记·檀弓上》载:"子夏问孔子曰:'居父母之仇,如之何?'夫子曰:'寝苫,枕干不仕,弗与共天下也。遇诸市朝,不反兵而斗。'曰:'请问居兄弟之仇,如之何?'曰:'仕弗与共国,衔君命而使,虽遇之而不斗。'曰:'请问居从父昆弟之仇,如之何?'曰:'不为魁,主人能,则执兵,而陪其后'。"

然今,此事不承,故律法亦未详载。"

○乱心①者(第 22 条)

乱心,毕竟为病。故虽妄杀人,亦减其罪,打三十板,后处流罪二千里。②

问曰:"乱心者于流罪之地,不可自求饮食以解饥渴,又若无养其之人而饿死。此事如何?"答曰:"若杀人,应成杀人者。然以乱心杀人,减死罪。若于流罪之地饿死,则不再追究。"又问曰:"乱心者入禁闭室乎?又戴手枷乎?置看守等,使其不能妄杀他人。然放其自由,故致其杀人时,其家之主亦应罚乎?"答曰:"身份高者,如此。但贫贱者,其力难及。凡久狂者,常用心待之,故妄杀他人之事稀也。突然乱心者事先无意而杀害人,然其本为乱心,故罪不及其家之主。"

以处刑方法之事询问朱佩章所作问答书之记录。

---

① 乱心:日语词汇,意为精神狂乱、发疯。下同。
② 清初关于疯病杀人的法律演变过程为:康熙六年题准"凡疯病杀伤人者免议",给予了疯病患者"免议"这一宽大政策;康熙八年提准"凡疯病杀人者,从本犯名下,追埋葬银十二两四钱二分,给予被杀之家",雍正五年律例馆奏准正式将此条附例。

后　　记

　　笔者关注《清朝探事》，始于翻译《清俗纪闻》之时。研究《清俗纪闻》的学者多认为《清俗纪闻》为《清朝探事》的续篇，但《清朝探事》的内容却鲜为人知。这主要源于《清俗纪闻》于2006年在国内翻译出版后广受关注，而《清朝探事》仅在2020年才在国内影印刊行，中日两国学界对其开展的学术研究远远不够。但是，《清朝探事》收录的中国情报，不仅包括一直以来江户幕府对清朝局势的关注，还包括清朝官职、法律等制度文化以及国防地理、风俗习惯等，据此可窥探18世纪江户幕府对清代中国认识转变之一斑。

　　2017年下半年，笔者联系时在筑波大学攻读博士学位的王连旺学友，请其协助再次阅览国立公文书馆所藏的《清俗纪闻》彩版本。其告知，筑波大学图书馆藏有《清朝探事》的写本。2018年1月25日，借受邀参加国学院大学举办的"东亚的佛教交流"国际学术会议的机会赴日，中午到达东京成田国际机场后，遂乘王连旺学友亲自驾驶的专车直接赴筑波大学。下午，我们一起观览该大学图书馆所藏的《清朝探事》写本，并拍摄全部内容。翌日，我俩自筑波乘电车赴东京皇居附近的国立公文书馆，在阅览《清俗纪闻》彩版本的同时，获知内阁文库所藏《清朝探事》写本有3种，并在王连旺学友的帮助下拍摄部分内容。庆幸的是，在我们阅览后不久，此3种写本被扫描公开，笔者遂得以全部搜集到手。

　　《清俗纪闻》的翻译工作始于2006年9月，耗费6年才完成翻译初稿，但一直未能出版。故笔者考虑在国内先出版《〈清朝探事〉研究》，之后推出《〈清俗纪闻〉研究》，借此引起国内学者对清代传入日本的中国情报的关注，遂于2018年4月与上海社会科学院出版社签订出版合同。之后，在使用国立公文书馆所藏的《清朝探事》作为研究资料用于教学活动中，笔者最终选定优秀硕士生许浩同学协助翻译，并指导其将清人朱佩章的赴日活动作为硕士阶段的研究课题。

后　记

开始翻译《清朝探事》时,遇到的困难和阻力巨大。由于《清朝探事》部分写本字体潦草,时有候文穿插其间,我们时常为了"解谜"一字一词而花费数周时间,多次产生了放弃的念头。好在许浩同学认真刻苦,努力学习日语变体假名,我们逐渐能够进行课堂讨论、切磋琢磨,笔者也燃起了攻坚克难的斗志,在与日语候文语法和变体假名书写的艰苦"战斗"中,增添了诸多教学科研的乐趣,译注工作有序进展。

2018年9月至2019年3月,笔者作为二松学舍大学客座研究员赴日,译注工作暂且停滞,但也借此机会,收集到国立国会图书馆藏本、东京大学图书馆藏本等多种写本。不巧的是,笔者回国后,许浩同学被我校选拔公派留学,于2019年4月至2020年3月赴日本大学,选修加藤直人教授讲授的满文朱批奏折讲读课程。同时,经笔者学友介绍,许浩同学在留学期间,旁听早稻田大学柳泽明教授讲授的满语文献选读课程,所学到的满语知识在之后翻译《清朝探事》的过程中发挥了很大作用。在此,特向加藤直人教授、柳泽明教授致以深挚的谢意。

许浩同学在日期间,努力继续推进翻译工作,我们通过网络进行讨论,并在松浦章教授的指导下,于2019年8月初步完成了全部译稿。其间,许浩同学2019年5月初赴关西考察,在松浦章教授的帮助下,收集到关西大学图书馆所藏的3种写本和京都大学图书馆藏本;后又于9月跟随村井章介教授赴东北大学图书馆考察时,搜集到东北大学图书馆藏本。在此向松浦章教授、村井章介教授表示衷心的感谢!

然而,2019年9月,许浩同学以优异的成绩被选拔为硕博连读研究生后,研究兴趣发生转变,收集写本的工作未能穷尽。其于2020年3月归国后,由于新冠疫情影响,至2020年8月我们才得以相见,经过多次商讨、引导,其研究课题逐渐返回到《清朝探事》上来,遂展开翻译校对工作,重新更换底本,根据搜集到手的13种写本,倾力进行校对、注释。在此过程中,得到浙江工商大学吕顺长教授、华东师范大学唐权副教授、郑州大学王连旺副研究员等多位师友的帮助和指导,再次深表感谢!

至2021年上半年,我们一起完成了校对;下半年,初步完成了第一章,同年11月,又搜集到斯道文库藏本;2022年上半年,我们初步完成了对诸写本内容构成与写本系统的梳理(本书第三、四章),许浩撰写了与《清俗纪闻》内容比较的论文（本书第五章）。2022年9月，笔者根据重新搜集到的筑波大学图书馆藏《清人答问觉（荻朱问答）》、早稻田大学图书馆藏《清人答问录（觉书）》、东京大学东洋文化研究所图书室藏《清人答问觉书》、宫内厅书陵部藏本等诸写本，重新添加、修改了注释、校对等条目，更改分条问答的底本为内阁文库藏本①。同时，笔者根据新搜集到的诸写本对前三章的内容进行了大幅修改，厘清了诸本之间的系统关系、考订了部分写本的抄写时间。

综上可见，本书从翻译至成稿长达5年，其间许浩同学为翻译、注释诸多写本花费了大量的心血劳作，但在此过程中其学业有了很大的进步。期待其以此为基础，撰写出优秀博士论文，顺利取得博士学位。

河南省政协副主席、郑州大学党委书记刘炯天院士（时任校长）多次过问"亚洲文明互鉴与区域关系建构"重大项目的进展，期待我们推出有学术影响力的成果，助力郑州大学双一流建设，服务国家战略。同时，在该项目的策划、组织和实施过程中，郑州大学副校长张倩红教授、郑州大学社会科学处处长周倩教授、郑州大学外国语与国际关系学院院长钱建成教授给予了细致帮助与热情关怀。在此，再次致以真挚的感谢！

此外，关西大学图书馆、京都大学图书馆、东京大学图书馆等多家藏书机构为本研究的开展提供了极大便利。再次表示衷心感谢。

最后，我们也清晰地认识到，书中仍存在诸多不足。特别是由于新冠疫情影响，未能搜集到尊经阁文库藏本等7种写本，待今后能增补完善之。《清朝探事》是江户幕府主动从清商口中获取的最新情报，是当时中国政治、法律、地理、民俗等的实态，不仅为江户幕府推行享保改革提供了借鉴，展现了中国文化在东亚区域的射程与张力；而且呈现了小人物眼中的清朝社会的样相，彰显了周边文献史料在重新审视中国时的功用与呼应。期盼有识之士今后展开更为深入的研究。

是为跋！

葛继勇　于郑州大学盛和苑
2022年10月28日

补　　记

本书原计划有"影印篇",附载"译注篇"《清朝探事》底本的图版。但因涉及多家收藏机构,未能全部获取影印许可权,故只能放弃"影印篇",非常遗憾。

同时,考虑到《仕置方问答书》与《清朝探事》均为赴日清商朱佩章回答的幕府询问记录,故增加了《〈仕置方问答书〉的成书、写本与内容构成》(论述篇第六章)与《〈仕置方问答书〉译注》(本书译注篇二)。请一并参考。

笔者撰写了《〈清朝探事〉诸写本的条目内容、系统分类与抄写时间》(本书第二章),并刊发于汤重南等主编的《中国的日本学研究——严绍璗先生纪念文集》(上海社会科学院出版社,2023年)。感谢许浩同学的协助!

东亚海域史研究著名专家、日本关西大学名誉教授松浦章先生对本书寄予厚望,抱病入院中撰写序文。松浦章先生的提携指导,是我们完成本书并继续前行的动力!再次衷心感谢松浦章教授的厚爱!

最后,上海社会科学院出版社熊艳编辑为本书稿的出版,出谋划策,精心运作,付出了艰辛的劳作。在此,表示深深的感谢!

葛继勇　于郑州大学研究室
2023年12月18日

图书在版编目(CIP)数据

《清朝探事》研究 / 葛继勇,许浩著. —上海:
上海社会科学院出版社,2024
（亚洲文明交流互鉴研究丛书）
ISBN 978 - 7 - 5520 - 2845 - 4

Ⅰ.①清… Ⅱ.①葛… ②许… Ⅲ.①中国历史—研究—清代 Ⅳ.①K249.07

中国国家版本馆 CIP 数据核字(2023)第 245759 号

《清朝探事》研究

著　　者：葛继勇　许　浩
责任编辑：熊　艳
封面设计：周清华
出版发行：上海社会科学院出版社
　　　　　上海顺昌路 622 号　邮编 200025
　　　　　电话总机 021 - 63315947　销售热线 021 - 53063735
　　　　　http://www.sassp.cn　E-mail:sassp@sassp.cn
排　　版：南京展望文化发展有限公司
印　　刷：上海盛通时代印刷有限公司
开　　本：710 毫米×1010 毫米　1/16
印　　张：16
字　　数：260 千
版　　次：2024 年 2 月第 1 版　2024 年 2 月第 1 次印刷

ISBN 978 - 7 - 5520 - 2845 - 4/K·712　　　　　定价：88.00 元

版权所有　翻印必究